Sarmaten
Ein vergessenes Volk
formte halb Europa

Band 6

Reinhard Schmoeckel

Die Ahnen der Merowinger und ihr „fränkischer" König Chlodwig

Eine Geschichtsfälschung vor 1500 Jahren wirkt bis heute

Die Deutsche Bibliothek verzeichnet diese Publikation in der
Deutschen Nationalbibliographie; detaillierte bibliographische
Angaben sind im Internet über
            http://dnb.ddb.de
abrufbar.

Erheblich erweiterte Neu-Auflage des Buches „Die Geheimnisse
der Merowinger" (2011, ISBN 978-38423-0283-9

Graphik: Andrea Egler; www.das-auge-denkt.com, Düsseldorf

Printed in Germany, Herstellung und Verlag: BoD -
Books on Demand , Norderstedt
ISBN: 9783837050110
Zu beziehen über jede Buchhandlung

Inhalt

Vorwort

Die Könige der Merowinger-Dynastie kennt man aus wissenschaftlichen Werken und populären Darstellungen. Sie haben einst das „Frankenreich" gegründet und damit auch das heutige F r a n k r e i c h . Es läge nahe, dass die historische Wissenschaft in unserem Nachbarland sich intensiv mit dieser Zeit beschäftigt und auch historisch nach ihr forscht.

Doch es ist merkwürdig: Im Jahr 1995 hat man zwar in Reims feierlich den 1500. Jahrestag der (christlichen) Taufe des Merowinger-Königs Chlodwig begangen, mit einer Messe mit dem Papst Johannes Paul II. Doch sein 1500. Todestag im Jahr 2011 wurde totgeschwiegen [1]. Warum ?

Hat man in Frankreich inzwischen geglaubt, weil die „Franken" ja nach allgemeiner Ansicht „Germanen" waren, seien die Merowinger keine „richtigen Franzosen" ? Dabei gilt der Nachfolger der Merowinger, Charlemagne oder Karl der Große in unserem Nachbarland als „Urfranzose", obwohl er mit großer Wahrscheinlichkeit germanischer Abstammung war. Merkwürdiger Wandel der Anschauungen !

Das hiermit vorgelegte Buch belegt, dass die Könige der Merowinger eben keine Germanen waren, allerdings auch keine Kelten. Die Frühzeit dieser Dynastie umgibt seit anderthalb Jahrtausenden ein Geheimnis. Zwei Behauptungen werden hier dargestellt und mit zahlreichen Indizien belegt:

---

1 François Muller, *Que sait-on exactement de Clovis ?* In: Etudes Touloises 2014

- Die Oberhäupter der Fürstenfamilie, die später den Namen Merowinger erhielt, waren Anführer eines Regiments von S a r m a t e n , das in römischen Sold erst wohl im Jahr 413 nach Nordfrankreich kam.

- Der Taufe des Königs Chlodwig als (katholischer) Christ im Jahr 506 (!!) gingen langwierige Verhandlungen mit den gallischen Bischöfen voraus, denn beide Seiten wollten unbedingt bestimmte Behauptungen aus dem Bewusstsein der Menschen in Gallien gelöscht haben: Die Bischöfe konnten die Behauptung nicht dulden, die Merowinger seien leibliche Erben des Messias Jesus. Auf der anderen Seite leugnete König Chlodwig das Andenken an seine sarmatische Abkunft; dafür wollten er und eine Familie bereits seit Jahrhunderten „Franken" gewesen sein. Aus dem Kompromiss, der schließlich gefunden wurde, entstand die langlebigste Geschichtsfälschung der Welt. Sie zeigt ihre Wirkung noch heute.

Diese für die Geschichtsforschung ziemlich umwerfenden Theorien sind das Ergebnis von fast zwanzig Jahren Forschung in der europäischen Frühgeschichte, die der Autor nicht nur nach dem bisher so unbekannten Volk der Sarmaten angestellt hat. Indiz fügte sich zu Indiz, hunderte inzwischen.

Die „Beweise" für diese Behauptungen kommen nur zu einem kleinen Teil aus den einzigen von den Historikern anerkannten Quellen, den Texten antiker oder frühmittelalterlicher Historiker.

Können aber nicht auch Erkenntnisse der Archäologie zur Revision alter historischer Ansichten beitragen ? Man muss allerdings sie richtig einzuordnen wissen. Auch die Sprachwissenschaft kann höchst aufschlussreiches Wissen beisteuern; doch ist das ja nach Ansicht der meisten (auf einen Lehrstuhl an einer Universität) „berufenen" Historiker Sache der Kollegen von der philologischen Fakultät, von deren Fachbereich man nichts versteht.

Auch die Erforschung der „mündlichen Überlieferung", der Sagen, kann sehr hilfreich sein, ebenso ein eingehendes Wissen über die Heraldik, des „Wappenwesens", sowie der Volkskunde, der allgemeinen Religionswissenschaft und mancher anderen Wissensgebiete.

Es zeigt sich, dass die Forschungen eines „Außenseiters", eines Privatforschers, der nicht im akademischen Lehr- und Forschungsbetrieb eingebunden ist, mitunter weiter führen kann als die an alte wissenschaftliche Überzeugungen geknüpfte Lehre selbst der modernsten historischen Forschungen an den Universitäten.

In diesem Fall kommt hinzu, dass die historische Fälschung, um die es hier geht, seit anderthalb Jahrtausenden die Köpfe der Fachleute so mit einem unbewussten Tabu belegt hat, dass der Bruch dieses Tabus fast einer Gotteslästerung gleicht. „Bretter vor den Köpfen", die hier durchbohrt werden müssen, sind dicker als gewöhnlich in der Geschichtswissenschaft.

Dieses Buch hätte allerdings nicht geschrieben werden können ohne die vielen Dutzende, ja Hunderte von Hinweisen von Lesern früherer, noch sehr unvollständiger Veröffentlichungen des Autors zum gleichen Thema. Sie zeigen zugleich, dass die hier vorgelegten Hypothesen und Belege wohl doch nicht allein im Kopf eines nicht ernst zu nehmenden „Möchtegern-Wissenschaftlers" entstanden sein können.

Reinhard Schmoeckel

Teil I

Gefangen von der Geschichtsfälschung -
Das Wissen der „offiziellen" Historiker

1. Die Ahnen der Merowinger-Könige: ungewiss und uninteressant

Gut 50 Jahre nach dem Tod des Königs Chlodwig machte sich ein gebildeter Römer und christlicher Bischof in Gallien daran, die Geschichte seiner Könige zu erforschen und niederzuschreiben, die damals über das „Reich der Franken" herrschten. Es war der bekannte Gregor von Tours (* vermutlich 538, + 592). Sein Werk – er nannte es neutral „Zehn Bücher Geschichte" – wurde als „Fränkische Geschichte" bekannt [2]. In dem überaus unruhigen 6. Jahrhundert n. Chr., in dem er lebte, blieb er auch der einzige, von dem eine schriftliche Quelle bis heute überliefert werden konnte.

Über den eigentlichen Gründer des Frankenreichs, Chlodwig, und über dessen Vater Childerich berichtete Gregor eine ganze Menge, allerdings meist im Stil religiöser Legenden und daher wenig glaubhaft. Das, was heutige kritische Historiker tatsächlich über das Leben König Chlodwigs zu wissen meinen, wird im nächsten Kapitel dargestellt. Es ist nicht viel.

---

[2]   Gregor von Tours, Fränkische Geschichte, Essen-Stuttgart 1988 (Reihe Historiker des deutschen Altertums, übersetzt von Wilhelm von Giesebrecht, neu bearbeitet von Manfred Gebauer.

Doch ganz nach der Art eines unter schriftkundigen Menschen aufgewachsenen Gebildeten forschte er auch nach der Vorgeschichte dieser beiden Könige, ihren Ahnen oder Vorgängern. Das Wenige, was er gefunden hatte, übernahm er wörtlich in sein Werk. Damit sind zwei sonst „verschollene" spätrömische Historiker wenigstens dem Namen nach bekannt geblieben. Denn die kurzen Zitate aus ihren Büchern sind das einzige, was man heute noch finden kann.

So gab er wörtlich einige Kapitel aus dem ihm noch bekannten Buch eines Sulpicius Alexander über einen Einbruch von Franken unter Marcomer und Sunno in die Provinz Germania II (um das Jahr 390) und römische Gegenfeldzüge wieder. Diese Namen und Ereignisse werden im Teil II dieses Buches noch eine gewisse Rolle spielen und daher dort an passender Stelle näher behandelt.

Außerdem zitierte Gregor einige Stellen aus dem Werk eines Renatus Frideridus Profuturus über die mehrfache Plünderung der einstigen Hauptstadt des Weströmischen Reiches, Trier, durch Franken in der zweiten Hälfte des 4. Jahrhunderts.

Was er sonst über das Volk seiner Könige, die Franken, erfahren konnte und niederschrieb, war nur wenig. Als typischer „Literat" traute er eigentlich nur schriftlichen Quellen und hat das Wenige, was er aus der mündlichen Überlieferung erfahren konnte, mit deutlicher Distanz wiedergegeben. Einiges hat er – oder vermutlich schon seine Informanten – verwechselt.

Im Buch II., Kapitel 9 schrieb er wörtlich: *„Es ist vielen unbekannt, wer der erste Frankenkönig gewesen ist."* Daran schloss er die erwähnten Zitate an.

Gregor fährt dann selbst fort: *„Solche Nachrichten haben uns die gedachten Geschichtsschreiber von den Franken hinterlassen, ohne dabei Könige namhaft zu machen. Man erzählt aber, die Franken seien aus P a n n o n i e n gekommen und hätten sich zuerst an den Ufern des Rheins niedergelassen. Dann seien sie*

6

über den Rhein gegangen und nach Thoringien gezogen, dort hätten sie nach Bezirken und Gauen gelockte Könige über sich gesetzt, aus ihrem ersten und sozusagen adligsten Geschlecht. Dies haben auch die Siege des Chlodowech (die Form des Namens Chlodwig bei Gregor) *dargetan und bewiesen, wir reden daher im folgenden weiter davon. Wir finden ferner in den Konsullisten, dass der Frankenkönig Theudomer und seine Mutter Ascyla mit dem Schwerte hingerichtet worden seien.*

Damals soll Chlogio, ein tüchtiger und sehr vornehmer Mann unter seinem Volke, König der Franken gewesen sein und zu Dispargum im Land der Thoringer Hof gehalten haben. In diesen Gegenden, das heißt südwärts, wohnten die Römer bis zur Loire, und jenseits der Loire fing die Herrschaft der Goten (gemeint: Westgoten) *an. Die Burgunder, welche der Irrlehre des Arius folgten, wohnten jenseits der Rhone, in der Gegend der Stadt Lyon. Chlogio aber schickte Kundschafter aus nach der Stadt Cambrai, und als sie alles erforscht, folgte er ihnen nach, überwand die Römer und nahm die Stadt ein. Kurze Zeit hielt er sich hier auf und eroberte dann das Land bis zur Somme. Aus seinem Stamm, behaupten einige, sei der König Merowech entsprossen, dessen Sohn Childerich war."*

Das ist alles, was der Historiker Gregor über die Vorfahren des von ihm so hoch geschätzten Königs Chlodwig niedergeschrieben hat. Man spürt noch nach anderthalb Jahrtausenden förmlich die Enttäuschung, dass es ihm nicht möglich war, mehr aus schriftlichen Quellen zu erfahren. Sein Interesse an diesen Vorfahren scheint nach diesen vergeblichen Forschungen stark nachgelassen zu haben. Nach seiner Einschätzung handelte es sich ja sowieso um „heidnische Barbaren", mit denen sich ein gebildeter Römer ohnehin nicht stärker als unbedingt nötig beschäftigen sollte, auch nicht als Historiker.

Moderne Geschichtsforscher haben Gregor das, was er hier über die „Ahnen der Merowinger" geschrieben hat, auch nicht geglaubt. „Sagenhaft" war ihr Urteil, vor allem über die Behauptung, die „Franken" seien ursprünglich aus Pannonien (Ungarn) gekommen. Und „Sagen", also mündliche Überlieferungen, kam nach Meinung der „klassischen" Historiker keine größere Glaubwürdigkeit zu als „Märchen".

Denn nach felsenfester Überzeugung mindestens aller d e u t s c h e n Geschichtswissenschaftler seit einigen hundert Jahren waren ja die „Franken" Germanen und setzten sich aus verschiedenen Stämmen zusammen, die jenseits des Niederrheins gelebt hatten, wenigstens zur Zeit des späten römischen Reiches. Im 19. Jahrhundert machte man aus diesen „fränkischen Stämmen", die zu einer Einheit gedrängt hätten, noch ein großes „fränkisches Volk". Die Reichseinigung in Deutschland in diesem Jahrhundert hatte hier eine angeblich parallele Geschichtsentwicklung vor anderthalb Jahrtausenden „hervorgezaubert"!

Dass es sich in Wirklichkeit erheblich anders verhielt, ist erst in den letzten Jahren einigen Historikern aufgegangen. Dazu muss im Kapitel II 5., S. 108. das Nötige ausgeführt werden.

2. Was weiß man wirklich über die Könige Childerich und Chlodwig ?

Die „fränkischen" Könige Childerich und sein Sohn Chlodwig sind nun wahrhaft keine „Sagengestalten" mehr, als die Gregor von Tours deren Vorfahren erscheinen ließ. Sie kommen in etlichen anderen Geschichtswerken aus dem Frühmittelalter vor und waren ganz sicher „historische Persönlichkeiten".

Allerdings ist das tatsächliche Wissen über diese Personen, ihr Leben und ihre Taten immer noch stark beschränkt, trotz vieler geradezu begeisterter Schilderungen, die der Bischof dem ersten Christen unter den Franken, dem König Chlodwig, gewidmet hat. Bis vor wenigen Jahrzehnten hat die moderne Geschichtswissenschaft das auch mehr oder weniger uneingeschränkt geglaubt; erst in letzter Zeit werden die schriftlichen Überlieferungen kritischer hinterfragt.

König Childerich hatte historisch noch nicht die Bedeutung wie sein Sohn. Was über ihn aus der Sicht eines modernen Geschichtsforschers zu sagen ist, wird in dem entsprechenden Kapitel des Teils II dieses Buches vorgelegt werden.

Doch Chlodwig war der eigentliche Gründer des „Fränkischen Reiches". Aber es ist erstaunlich wenig, was man wirklich über ihn weiß. Der französische Sprachwissenschaftler François Muller aus Pulligny in Lothringen (ehemals Universität Nanterre-Paris Ouest) hat in einem Aufsatz für die Zeitschrift des Geschichtsvereins Toul, *Etudes Touloises* [3] im Jahr 2014 zusammengestellt, was sicher bekannt ist.

Seine Lebensdaten (467 ? – 511) scheinen einigermaßen gesichert zu sein. Nach dem Tod seines Vaters Childerich im Jahr

---

[3] Siehe Fußnote 1

483 folgte er diesem als Oberhaupt eines noch sehr kleinen „Reiches" bereits mit 16 Jahren. Doch galt bei den Germanen und wohl auch bei den Sarmaten damals als Grenze zur Volljährigkeit das 14. Lebensjahr. Es war also nicht ungewöhnlich, dass er sofort ohne Einschränkung die Königswürde übernehmen konnte.

Der Name Chlodwig ist die heute im Deutschen gebräuchliche Buchstabierung seines Namens, im modernen Französisch lautet er Clovis, im modernen Deutsch Ludwig. Gregor von Tours schrieb ihn in seinem Latein „Chlodowech". Der später sehr häufige Name Louis für französische Könige ist von diesem Namen abgeleitet.

Chlodwig hatte nur drei Schwestern; eine davon, Audofleda, wurde im Jahr 494 dem damaligen König der Ostgoten in Ravenna, Theoderich, zur Gemahlin gegeben, zur Besiegelung eines Bündnisses zwischen den beiden Reichen. Später sollte dieser Theoderich den Beinamen „der Große" erhalten. Für Chlodwig dürfte es ein Glück gewesen sein, dass er keine Brüder hatte, denn in seiner Familie waren blutige Kämpfe um die Macht zwischen Brüdern sowohl in der Generation seines Großvaters Merowech wie auch nach seinem Tod geradezu üblich.

Der König war zweimal verheiratet. Von der ersten Frau kennt man den Namen nicht, sie dürfte aus einem rechtsrheinischen Germanenstamm gekommen sein. Weil sie „Heidin" war, halten manche Historiker sie nur für eine „Konkubine". Doch sie gebar bereits 495 (?) den ältesten Sohn Theuderich, der mit den späteren Söhnen völlig gleichberechtigt, vielleicht sogar bevorrechtigt war.

Nach dem Tod dieser ersten Frau heiratete Chlodwig die burgundische Prinzessin Chrodechilde (auf Lateinisch Chrodegildis), die Tochter des Königs Chilperich II. Dieser Hochzeit ging eine bemerkenswerte „Story" voraus, die an geeigneter Stelle im Teil II dieses Buches erzählt werden muss. Mit ihr hatte der König vier Söhne, von denen allerdings der erste schon bald nach der Geburt starb.

Von Chlodwig existiert weder eine Statue noch ein Bildnis, nicht einmal eine Beschreibung seiner Physiognomie, betont der Forscher Muller. Aber seine langen „gelockten" Haare werden erwähnt, doch diese Eigenart teilte er mit seinen Vorfahren zurück bis zu König Chlodio, und auch alle späteren merowingischen Könige, die ja alle von Chlodwig abstammten, sollen diese Zier aufgewiesen haben. Sie hatte etwas Wichtiges zu bedeuten, darauf wird ebenfalls im Teil II des Buches genauer eingegangen werden müssen.

Ebenfalls sollen auf seinem Rücken dicke Haarborsten „wie auf dem Rücken eines Ebers" gewachsen sein, ein Merkmal, das offenbar ebenfalls in der Familie der Merowingerkönige erblich war [4]. Auch hierzu werden im Teil II wichtige Vermutungen dargestellt.

Von den verschiedenen Kriegen, die König Chlodwig führte, um sein Reich zu vergrößern, sind nur zwei im Zusammenhang mit dem Thema dieses Buches von Bedeutung. Bei beiden ist allerdings der O r t der Entscheidungsschlacht umstritten, bei einer auch das J a h r.

Die eine Schlacht war die gegen die A l e m a n n e n. Gregor von Tours behauptet, in ihr habe Chlodwig dem Christengott versprochen, sich taufen zu lassen, wenn er den Sieg erringen sollte, eine mehr als zweifelhafte Erzählung. Bisher nahm man in Historikerkreisen an, die Schlacht habe sich im Jahr 496 ereignet, doch deuten neue Erkenntnisse darauf hin, dass sie erst 506 stattfand. Und hier ist auch der Ort von großer Bedeutung. Vor

---

[4] So berichtete der byzantinische Schriftsteller Theophanes im 6. Jahrhundert von den Königen der Merowinger, zitiert von Jakob Grimm, Deutsche Mythologie Band I, Berlin 1875/78, S. 324 (Faksimile-Ausgabe Graz 1986)

allem deutsche Historiker sind nach wie vor fest davon überzeugt, dass sie bei Zülpich stattfand, einem Städtchen etwa 35 Kilometer südwestlich von Köln im Rheinland. In der lothringischen Stadt Toul (an der oberen Mosel) ist man dagegen sicher, dass diese Schlacht dicht vor ihren Stadtmauern stattgefunden hat. Darauf wird im Teil II, Kapitel 18 genauer eingegangen werden.

Ob die Schlacht gegen das Heer der W e s t g o t e n in Vouilly in Südwestfrankreich oder anderswo stattfand, ist nicht so entscheidend, auch wenn Wissenschaftler darüber streiten. Das Datum scheint festzustehen, es fiel in den Sommer des Jahres 507.

Erst danach – und nicht schon 496 ! – begann die Phase, in der Chlodwig Christ wurde. Laut Gregor musste er erst mehrere Monate sorgfältig in den neuen Glauben eingeführt werden, ehe er die heilige Taufe empfing. Doch in Wahrheit scheint eine lange Phase des Zögerns auf beiden Seiten diesem Schritt vorangegangen zu sein, warum, das wird im Teil II ausführlich erklärt. Was dabei herauskam, war vor allem die Geschichtsfälschung, die ihre Wirkung bis heute nicht verloren hat.

In die letzte Zeit der Königsherrschaft Chlodwigs scheint die Abfassung des „salischen Gesetzes" („Lex Salica") gefallen zu sein. Es handelte sich um die schriftliche Festlegung von Gewohnheitsrecht (unter Germanen im Fränkischen Reich ?) in lateinischer Sprache. Von Namen dieser Rechtssammlung haben Historiker seit Jahrhunderten abgeleitet, die Franken, denen der König Chlodwig entstamme, gehörten zu einem Stamm der „Salier". Doch deutet keine Silbe in den alten Quellentexten Gregors und der ihm folgenden historischen Schriften aus dem Frühmittelalter (siehe dazu das nächste Kapitel) auf eine solche Herkunft; sie ist nur ein Phantasieprodukt viel späterer Historiker.

Chlodwig starb im November des Jahres 511; er wurde in Paris in einer Kirche feierlich beigesetzt.

3. Die „fränkische Wandersage": eine „kecke Fabelei" ?

Etwa 20 Jahre nach dem Tod Gregors von Tours machte sich ein anderer Chronist in Gallien daran, die Geschichte des Fränkischen Reiches zu beschreiben, natürlich ebenfalls auf Lateinisch. Man kennt den Namen eines Mönchs Fredegar, weiß aber kaum etwas über ihn. Er scheint im Jahr 613 (und wahrscheinlich auch noch etwas später) geschrieben zu haben. Ein weiterer Teil der recht umfangreichen Texte dürfte etwa um das Jahr 658 verfasst worden sein; man nennt das Ganze daher auch die „Chronik Fredegars und seiner Fortsetzer" [5].

Anders als der Bischof Gregor hatte der Mönch Fredegar offenbar keine Hemmungen, Dinge über die Frühzeit der „Franken" wiederzugeben, die ihm mündlich erzählt worden waren. Nach Lage der Dinge konnte er auf andere Weise auch überhaupt nichts erfahren haben. Vermutlich hat er sich bei verschiedenen alten Adelsfamilien aus der engen Umgebung des Königshauses erkundigt, was man dort über die Vorfahren noch wusste. Das war erstaunlicherweise zum Teil den bereits von Gregor von Tours in Erfahrung gebrachten Informationen ziemlich ähnlich, zum Teil ging es aber weit darüber hinaus, in Zeiten, die möglicherweise anderthalb Jahrtausende zurück lagen !

Es sind zwei Kapitel im „Buch III", die hier wörtlich zitiert werden müssen, damit der Leser an Stellen weiter hinten in

---

[5] *Chronicarum quae dicuntur Fredegarii libri quattuor ...* ed. Bruno Krusch, (MGH SS. Rer. Mer. , Hannover 1888, übersetzt von Andreas Kusternig, in der „Freiherr-vom-Stein-Gedächtnis-Ausgabe", Wissenschaftl. Buchgesellschaft Darmstadt 1984

diesem Buch, wenn darauf Bezug genommen wird, nachschlagen kann, ob das Behauptete auch stimmt.

Kapitel 2: *„Über die ältesten Frankenkönige schrieb der heilige Hieronymus, was schon vorher die Geschichte des Dichters Vergil berichtet: Ihr erster König sei Priamus gewesen, als Troja durch die List des Odysseus erobert wurde, seien sie von dort fortgezogen und hätten und hätten dann Friga als ihren König gehabt; sie hätten sich geteilt, und der eine Volksteil wäre nach Mazedonien gezogen, der andere hätte unter Friga – sie wurden als Frigier bezeichnet – Asien durchzogen und sich am Ufer der Donau und am Ozean niedergelassen, dann hätten sie sich nochmals geteilt und die Hälfte von ihnen sei mit ihrem König Francio nach Europa gezogen. Sie durchwanderten Europa und besetzten mit ihren Frauen und Kindern das Ufer des Rheins. Nicht weit vom Rhein versuchten sie eine Stadt zu bauen, die sie nach Troja benannten. Dieses Werk wurde zwar begonnen, aber unvollendet. Der andere Teil, der am Ufer der Donau zurückgeblieben war, erwählte sich Torcoth zum König, nach dem sie in diesem Lande Türken genannt wurden, und die anderen wurden nach Francio als Franken bezeichnet. ... "*

Für die Übersetzung des lateinischen Wortes „Torci" in „Türken" ist der moderne Übersetzer Kusternig verantwortlich. Als Philologe scheint er nicht viel von Geschichte verstanden zu haben. Denn wenn hinter der „Sage" von „Frigern" (Phrygiern ?) und Mazedoniern, von „Torci" (in Wahrheit wohl ein Stamm der S a r m a t e n !) und V o r g ä n g e r n von „Franken" historisch irgend etwas halbwegs Reales stecken sollte, dann spielte sich das spätestens in der ersten Hälfte des letzten v o r- christlichen Jahrtausends ab ! Da aber war von den späteren Türken in Kleinasien noch für mehr als tausend Jahre keine Rede. Die möglichen Zusammenhänge werden im Kapitel II. 1 näher erklärt.

Kapitel 9: *„Die Franken wählten nach sorgfältigen Überlegungen einen König, der sich wie früher durch langes Haar auszeichnete, aus dem Geschlecht des Priamus, Friga und Francio, sein Name war Theudomer, Sohn des Richimer. ... Ihm folgte in der Herrschaft sein Sohn Chlodio, der stärkste Mann seines Volkes, der in der Feste Esbargum im Gebiet der Thoringer residierte. ... Man erzählt, Chlodio habe sich einmal im Sommer mit seiner Gattin an den Meeresstrand begeben, als seine Gemahlin mittags zum Baden ins Meer hinaus watete, habe sie ein Meer-Ungeheuer mit Stierkopf angefallen. Als sie nun daraufhin von dem Untier oder* (eventuell auch als „sowohl als auch" zu übersetzen !) *von ihrem Mann empfing – sie gebar jedenfalls einen Sohn mit dem Namen Meroveus, nach dem später die Könige der Franken Merowinger genannt wurden. "*

Gregor von Tours konnte noch nichts von der Flucht der „Franken-Vorfahren" aus Troja erfahren haben, denn zu seiner Lebenszeit war die „Troja-Mär" noch nicht erfunden (siehe dazu das Kapitel II.24). Für Fredegar war die Geschichte jedoch bereits selbstverständlich, wurde aber auch nicht vertieft.

Noch eine dritte Handschrift aus dem frühen Mittelalter berichtet etwas über die „Ahnen der Merowinger". Es ist das „Liber historiae Francorum" genannte Werk eines unbekannten Verfassers, das angeblich um das Jahr 727 entstanden sein soll.

Genau wie bei den bisher genannten Geschichtswerken existiert auch von diesem heute keine Original-Handschrift mehr. Immerhin sind aber alle drei Manuskripte später mehrfach und immer wieder abgeschrieben worden, so dass ihre Texte bis ins 16. Jahrhundert überdauert haben. Ab dann konnte die neu erfundene Druckkunst diese so wichtigen Quellen „verewigen". So viel zu derartig alten Handschriften; kein einziges Buch aus der Antike oder aus dem frühen Mittelalter hat ohne die oft wiederholte

Abschreibarbeit fleißiger Mönche in den europäischen Klöstern im Original die lange Zeit überstanden.

Das „Liber historiae Francorum" ist zwar das späteste Geschichtswerk, das für die Beweisführung in diesem Buch so wichtig ist. Aber es enthält erstaunlicherweise die ausführlichste Darstellung der „fränkischen Wanderung" mit Informationen, die den älteren Werken fehlen, aber dennoch auch wieder Teile, die den Berichten des Gregor und des Fredegar überraschend ähneln. Wieder sind ausschließlich m ü n d l i c h e Informationen als Quelle denkbar. Doch in den alten Adelsfamilien des Frankenreichs, die wohl als Informanten dienten, wird genau wie später in solchen „Dynastien" der Stolz auf die Taten der Vorväter so groß gewesen sein, dass Lieder oder Geschichten darüber jedes Jahr oder öfter vor allen Mitgliedern vorgetragen wurden und so von Generation zu Generation weitergetragen wurden.

Aus diesem Buch [6] sind sogar fünf ausführliche Kapitel für das Thema „Die Ahnen der Merowinger" von Belang (Buch I).

Kapitel 1: *„Den Anfang, die Herkunft und die Taten der Fran-kenkönige und ihrer Völker will ich erzählen. In Asien liegt die Stadt der Trojaner. Diese Stadt heißt Ilium und dort herrschte Äneas. Das Volk war tapfer und stark, die Männer voll unbändi-ger Kriegslist und stets waren sie in Kämpfe verwickelt, bis sie die Nachbarschaft im Umkreis unterworfen hatten. Da erhoben sich die Könige der Griechen mit einem großen Heer gegen Äneas und kämpften gegen ihn in einer schrecklichen Schlacht, und viel Volk der Trojaner kam dort um. Äneas floh deshalb und verschanzte sich in der Stadt Ilium, sie kämpften um diese Stadt zehn Jahre lang. Als sie sie endlich erobert hatten, floh der*

---

[6] Ausgewählte Quellen zur deutschen Geschichte des Mittelalters (sog. Freiherr-vom- Stein-Ausgabe, Wissenschaftl. Buchgesellschaft Darmstadt 1984. Band 4 a. Quellen zur Geschichte des 7. und 8. Jahrhunderts; übersetzt von Andreas Kusternig

Tyrann Äneas und siedelte seine Leute in Italien zum Kampf an. Andere Fürsten, wie etwa Priamus und Antenor, verluden das restliche zwölftausend Mann starke Heer der Trojaner auf Schiffe und fuhren bis zu den Ufern des Don. Dort zogen sie durch die Asowschen Sümpfe, in deren Nähe sie schließlich nach Pannonien kamen, und erbauten eine Stadt, der sie in Erinnerung an ihre Vorfahren den Namen Sicambria gaben. Dort wohnten sie viele Jahre und wurden ein großes Volk.

Kapitel 2 : In jener Zeit empörten sich, wie schon oft, die schrecklichen, bösen Alanen gegen Valentinian, den Kaiser der Römer und der anderen Völker. Er stellte von Rom aus ein großes Heer auf und marschierte gegen sie und bezwang sie in einer Schlacht entscheidend. Geschlagen wandten sie sich über die Donau und kamen auf ihrer Flucht zu den Asowschen Sümpfen. Da sprach der Kaiser: ‚Wer auch immer in diese Sümpfe vordringen kann und dieses böse Volk von dort verjagt, dem will ich auf zehn Jahre einen Ehrensold gewähren‘. Da versammelten sich die Trojaner, legten, wie sie es gelernt hatten, einen Hinterhalt, stießen mit dem übrigen Römervolk in die Asowschen Sümpfe vor, vertrieben die Alanen von dort und vernichteten sie mit der Kraft ihres Schwertes. Damals gab ihnen Kaiser Valentinian aufgrund ihrer unbeugsamen Verwegenheit den Namen Franken, was in der attischen Sprache soviel wie „die Wilden“ heißt.

Kapitel 3: Als zehn Jahre verstrichen waren, sandte der erwähnte Kaiser Steuereintreiber zu den Franken unter der Führung des römischen Senators Primarius (oder Ersten Senators ?), denen sie die üblichen Abgaben geben sollten. Jene aber trafen in ihrer wilden und ungestümen Art eine törichte Entscheidung und sagten zueinander: ‚Wir haben die Alanen besiegt, jenes tapfere unabhängige Volk, das der Kaiser samt dem römischen Heer nicht aus den Sumpfverstecken hatte vertreiben können. Warum sollten also wir, die wir sie besiegten, Steuern zahlen ? Wir wollen uns daher gegen diesen Primarius und seine

Steuereintreiber empören, sie töten und ihnen alles wegnehmen, was sie mit sich führen; dann verweigern wir den Römern die Abgaben, und wir werden gemeinsam frei sein.' So bereiteten sie ihnen einen Hinterhalt und töteten sie.

Kapitel 4: Als der Kaiser das hörte, wurde er überaus zornig, befahl ein Heer aufzustellen, das aus Römern und anderen Völkern bestand, übertrug das Oberkommando Arestarcus und ließ die Truppen gegen die Franken ziehen. Dort kam es aber zu einer heftigen Schlacht zwischen den beiden Völkern. Schließlich mussten die Franken einsehen, dass sie einem so großen Heer nicht gewachsen waren, und zogen sich unter sehr schweren Verlusten zurück; auch Priamus, der tapferste unter ihnen, kam dort ums Leben. Sie verließen Sicambria, kamen zu den am äußersten Rhein gelegenen Städten Germaniens und ließen sich dort mit ihrem Anführern Marchomir, dem Sohn des Priamus, und Sunno; dem Sohn Antenors, nieder; sie wohnten viele Jahre hier. Nach dem Tod Sunnos fassten sie den Entschluss, dem Beispiel der übrigen Völker folgend einen König einzusetzen. Auch Marchomir riet ihnen dazu, und so wählten sie und erhoben dessen Sohn Faramund zu ihrem König mit dem gelockten Haar ...

Kapitel 5: Nach dem Tod König Faramunds erhoben sie seinen Sohn Chlodio zum König mit dem gelockten Haar im Reiche seines Vaters. Seit dieser Zeit wurden gelockte Könige die Regel. In der Folge erkundeten sie das Reich der Toringer und ließen sich dort nieder. König Chlodio wohnte in Germanien in der Festung Dispargum im Siedlungsgebiet der Toringer. ... König Chlodio sandte von der toringischen Feste Dispargum Kundschafter bis zur Stadt Cambrai. Er selbst überquerte später mit einem großen Heer den Rhein, tötete viel Volk der Römer und trieb sie in die Flucht. ..."

In den beiden in diesem Kapitel zitierten Geschichtswerken werden bruchstückhaft einige Namen früherer Könige aus der Sippe der späteren Merowinger genannt, und es wird behauptet, die Franken stammten aus dem von Griechen eroberten Troja ab. Erst nach verschiedenen Wanderungen seien sie an den Rhein gekommen, allerdings schon vor langer Zeit. Man hat sie auch zusammenfassend „Wandersage der Franken" genannt.

An einer bestimmten Stelle des „Liber"-Berichts muss man eigentlich noch ein längeres Zitat aus der „Frankengeschichte" des Gregor von Tours einfügen. In einem Kapitel, in dem er ausführlich vom Krieg der Söhne König Chlodwigs gegen die Thüringer im Jahr 531 berichtet, bringt er plötzlich wörtlich (!) eine Rede des Königs Theuderich an seine Krieger, in der er sie an die *„Untaten der Thüringer"* erinnert, die diese ihren Vorfahren zugefügt hätten (Buch III, Kap. 7). Was es damit auf sich hat, wird in Kapitel II. 7. dieses Buches näher erklärt. Doch bisher scheint keinem einzigen Geschichtsprofessor überhaupt auch nur aufgefallen zu sein, welche Bedeutung diese Textstelle hat.

Aus diesen Quellen haben bald darauf die in vielen Klöstern entstehenden „Weltchroniken" und ähnliche Werke Kurzfassungen festgehalten, teils mit eigenen Worten, teils unter wörtlichen Zitaten, aber ohne Zufügung neuer Einzelheiten. Bis ins späte Mittelalter ist diese „Legende" offenbar wohl von den Autoren, die sie wiedergaben, wie von deren Lesern ohne einen Anflug von Zweifeln geglaubt worden.

Ganz anders stand es mit den modernen historischen Wissenschaftlern, etwa seit dem späten 19. Jahrhundert. Hier urteilten die Fachleute, die sich mit diesen Texten beschäftigten, empört und ablehnend. Es handle sich um *„Erzeugnisse kindischer Gelehrsamkeit und kecker Erfinder"*, meinte W. Wattenbach, der erste Herausgeber des „Liber" in modernem Druck [7]. Auch Bruno Krusch, der Bearbeiter des „Fredegar" für den Abdruck in den Monumenta Germaniae Historiae [8], hielt diesen Autor für den Erfinder der „Trojamär".

Noch Friedrich Panzer nannte in der Mitte des 20. Jahrhunderts das Ganze eine „gelehrte Fabelei" [9]. Selbst der zeitgenössische amerikanische Forscher Patrick J. Geary, der sonst sehr moderne Ansichten hinsichtlich der Entstehung der „Franken" vertritt, hält beide Legenden (Gregor mit der von ihm berichteten Herkunft der Franken aus Pannonien und Fredegar mit der Herkunft aus Troja) für *„Phantasieprodukte"* [10]. Was nach Ansicht des Autors dieses Buches wirklich dahinter steckt, wird im Teil II genau erläutert.

Den erwähnten Historikern (und vielen anderen, die man ebenfalls zitieren könnte) ist nicht aufgefallen, dass alle drei Texte aus dem Frühmittelalter nicht mehr verstandene Bruchstücke aus der m ü n d l i c h e n Erinnerung in bestimmten Adelsfamilien aus der nächsten Umgebung der Königsdynastie wiedergeben. Bestimmte Floskeln, die sich in allen drei Texten wiederholen (z.B „Chlodio mit dem gelockten Haar", die „Festung Dispargum im Gebiet der Toringi", „Chlodio schickte Kundschafter ..." usw.) machen es sicher, dass fest in den Köpfen geübter Erzähler eingeprägte Wendungen selbst in verschiedenen Jahrhunderten immer noch in gleicher Weise erzählt wurden.

---

[7]   W. Wattenbach-Levison, *Deutschlands Geschichtsquellen im Mittelalter: Merowinger und Karolinger, 1893/94*

[8]   Fredegar, *Chronicae II, 4 -9,* ed. Bruno Krusch (MGH SS. Rer. Mer. II) Hannover 1888, zitiert bei E. Ewig, *Trojamär,* S. 2, Anm. 13

[9]   Friedrich Panzer, *Nibelungische Problematik,* SB d. Heidelberger Akademie der Wissenschaften, Phil.-Hist. Klasse Jg. 1953/54, 3. Abh.

[10]   Patrick J. Geary, *Die Merowinger,* München 1996 (aktual. Neuausgabe), S. 84

Allerdings kann das wohl nur Forschern auffallen, die sich lange mit der o r a l e n (mündlichen) Überlieferung in Zeiten „vor der Schrift" beschäftigt haben, also mit sogenannten „Sagen". Das dürfte für Historiker an deutschen Universitäten selbst im beginnenden 21. Jahrhundert nur selten der Fall sein.

Stattdessen konnten für diese Fachleute die „unglaublichen" Erzählungen der mittelalterlichen Texte entweder nur „L e s e - früchte" aus anderen Büchern gewesen sein, oder – viel wahrscheinlicher – das Erzeugnis der blühenden Phantasie der damaligen Autoren, vorrangig zum Zwecke der „politischen" Beeinflussung der Leser.

„Aufgabe" solcher Fabeln oder Legenden sei die Bildung eines Traditionsbewusstseins des entstehenden „fränkischen Volkes" gewesen, so wie die ebenfalls im Frühmittelalter entstandenen Werke über die „Origo gentis" der Goten oder der Langobarden oder der Angelsachsen. Eine Historikerin, die sich erst kürzlich intensiv mit derartigen „Origines gentis" beschäftigt hat, bezieht jedenfalls ohne nähere Prüfung auch die „fränkische Wandersage" in diese Art Werke ein [11].

Diese Wandersage sei wichtig gewesen *„für die Herausbildung eines mittelalterlichen französischen Geschichtsbewusstseins",* behauptete auch der Franken-Forscher tschechischer Nationalität Frantisek Graus, doch musste der sich von Reinhard Schneider belehren lassen, dass sich diese Fabel *„gerade nicht zu den entscheidenden Traditionen Frankreichs herausgebildet"* habe [12].

---

[11]   Alheydis Plassmann, *Origo gentis – Identifikations- und Legitimationsstiftung in frühen und hochmittelalterlichen Herkunfts- erzählungen;* Berlin 2006

[12]   Reinhard Schneider, *Das Frankenreich,* Oldenbourg Grundriss der Geschichte, München 1990, S. 9

4. Der aufschlussreiche Brief des Trithemius von 1513

Die in den vorigen Kapiteln behandelten Texte aus dem Frühmittelalter waren im Prinzip stets bekannt, wenn auch nur von wenigen Historikern beachtet, und wenn, dann falsch.

Der lateinisch geschriebene Brief aus dem Jahr 1513, der in d i e s e m Kapitel vorgestellt und kommentiert wird, dürfte von keinem einzigen Geschichtsforscher der Neuzeit je auch nur aufmerksam gelesen worden sein. Dabei scheint es die alte Quelle zu sein, die am überzeugendsten die Realität über die Vorfahren der Merowinger-Könige andeutet.

Am Anfang des 16. Jahrhunderts begannen sich der damalige Kaiser des „Heiligen Römischen Reiches deutscher Nation", Maximilian I. (der Großvater Karls V.) sowie Historiker und Gelehrte aus seiner Hofkanzlei in Innsbruck für die Behauptung zu interessieren, auch das Fürstenhaus der Habsburger (die Familie Maximilians) sei genealogisch mit den Merowingern verknüpft. Sie stamme also von dieser „heiligen" Dynastie ab, die einst die Römer in der Herrschaft über Mitteleuropa abgelöst hatten.

Der kaiserliche Rat Jacob Mennel legte nach längeren Forschungen seinem Dienstherrn im Jahr 1507 auf dem Reichstag zu Konstanz eine gedruckte *„Cronica Hapsburgensis nuper rigmatice* (jüngst gereimt) *edita"* vor. Sie bestand aus einem längeren Gedicht in deutscher Sprache [13]. Darin wurde erstmals eine vollständige Genealogie der Grafen von Habsburg veröffentlicht, die deren direkte Abstammung auf einen „König Odoperth"

---

[13] Hierzu ausführlich Gerd Althoff, *Studien zur habsburgischen Merowingersage,* in: Mitteilungen des Instituts für österreichische Geschichtsforschung 87 (1979) , S. 71 - 100,

zurückführte, der ein Sohn des Königs Clotarius gewesen sei. Gemeint war wohl damit Chlothar, einer der Söhne Chlodwigs.

Die historische Glaubwürdigkeit dieser genealogischen Ableitung ist sehr gering, spielt aber für die Beweisführung in diesem Buch keine Rolle. Die v o r Chlodwig genannten Königsnamen aus dem Haus der Merowinger lauten: Priamus, Marcomir, Pharamund (Faramund), Clodio, Meroveus und Childericus. Alle diese Namen kamen in den Werken über die frühen Franken aus dem Mittelalter vor (siehe die vorigen Kapitel), die ja auch den Historikern des frühen 16. Jahrhunderts bekannt waren. In dieser Beziehung brachte das Werk von Jacob Mennel nichts Neues.

Einige Jahre nach dieser Buchveröffentlichung erhielt Kaiser Maximilian einen – nach der Art der Zeit lateinisch geschriebenen – Brief des Abtes Johannes Trithemius aus Würzburg, dem Kaiser schon durch häufigen Briefwechsel bekannt. Darin wollte der Abt seinem Kaiser weitere Einzelheiten über die Genealogie der Habsburger zukommen lassen, im Anschluss an Mennels Forschungen, die Trithemius natürlich kannte und in keiner Weise bezweifelte.

Er erinnerte sich an ein altes Manuskript, das er einst in seinem Kloster Sponheim in seiner Sammlung gehabt und gelesen hatte, und das von einem Historiker namens Hunibald aus der Zeit des Königs Chlodwig stammen sollte. Dieser Brief von 1513 ist im kaiserlichen Hofarchiv sorgfältig aufbewahrt worden [14]. Seit 1840 ist er auch gedruckt zu lesen.

Eine deutsche Übersetzung dieses Textes existierte bisher noch nicht. Die hier vorgelegte stammt vom Autor dieses Buches, der

---

[14] Der lateinischen Wortlaut des Briefes ist gedruckt in : J. Chmel, *Die Handschriften der k.k. Hofbibliothek Wien;* Wien 1840, vol. I., S. 313 ff. – Im Internet ist er zu finden unter dem Suchstichwort „Hunibald" im Text des Buches Leo Wiener. *Contributions towards a History of Arabic-Gothic Culture,* 2002, S. 226

zwar kein studierter Philologe ist, aber als Schüler eines humanistischen Gymnasiums vor dem Zweiten Weltkrieg so viel Latein gelernt hat, dass er diesen Text wohl richtig ins Deutsche bringen konnte.

Die wichtigen Teile des Briefes des Abtes Trithemius an Kaiser Maximilian I. aus dem April 1513 werden hier also erstmals in Deutsch wiedergegeben:

*„Hunibald schrieb, **wenn ich mich richtig erinnere,** vom Ursprung und den Taten der Franken in 18 Teilen („Büchern") in einem Band. Die Zeit des Königs Chlodwig, Königs der Franken in Germanien und Gallien, war die fünfte* (gemeint: Königszeit ?). *Die erste nämlich begann („war") in Teutonia bei Wirtzburg, als Pharamund, Sohn des Fürsten Marcomed, der das Volk zusammen mit Sunno von **Sarmatia** nach Thüringen geführt hatte, (zum König) gewählt wurde, die zweite mit dem langhaaigen Chlodio, die dritte Merowech, die vierte Childerich, die fünfte Chlodwig, die sechste Theuderich ..."* Es folgt eine Genealogie bis zu den ersten Herren von Habsburg in der Schweiz, d.h. bis zu der von Mennel veröffentlichten Genealogie.

Danach fuhr der gelehrte Abt in seinem Brief fort: *„ Der besagte Autor Hunibald führte die Geschichte bis zum 24. Jahr des Frankenkönigs Chlodwig, beginnend mit dem 6. Jahr des Pharamund, wo Vuisogastaldus aufhörte, als er starb. Vuisogastaldus, der mit den Fürsten Marcomer und Sunno aus der **Sarmatia der Sycambrer** nach Thüringen gekommen war. beschrieb kurz den Ursprung der Fürsten, die Schlachten und Taten der Franken, die dem Auszug der Trojaner folgten. Die Geschichte setzte, wie wir erwähnt haben, Hunibald fort. Vuisogastaldus (war) der Geschichtsschreiber der Franken ..."*

Es bleibt festzuhalten, dass dieser Brief des Trithemius das einzige Schriftstück ist, in dem a u s d r ü c k l i c h von der Herkunft der Vorfahren der Merowinger-Könige aus „Sycambria" und aus „Sarmatia" die Rede ist. Leider war es nur eine E r i n -

n e r u n g   des Briefschreibers, kein wörtliches Zitat. In dem zwei Jahre später gedruckten Buch sind d i e s e Angaben nicht enthalten. Wie das passieren konnte und was es mit diesem Buch des Abtes Trithemius auf sich hat, muss im nächsten Kapitel genauer beschrieben werden.

Ausgehend von diesem Brief aus dem Jahr 1513 hat sich für den Autor d i e s e s Buches eine lange Suche von einem Indiz zum nächsten ergeben. Wie bei einem spannenden Krimi reihte sich eine Schlussfolgerung an die andere, manche führten in eine Sackgasse, andere aber mussten in verschiedenen Schritten teils zeitlich weit zurück, teils aber auch in ganz moderne Zeiten gehen, über verschiedene Dokumente, die wahrscheinlich kein Mensch in modernen Zeiten je noch hat sehen können, deren Existenz aber logisch vorausgesetzt werden muss. Denn immer wieder fanden sich Hinweise auf solche Dokumente, wenn auch leider nicht die Quellen selbst in ihrer vollen Länge.

Die folgenden Kapitel dieses Buch-Teils I werden versuchen, zu beschreiben, wie Menschen - nun bereits im „literarischen" Zeitalter - die von König Chlodwig und den Bischöfen seiner Zeit verordnete Geschichtsfälschung über die Vorfahren der Merowinger zu umgehen versuchten. Doch weil dieses Tabu ja bis heute in den Köpfen der berufsmäßigen Historiker wirkt, ist keiner von ihnen auf die Belege gestoßen, die auch früher schon durchaus zu finden gewesen wären.

5. War der gelehrte Abt ein Geschichtsfälscher ?

Seit ziemlich genau fünfhundert Jahren gilt der Abt Johannes Trithemius als ein Geschichtsfälscher der spektakulärsten Art. Um zu verstehen, was es damit auf sich hat, muss einiges über sein Leben erzählt werden.

Der junge Mönch aus Trittenheim an der Mosel (geboren 1462) gab sich, als er es zu hoher Bildung und dem Amt eines Abtes gebracht hatte, nach der Art seiner Zeit einen latinisierten Namen: Trithemius (nach seinem Heimatort). Von seinem Kloster Sponheim im Hunsrück aus entfaltete er einen lebhaften Briefwechsel mit allen gelehrten Persönlichkeiten seiner Zeit. Er wurde so zu einem hervorragenden Vertreter des sogenannten Humanismus, der geistigen Strömung am Ende des Mittelalters und zu Beginn der Neuzeit, die sich auf das Wissen und die Tugenden der klassischen Antike zurückbesinnen wollte. Man nennt die Zeit auch Renaissance.

Vor allem hatte er in seinem Kloster im Laufe der Zeit eine beispiellose Sammlung alter Manuskripte und früher Buchdrucke aus ganz Europa angehäuft, angeblich über 3000. Das brachte ihm Ruhm bei allen europäischen Gelehrten ein, aber Hass von seinen Mönchen. Vermutlich nahmen sie ihm übel, dass er das Geld des Klosters für teure Manuskripte und nicht für ihr Essen ausgab. Im Jahr 1505 musste er das Kloster Sponheim verlassen und fand erst nach einiger Zeit eine neue Abtstelle, nun in einem Kloster in Würzburg.

Von dort aus schrieb er Kaiser Maximilian im Jahr 1513 den erwähnten Brief. Wie erwartet, ließ der Empfänger dem bekannten Gelehrten in einem freundlichen Brief seiner Hofkanzlei danken und ließ zugleich die Bitte übermitteln, dem Kaiser den Originaltext des Hunibald zu übersenden.

Doch diesen Text hatte der Abt ja nicht vorliegen, er hatte sich nur daran erinnert, in Sponheim in einem alten Manuskript das gelesen zu haben, was er dem Kaiser berichtete. Das war nun schon mindestens zehn Jahre her.

Man kann sich vorstellen, in welcher Bedrängnis Trithemius nun war. Eilig schickte er einen Mönch aus seinem jetzigen Kloster in Würzburg nach Sponheim mit dem Auftrag, von dort das alte Manuskript mitzubringen. Er gab ihm vermutlich Geld und einen Zettel mit, der das Werk, an das sich der Abt erinnerte, genau beschrieb: *„Ein alter, schon morscher Kodex von kleinem Format, in Schweinsleder gebunden. In 18 Büchern, aber in einem Band."*

Überraschenderweise ist auch dieser Zettel oder jedenfalls ein Abdruck davon erhalten, er wurde wohl im kaiserlichen Archiv mit aufbewahrt [15]. Doch die Suche des Boten blieb vergeblich, die einmalige und unersetzliche Manuskriptsammlung in Sponheim war längst in alle Winde zerstreut oder vielleicht als Altpapier verkauft worden. Das Manuskript blieb jedenfalls verschollen.

Gleichzeitig dürfte der Abt zahlreiche Klöster mit Bibliotheken in ganz Europa, die er ja alle kannte, brieflich gebeten haben, ihm eine Kopie des „Hunibald-Kodex" zu schicken, falls die bei ihnen vorhanden sein sollte. Tatsächlich muss er schon recht bald ein Paket mit einem umfangreichen Manuskript erhalten haben, sicher sehr zu seiner Erleichterung. (Nebenbei ist das ein interessanter Blick in das schon gut funktionierende Postwesen im Anfang des 16. Jahrhunderts !) .

Das Paket dürfte etwa im Frühjahr 1514 in Würzburg eingegangen sein. In aller Eile muss der Abt nun daran gegangen sein, diesen Text zum Druck zu geben. Er benötigte dazu eine

---

[15] Ebenfalls abgedruckt bei J. Chmel (siehe Anmerkung 14)

kaiserliche Genehmigung, die er auch bereits Ende November 1514 erhielt, und Ende Februar 1515 scheint der Text vollständig der Druckerei vorgelegen zu haben, wie aus den im Buch abgedruckten Schreiben hervorgeht. Ende dieses Jahres wurde dann das „Compendium … der Geschichte der Könige und des Volks der Franken" wohl fertig ausgeliefert [16].

Der Inhalt dieses Buches wird im Kapitel 7 ausführlich behandelt. Doch zuvor muss noch erwähnt werden, was der „Verfasser" wohl mit dem handschriftlichen Text gemacht hat und wie sein Werk bei der Welt der fachkundigen Gelehrten Aufnahme fand, das ja nunmehr dank der modernen Drucktechnik zugänglich war.

Mehrere Historiker am kaiserlichen Hof in Innsbruck nahmen alsbald Anstoß daran, denn das Buch enthielt zahlreiche unglaubliche Fehler und Unstimmigkeiten. Früher, im Mittelalter, hätte man solche Erzählungen kritiklos geglaubt. Nun aber, da man diese „finstere Zeit" hinter sich lassen wollte, in der „Neuzeit", waren die Fachleute für Geschichte nicht mehr bereit, das hinzunehmen.

Es wurde eigens einer dieser Wissenschaftler nach Würzburg geschickt, um mit dem gelehrten und hoch angesehenen Verfasser zu klären, was mit dem Text passiert sei. Doch der plötzliche und schnelle Tod des Abtes Trithemius im Jahr 1516 machte diese

---

[16] Das Buch trägt den umständlichen lateinischen Titel *„Joannis Tritemii abbatum Compendium sive breviarium Annalum sive Historiarum de origine regem et gentis Francorum"* und wurde bei Schäffer in Mainz gedruckt. Das Buch erlebte im 16. und 17. Jahrhundert mehrere Auflagen, die z.T. erheblich vom Originaltext abweichen, den der Abt Trithemius noch selbst besorgt hatte. In gedruckter Form ist das Buch nur in ganz wenigen Bibliotheken vorhanden, meist in späteren Auflagen. Die Universität Innsbruck hat den „Urtext" gescannt und ins Internet gestellt: http://www.literature.at, Stichwort Trithemius. Erst seitdem ist eine sinnvolle historische Forschung zu diesem Text möglich.

Aufklärung unmöglich. Seitdem lastet auf diesem Mann das schnell geglaubte und nie näher überprüfte Urteil, er sei ein Geschichtsfälscher.

Erst wenn man die hier in d i e s e m Buch erstmals beschriebene Vorgeschichte des Buches über die Frankenkönige zur Kenntnis nimmt, lässt sich verstehen, was damals geschah. Dabei waren die schriftlichen Dokumente, die das alles belegen können, stets vorhanden, sogar in gedruckter Form, nur nie aufgefunden und in logischen Zusammenhang gebracht: nämlich der im Kapitel 4 behandelte Brief des Trithemius an den Kaiser und der „Zettel", dem Boten zur Suche im Kloster Sponheim mitgegeben.

Die Zeitgenossen des Trithemius konnten davon nichts wissen, sie lasen nur „Haarsträubendes" in dessen gedrucktem Buch. Doch moderne Historiker, die ähnliche Urteile fällten, hätten sich vielleicht etwas mehr Mühe machen sollen [17].

Jedenfalls gilt seit dem Anfang des 16. Jahrhunderts das Werk des Abtes Trithemius über die Geschichte der Franken als schlichte „Erfindung" dieses Gelehrten. Eine Ausnahme war der Publizist Joseph Görres, der im Jahr 1813 eine Lanze für den vorwiegend wegen dieses Buches verfemten Trithemius brach [18]. Auch eine längst verschollene Dissertation von Georg Mentz aus dem Jahr 1892 versuchte eine – vom Hauptstrom der Geschichtswissenschaft natürlich übersehene – Ehrenrettung des

---

[17]   So etwa jüngst Uta Goerlitz, *Wissen und Repräsentanz – Eine Auseinandersetzung des Hermannus Piscator mit Johannes Trithemius um die Rekonstruktion der Vergangenheit.* In: Ursula Schaefer (Hrsg.), Artes im Mittelalter; Proceedings of he 7th Symposium des Mediaevistenverbandes e.V. an der Humboldt-Universität. Artemis Verlag 1999, S. 198 -210 , bes. S. 207 ff.

[18]   Abgedruckt in der Zeitschrift *Deutsches Museum* des Jahres 1813; ins Internet gestellt vom Institut für Germanistische Forschung der Universität Rostock, Suchstichwort „Hunibald"

Geschmähten [19]. Mentz ist auch der Hinweis auf die Vorgeschichte (siehe Kapitel 4) zu verdanken.

In allerletzter Zeit hat ein neuer Versuch stattgefunden, die Arbeit des Trithemius aufzuhellen, allerdings ausschließlich auf Grund seines Briefes von 1513 und damit zusammenhängender weiterer Schriftstücke, die der Autor Arendt aufgefunden hat [20].

Dieser hat es alleerdings nicht für nötig gefunden, den Text des Briefes mit dem Inhalt des Buches „Compendium" zu vergleichen, vielleicht hat er nie hineingeblickt. Er bleibt bei der einfachen Erklärung, der Abt habe den „Hunibald" nur erfunden und sich mit seiner Suche nach diesem Schriftstück nur irgendwie aus der Affäre ziehen wollen, in die er sich durch seine Flunkerei gebracht habe. Doch ganz so einfach kann es nicht gewesen sein.

Dem kundigen Gelehrten Trithemius dürfte nicht entgangen sein, dass seine Druckvorlage in manchen Dingen etwas anderes aussagte als das, was er zwei Jahre zuvor dem Kaiser geschrieben hatte. Doch das dürfte für den Abt kaum noch wichtig gewesen sein. Entscheidend war, dass er mit seinem gedruckten Buch nunmehr dem Kaiser eine ununterbrochene Genealogie von dessen Vorfahren bis ins 5. Jahrhundert v o r der Zeitwende zurück liefern konnte, etwas, was in der *„Cronica Hapsburgensis"* des Jacob Mennel von 1507 noch fehlte. Nur die direkte genealogische Verbindung zu den „Flüchtlingen aus Troja" musste auch Trithemius dem Kaiser schuldig bleiben, denn die fehlte auch in dem ihm zugesandten Text.

---

[19] Georg Mentz, *Ist es bewiesen, daß Trithemius ein Fälscher war ?* Diss. Jena 1892. - Der Autor dankt seinem Leser Werner Keinhorst für den Hinweis auf diese Dissertation.

[20] Klaus Arendt, Trithemius, in : Thomas Baier und Jochen Schultheiß (Hrsg.), Neolatina, Würzbürger Humanismus, Tübingen 2015

Der Abt behauptet in seiner Vorrede zum gedruckten Buch, seine Vorlage habe aus „18 Büchern" bestanden. Diese Einteilung war eine bis zur frühen Neuzeit gebräuchliche Unterteilung größerer Manuskripte, bedingt durch die Begrenzungen des Schreibmaterials (Papyrus, Pergament). Die letzten 12 „Bücher" davon behandelten die Schicksale der „Skythen / Sicambrier / Franken" seit König Antenor, also das, was den Inhalt des gedruckten Buches *„Compendium"* bildete. Die ersten sechs „Bücher" hätten die Schicksale der aus der eroberten Stadt Troja geflohenen Helden beschrieben, deren Nachkommen dann Antenor und dessen Erben wurden. Doch vom Inhalt dieser „Bücher" enthält das gedruckte Buch kein Wort. Er hatte sie ja auch nie zu Gesicht bekommen, und sie haben aller Wahrscheinlichkeit nach auch nie existiert. Dazu wird im Kap. II.24 das Nötige ausgeführt.

Trithemius dürfte auch hinsichtlich der merkwürdigen Angaben über die „Geschichte der Franken" in seinem Buch kein schlechtes Gewissen gehabt zu haben. Schließlich brachte er ja nur ein altes Manuskript aus einer Klosterbibliothek zum Abdruck und verhalf ihm so zur größeren Verbreitung. Heute würde man den Abt nicht als „Verfasser"; sondern als „Herausgeber" bezeichnen müssen. Für eine vollständige „Fälschung" des Inhalts hätte er nach Lage der Dinge auch einfach keine Zeit gehabt.

Was wohl Trithemius noch persönlich in das Manuskript eingearbeitet hat, müssen die Beteuerungen gewesen sein, sein „Gewährsmann aus der Zeit König Chlodwigs, Hunibald und dessen Vorgänger Wasthald" (so wird er im gedruckten Buch genannt) hätten das alles viel ausführlicher beschrieben, was aber er, Trithemius, aus Gründen der nötigen Kürze zusammenfasse. So konnte der Abt seinem kaiserlichen Auftraggeber vorgaukeln, die nun gedruckte Fassung sei praktisch die des Hunibald, nach dem der Kaiser hatte fragen lassen. Doch dem war nicht so.

Es lässt sich nach dieser Aufklärung der tatsächlichen Vorgänge zwischen 1513 und 1515 kaum daran zweifeln, dass der Abt Trithemius einst Schriftwerke eines „Hunibald" und eines „Wasthald" in einem gemeinsamen Ledereinband vorgefunden hat, auch wenn möglicherweise nach 15 Jahren die Erinnerung nicht mehr ganz zuverlässig war, wer davon wie viel geschrieben hatte. In alten Klosterbibliotheken wurden übrigens oft Handschriften in einem gemeinsamen Ledereinband aufbewahrt, die manchmal inhaltlich wenig oder gar nichts miteinander zu tun hatten.

In diesem Fall kann man sich vorstellen, dass der Buchbinder in der Klosterbibliothek von Sponheim mehrere Manuskripte zur Vorgeschichte der Könige der Franken in Schweinsleder zusammenfügte. Insgesamt mochten sich tatsächlich 18 Lagen gefalteter Pergamentblätter („Bücher") in einem Einband befunden haben. Doch dieser Kodex war ja später spurlos verschollen.

Was dann 1514 dem Abt nach Würzburg gesandt wurde, muss eine a n d e r e Handschrift gewesen sein, wenn auch zum gleichen Thema und der einst von Trithemius gelesenen ähnlich, aber keineswegs identisch. Dies belegt deutlich, dass im Mittelalter eine s c h r i f t l i c h e „Geschichte der Vorfahren der Frankenkönige" in m e h r e r e n Exemplaren existiert haben m u s s. Jeder Fachmann weiß, dass keine mittelalterliche Kopie mit ihrer „Urschrift" voll identisch ist. Das dürfte auch dem Trithemius bewusst gewesen sein.

6. Mittelalterliche Historiker und die „Wahrheit"

Vor dem näheren Eingehen auf den Inhalt des „Compendiums" über die Franken des Abtes Trithemius muss ein kurzer Exkurs eingeschaltet werden, der das Verhältnis vieler, wenn nicht aller Historiker im Mittelalter zur „historischen Wahrheit" beleuchtet.

Denn dieses 1515 gedruckte Buch hat sehr stark damit zu tun, aber moderne Historiker werden im Allgemeinen kaum verstehen, dass es da überhaupt ein Problem geben könnte. Sind nicht stets – und so auch im Mittelalter – alle H i s t o r i k er immer und überall verpflichtet, die Wahrheit niederzuschreiben, so weit sie selbst diese herausgefunden haben ? Wenn in dem genannten Buch über die frühen „Franken" Falsches stand, dann war es eben erfunden, und der Urheber dieser Erfindungen war ein „Geschichtsfälscher" ! Pfui –und damit Basta!

Heutige Wissenschaftler, aufgewachsen in „literaler Zeit", können sich nicht vorstellen, dass Menschen in den Zehntausenden von Jahren davor, im „oralen Zeitalter", ein völlig anderes Verhältnis zur Vergangenheit hatten als wir Kinder des 21. Jahrhunderts, die mit allen Künsten der Schriftlichkeit vertraut sind.

Es wurde in diesem Buch schon angedeutet, dass auch ohne Kenntnis der Schrift die Menschen bereits verstanden, wichtiges Wissen allein in den Köpfen und von Mund zu Ohr der nächsten Generation weiterzugeben, und das über Tausende von Jahren. Im Einzelnen muss hierauf h i e r nicht näher eingegangen werden.

Die Kundigen des „oralen Zeitalters", die Dichter/Sänger, kannten zwei wichtige Verhaltensregeln n i c h t , die heute wenigstens im „wissenschaftlichen Betrieb" selbstverständlich sind (oder sein sollten):

Man kannte in „oraler" Zeit kein „ U r h e b e r r e c h t". Kein Sänger, der alte Texte aus seinem Kopf wiedergab, nannte deren Urheber, weil er ihn selbst nicht kannte.

Es gab auch keinen Brauch oder Verpflichtung, den im Kopf gespeicherten Text u n v e r ä n d e r t weiterzugeben. Die Zuhörer erwarteten zwar eine bestimmte „Story" vom Sänger, die sie vielleicht bereits im vorigen Jahr schon einmal gehört hatten. Aber es war den Sängern möglich und üblich, darin durch Einfügung anderer Namen oder Orte oder andere kleine gezielte Modifikationen eine aktuelle „Zeitung" daraus zu machen, im Gegensatz zu einer „Mär", die von Vergangenem berichtete. Noch im Mittelhochdeutschen hatten die beiden Worte die Bedeutung „aktuell" oder „früher", wobei keinem einfiel, hierbei nach „wahr" oder „falsch" zu unterscheiden.

An verschiedenen Stellen unserer Erde wurde dann irgendwann die Schrift erfunden, mit der es möglich war, gesprochene Worte in Zeichen zu übersetzen, die auf einem möglichst lange haltbaren Medium festgehalten werden konnten. Das geschah in verschiedenen Jahrtausenden und keineswegs gleichzeitig auf dem Erdball. Auch war die Kunst des Schreibens (und Wieder-Lesens) überall stets zuerst nur Sache einer winzigen Minderheit der Menschen. Für die anderen in ihrem Volk oder Kultur blieb die orale Weitergabe von Wissen noch Jahrhunderte oder viel länger die Regel.

Auch in Mitteleuropa war das so, in dem sich ja die Kunst des Lesens erst spät verbreitete. Die ersten Schriftkundigen, meist Mönche in ihren Klöstern, lebten über Jahrhunderte in einer Umgebung „oraler Wissensweitergabe". Sie, die Schreiber, hatten nur den Vorteil, dass sie wieder lesen konnten, was sie auf Papyrus oder Pergament festgehalten hatten.

Von den „oralen" Dichter/Sängern übernahmen mindestens die frühen Autoren schriftlicher Fixierung von „Geschichte" (= geschehenen Ereignissen) in ihren Klöstern den erwähnten Umgang mit dem „Urheberrecht" und der „Wahrheit" - - weil sie es ja auch nicht anders kannten.

Ja, gerade weil sowohl Schreiber wie Leser im Mittelalter nur eine winzige, aber die einzige in der Gesellschaft einflussreiche Minderheit waren, waren für sie die auf ein festes Medium gebannten Worte (Schriften) viel zu kostbar, um n i c h t zur Beeinflussung der Leser, also zur P r o p a g a n d a , benutzt zu werden.

Das galt sowohl für die ab dem 9. Jahrhundert entstehenden religiösen Schriften wie auch für die Anfänge historischen Schrifttums. Viel „real Historisches" mag darin enthalten sein, aber immer wieder vermischt mit gezielten Einfügungen, die bewusst oder unbewusst „nicht ganz Zutreffendes" (um es vorsichtig auszudrücken) enthalten. Diese Formulierungen zielten auf eine Beeinflussung des Lesers ab. Das musste nicht immer auf eine „Origo gentis" hinauslaufen (siehe dazu Kap. I.3, S. 21), aber immerhin das „Geschichtswissen" des Lesers in eine vom Autor gewünschte Richtung steuern.

Für heutige Historiker, die sich mit den Gepflogenheiten des „oralen Zeitalters" nicht auskennen, sind das alles „böhmische Dörfer". In der frühen Neuzeit, also durchaus schon zur Lebenszeit des Abtes Trithemius, begann sich dieses Verhältnis der Geschichtsschreiber zur „Wahrheit" in ihren Schriften zu verändern, wie oben schon angedeutet. Aber gerade diese Historiker im 16. Jahrhundert hatten als Forschungsmaterial fast ausschließlich Texte aus dem Mittelalter zur Verfügung, in denen die seitdem (hoffentlich !) geltende Verpflichtung zur unbedingten, wenn auch nur subjektiven, Wahrheit eben noch unbekannt war.

Im vorigen Kapitel wurde hoffentlich auch dem heutigen Leser sehr glaubhaft gemacht, dass nicht der Abt Trithemius der „Geschichtsfälscher" war, der die „unglaublichen Geschichten" in das Manuskript gebracht hatte, das der Gelehrte im Jahr 1515 drucken ließ.

Wer aber hat sie dann zu Papier (Pergament) gebracht? Darauf kann erst im Kapitel 9 dieses Buchteils näher eingegangen werden. Es sind überraschende Ausflüge in die Welt der klösterlichen Schreibstuben, aber auch der Gedankengänge früher fränkischer Königshöfe sowie kaiserlicher Diplomaten im Hochmittelalter zur Zeit der Hohenstaufen-Kaiser.

7. Das Buch „über die Könige und das Volk der Franken"

Das Buch, das der Abt Trithemius hatte drucken lassen, war nach damaligen Auffassungen ein höchst merkwürdiges Literaturerzeugnis, und es wäre das auch heute. Dem Autor ist kein in der Art vergleichbares Buch bekannt. Das liegt in erster Linie noch nicht einmal an dem – glaubhaften oder nicht glaubhaften - I n h a l t , sondern schon an seiner Art.

In früh-neuzeitlichem Latein bringt es auf 111 eng bedruckten Seiten (davon etliche Seiten Vorrede und abgedruckte Briefe bezüglich der Drucklegung) die Lebensdaten und Biographien von insgesamt 46 Königen eines Volkes, das sich erst „Skythen" (!!) nannte, dann „Sicambrer" und schließlich „Franken". Für jeden König war etwa eine Seite vorgesehen, für manche etwas weniger, für etliche aber auch drei bis vier Seiten. Ein Textbeispiel ist auf Seite 38 abgebildet.

Für den Beginn des 16. Jahrhunderts sehr ungewöhnlich nennt es für jeden König genaue Regierungsdaten, nach c h r i s t l i - c h e r Zeitrechnung, und zwar v o r und n a c h Christi Geburt (der Zeitwende). Gelehrten war es um diese Zeit schon möglich, diesen Gedankenschritt des „Rückwärtsrechnens" vorzunehmen, aber er war noch völlig unüblich. Die angegebenen Daten reichen vom Jahr 440 v o r Christus bis 524 n a c h Christus, dem (um einige Jahre falsch angegebenen) Todesjahr des christlichen Frankenkönigs Chlodwig. Insgesamt bringt das Buch also einen angeblichen Geschichtsüberblick über ein Volk für fast tausend Jahre, und das auf nur gut 100 Seiten !

Als erster König wird ein gewisser Antenor angegeben, der im Jahr 440 v. Chr. *„an den Mündun*gen *der Donau von G o t e n (!) getötet wurde"*. Diesem sei ein König Marcomir gefolgt, der sein Volk von dort (*„Donaumündungen"*) nach *„Sicambria"*

℃ Vualtherus rex francoꝝ his tēporibus quieuit a bellis, & postre
mo tandem moritur anno regni sui octauo·dominice aūt natiuita
tis. CCC.VI. indictione romanoꝝ. IX. quo anno terre motus fuit.

Dagobertus

Vualtheri francoꝝ regis
maior natu filius, pꝓ suc
cedes, regnauit annis XI.
tur in subditos pius, man
suetus, perhumanus`quē si amore singulari colebāt ut patrē, & non
minus ut regē & dīm suum in magna reuerentia habentes metue
bant. In administratione iustitie secundū leges francoꝝ equissimus
fuit, & unicuiꝗ ius suum illaesum seruans, iniuriam nulli fecit, fieri
nec ab alio permisit. ℃ Anno eius quarto Coelus dux clari
dioce stríe, insurgens contra dīm suum Asclepiadotū, britanie regē
ipsum romanoꝝ consilio interfecit. Quo laetati nuncio romani Cō
stantium senatorem in britaniam miserunt cum legionibus, uirum
non minus prudentem quam bellicosum. Quem ut Coelus, qui iā
regnum occupauerat littori comperit applicuisse, non ausus ei con
gredi, nuncios ad eum misit, pacē pecijt, & impetrauit saluo tribu
to romanis iuxta consuetudinem antiquam singulis annis firmiter
soluendo.

℃ Pace autem confirmata, Coelus rex non diu postea infra diē qua
dragesimum mortuus est, cuius filiam nomie Helenam pulchritu
dine, sapientia, religione christiana, & pietate in deum nulli uirgi
nem secundam, Constantius accepit uxorem, de qua genuit Cō
stantinum imperatorem postea magnum & regnum cum ea brita
nie proceribus cunctis consentientibus obtinuit.

℃ Dagobertus aūt rex francoꝝ supradictus morif anno regni sui
undecimo·dīnce natiuitatis. CCC.XVII. indictiōe romanoꝝ. V.

TRICESIMVS
QVARTVS.
Dagobertus regna
uit annis; XI.

Rex britanie Ascle
piadotus a duce oc
ciditur.

Constantius roma
nus i britaniā uenit

Helena filia coeli fit
uxor Constantij &
mater Constantini.

Dagobertus rex frā
corū moritur.

Clogio

Dagoberti regis filius, patri succedens, re
gnauit annis dumtaxat duobus. Nam secū
do anno regni sui romani & galli regnum
francorum in regionibus cismo fanis atro
citer inuadentes omnia igne ferroꝗ deuastare coeperunt.

At rex Clogio contractis, ut potuit, copiis, auxilio germanorum
hosti occurrit, qui cum dimicaret incautius, fuit occisus.   Verum
franci propterea non destiterunt a conflictu, sed fortiter pugnaue
runt.

℃ Clodomer enim frater ipsius regis perempti retracto ex acie
corpore, illius se induit armis, ut ipse rex esse putaretur a cunctis, &
ne uel amici cognito regis interitu deficerent animis, uel inimici de
uictoria spem certam presumerent exultantes. Itaꝗ dux Clodomer
regis armis indutus, ad aciemꝗ regressus, cum rex ipse putaretur
ab omnibus, & suis constantiam, & hostibus metum iucussit.

TRICESIMVS
QVINTVS.
Clogio regnauit an
nis tantum duobus

Bellum romanorū
& galloꝝ cū francis.
Dux clodomer astu
uicit hostes.

geführt habe. Daher habe sich das Volk später „Sicambrier" genannt. Nach vielen Generationen weiterer Fürsten habe ein gewisser Francio das Volk der Sicambrier *„an die Mündungen des Rheins"* geführt, wo es seitdem ansässig sei und sich nunmehr nach dem König Francio „Franken" genannt habe. Dies sei kurz vor der Geburt des Herrn Jesus Christus geschehen. König Chlodwig, der die Taufe der heiligen Kirche erhalten habe, sei ein direkter Nachfahre dieses Francio.

An mehreren Stellen wird betont, dass diese Aufzeichnungen von den „fränkischen" Geschichtsschreibern Hunibald und Wasthald (so heißt er im B u c h) stammten, doch das muss Trithemius bei seiner Bearbeitung des Manuskripts eingefügt haben.

Den bisher kurz zusammengefassten Inhalt hätten die historisch gebildeten Zeitgenossen des Abtes vielleicht noch geglaubt, nicht aber vieles andere.

So beispielsweise die „Weissagung", die der König Marcomir (angeblich 440 – 422 v o r Chr. !) empfangen haben soll, als er sein Volk von den „Mündungen der Donau nach Sycambria" geführt habe: ein „Monstrum" mit drei Köpfen, einer Kröte, einem Adler und einem Löwen, habe ihm prophezeit, nach vielen Jahren werde sein Volk „das Land der Kröten" eingenommen haben, damit war Gallien gemeint, und das wurde ausdrücklich betont.

Von einem anderen König, Chlodomir (angeblich 248 – 230 v. Chr.), zitiert das Buch einen Brief (!) an die Fürsten und Völker der Gallier, in dem es heißt: *„Uns* (also dem Anführer der „Sycambrer") *geziemt es, euch zu beherrschen, euch aber, uns demütig zu gehorchen".*

Oder: Der König Francus (angeblich 56 – 9 v. Chr.), der sein Volk an den Rhein führte, habe einen dauernden Frieden seines Volkes, das ja nunmehr „Franken" genannt wurde, mit den Germanen, den Sachsen und den Thüringern geschlossen.

So geht es weiter, bei der Lebensbeschreibung fast jedes der mehr als 40 Könige finden sich derartige haarsträubende Ungereimtheiten und unmöglich zur Zeit Passendes !

Das war auch den gelehrten Historikern klar, die das Trithemius-Buch gleich nach seinem Erscheinen lasen. Sie m u s s t e n glauben, der berühmte Abt habe sich selbst die unglaublich falschen Stellen ausgedacht. Selbst wenn vor 500 Jahren das gesicherte Wissen der Historiker über die Geschichte des Kontinents Europa noch weit vom heutigen Stand entfernt war, so viel wussten wenigstens gut informierte Gelehrte selbst damals, dass „das alles" nicht stimmen könne.

Sie wurden dabei aber Opfer des „Entweder-Oder-Syndroms", so wie wohl alle ihre Vorgänger und Nachfolger im Bereich der Forschung zur schönen Wissenschaft der Geschichte (und wohl auch in a l l e n anderen Wissenschaften !) bis heute: Wenn sich in den Behauptungen eines Forscher-Kollegen etwas als falsch herausstellt, dann darf man beruhigt annehmen, dass a l l e s falsch ist, was von ihm stammt; man kann ihn mit gutem Gewissen als „Fälscher" bezeichnen und im Übrigen die Behauptungen anderer Kollegen glauben, an denen bisher kein Kollege (mit guten Gründen) gezweifelt hat. Dass vielleicht nicht a l l e s falsch ist, was der Kollege behauptet hat, wird dabei übersehen, dass es also viel häufiger ein „Sowohl als auch" gibt !

Im Kapitel 5 wurde glaubhaft gemacht, dass der Abt Trithemius selbst n i c h t der Urheber der Geschichts-fälschungen in dem von ihm nur zum Druck gegebenen Buch gewesen sein kann.

Wer aber war es dann ? Aus welcher Zeit stammten die merkwürdigen Behauptungen ? Und war es überhaupt nur ein einziger „Fälscher" oder waren etwas mehrere nacheinander am Werk gewesen ?

8. Mehrere Schichten Wahres und Falsches ?

Für den Autor d i e s e s Buches hat es mehrere Jahre gedauert, bis ihm klar wurde, welch abenteuerlichen Weg die Texte genommen haben dürften, ehe sie in der Offizin von Schaeffer in Mainz als das Buch des Trithemius aus der Druckerpresse kamen. Das war keine Erfindung eines phantasievollen „Romanschriftstellers", auch keines zielbewussten „Geschichtsfälschers", sondern offenbar das zufällige Ergebnis immer wieder – natürlich von Hand – abgeschriebener und ergänzter Notizen über Personen der Vergangenheit, ein Sammelsurium von Einfügungen und Korrekturen und Urkunden aus sehr verschiedener Zeit und mit sehr verschiedenen „politischen" Interessen.

Keines dieser nur logisch erschlossenen „Vor-Manuskripte" wird man je noch auffinden können. Was dazu gesagt werden kann, sind nur V e r m u t u n g e n , allerdings solche, die eine Menge an logischer Wahrscheinlichkeit für sich haben.

Es ist sinnvoll, mit der wohl frühesten „Urkunde" zu beginnen. Sie bestand wahrscheinlich aus einem großen Lederstück, wohl einer Kuhhaut, dem Schreibmedium mancher früher Kulturen, in denen die Kunst der Schrift nur winzigen Minderheiten vorbehalten blieb. Darauf wurde jeweils der Name eines neuen Fürsten eines Stammes aus dem Volk der Sarmaten geschrieben, zusammen mit dem Jahr seiner „Thronbesteigung" sowie den wichtigsten Ereignissen während seiner Regierungszeit, und zwar beginnend schon lange vor der „Zeitenwende", dem Jahr von Christi Geburt. Dieses kostbare Dokument wurde von Generation zu Generation in der Familie dieser Fürsten weitergegeben und jeweils mit dem neuen Namen ergänzt.

Man sage nicht, dass das nicht möglich gewesen sei. Die Sarmaten haben zwar bis zum Untergang ihres Volkes ihre

Sprache nie aufgeschrieben, aber das heißt nicht, dass niemand unter ihnen schreiben konnte. Einige wenige Priester werden, solange dieses Volk nördlich des Schwarzen Meeres in der Nachbarschaft griechischer Städte lebte, dort diese Kultursprache sprechen und auch schreiben gelernt haben. Im „Compendium" des Trithemius werden mehrmals solche „Weisen des Volkes" selbst in sehr alter Zeit erwähnt, die eben auch Teile des abgedruckten Berichts niedergeschrieben haben sollen. So weit es möglich ist, diese Stücke von späteren sehr phantasievollen Einfügungen zu unterscheiden, muss man gerade die n i c h t für erfunden halten.

Auch die Angabe von Jahreszahlen darf nicht überraschen. Die Sarmaten kamen ja einmal aus Innerasien und waren sprachlich und kulturell mit den alten Persern eng verwandt. Dort zwischen Kaspischem Meer und Aral-See war vor der Mitte des letzten v o r christlichen Jahrtausends eine hohe Kultur und auch eine neue Religion entstanden, die des Zarathustra [21]. Diese Kultur kannte bereits einen Sonnenkalender von 12 Monaten zu 30 Tagen und 5 Schalttagen, und auch eine Jahreszählung von einem bestimmten Stichjahr aus. Das ist bekannt, nur weiß heute selbst kein Fachmann mehr, von welchem „Jahr 1" diese Zählung ausging und mit welchen Zeichen diese Angaben festgehalten wurden [22].

Dieses Lederstück mit den Namen zahlreicher Fürsten wurde wohl über mehrere hundert Jahre als wichtigste Erinnerung in der Schatztruhe des jeweiligen Familienoberhaupts aufbewahrt, bis zu König Chlodwig.

---

[21]   Zum Religionsgründer Zarathustra ausführlicher Reinhard Schmoeckel, Die Indoeuropäer - Aufbruch in die Vorgeschichte,   Beltheim-Schnellbach 2012, S. 296 ff.

[22]   Hans Lenz, Universalgeschichte der Zeit, München 2004, S. 209

Für die Existenz eines solchen Dokuments gibt es einen indirekten Beweis. Der Bischof Avitus aus Südgallien hat zur Taufe des Königs Chlodwig diesem einen Brief geschrieben, dessen Wortlaut erhalten ist. Darin erwähnt er ein **„stemma priscae originis"** (Stammtafel oder genealogische Liste „der alten Abstammung") dieses Königs. Chlodwig scheint aus dem Vorhandensein eines solchen „Dokuments" kein Geheimnis gemacht zu haben. Das Wort „stemma" ist griechisch und wurde im spätantiken Latein als Fremdwort mit dieser Bedeutung verwendet. Der Avitus-Brief wird in diesem Buch noch an einer ganz anderen Stelle eine wichtige Rolle spielen.

Eine den Sarmaten genetisch, sprachlich und kulturell eng verwandte Menschengruppe in der Spätantike waren die Bulgaren. Das war eine kleine Adels- und Kulturschicht von Menschen, die den Slawen, die ab dem 5. Jahrhundert n. Chr. ins Gebiet südlich der unteren Donau gekommen waren, den Völkernamen und für die ersten Jahrhunderte auch die Herrscherfamilie brachten. Sie kamen ursprünglich aus dem Pamir nördlich des Himalaya [23]. Auch von diesem Volk hat man eine Königsliste mit Jahreszahl-Angaben gefunden, allerdings auf einem Stein-Denkmal. Doch ist das eine deutliche Parallele zum vermuteten „Stemma priscae originis" des Königs Chlodwig.

Dieses „Stemma" war zwar noch keine Geschichtsschreibung, aber immerhin der Beginn einer schriftlichen Fixierung historischer Ereignisse.

Als der „Frankenkönig" Chlodwig als Christ getauft werden sollte (im Jahr 508 ?), dürfte die Lederhaut mit den inzwischen sicher schon sehr verblassten Eintragungen wieder hervorgeholt worden sein. Einerseits war die lange Liste von adligen Vorfahren

---

[23]   Dazu ausführlich Hanswilhelm Haefs, *Das goldene Reich der Pamir-Bulgaren an Donau und Wardar,* Norderstedt 2009;

ein erwünschter Beweis für das hohe Alter der Königsfamilie, andererseits mussten aber wichtige Eintragungen darin dringend verändert werden.

So ist dann wohl genau im Jahr der Taufe Chlodwigs von einem schreibkundigen und des Griechischen mächtigen Mönch ein **neues „Stemma"** (nunmehr wohl auf dem neuen haltbareren Schreibstoff Pergament und natürlich auf Latein) niedergeschrieben worden. Es übernahm wohl die alten Fürstennamen, ergänzte sie aber durch neue, vor allem den nunmehr so wichtigen (erfundenen) „Spitzenahn" Francio oder Francus (angeblich schon Jahrhunderte vor Chlodwig). Warum das nötig war, wird im Teil II. Kap. 17 dieses Buches genauer erklärt. Und jeder Hinweis auf eine der „nützlichen Hochzeiten" der Königsfamilie war sorgfältig zu tilgen. Auch dazu wird im Teil II Näheres ausgeführt. Hier fing also schon das „Fälschen" an.

Dieses neue „Stemma" auf Pergament verschwand wieder in der Schatztruhe der fränkischen Königsfamilie und wurde niemandem außerhalb dieser Familie gezeigt; es galt wohl ab jetzt als Familiengeheimnis. Auch der Bischof Gregor von Tours oder die anderen späteren Historiker im Frühmittelalter (siehe dazu Kapitel I. 1 und 3) haben es mit Sicherheit nicht zu sehen bekommen. Sie mussten allein aus den mündlichen Überlieferungen alter Adelsfamilien aus der unmittelbaren Umgebung der Fürsten-Dynastie berichten. Diese Familien waren sarmatischer Abstammung.

Erst gut ein Jahrhundert nach Chlodwigs Tod wurde die „Troja-Legende" erfunden und verbreitete sich mündlich im ganzen Frankenreich (siehe dazu Kap. II.24). Sie wurde von den Menschen (und auch von den Autoren Fredegar sowie des „Liber historiae Francorum") geglaubt, schließlich war das Ganze ja schon ungezählte Generationen her. Was sie aufschrieben, war, wie erwähnt, den Fachleuten im Mittelalter und auch später bekannt, sogar den Lesern dieses Buches.

Doch daneben muss um das Jahr 713 oder 715 ein Schrifttext über die „frühen Könige der Franken" entstanden sein, der ein anderes Schicksal als die bekannten Geschichtswerke hatte. Es dürfte das im B r i e f des Abtes Trithemius von 1513 erwähnte Werk eines „Vuisogastaldus" oder „Wastald" gewesen sein.

Um die Bedeutung dieses Schriftdokuments zu verstehen, ist eine kurze Erklärung der politischen Situation notwendig, in der es entstanden sein dürfte.

Mehr als zwei Jahrhunderte hatten Könige aus der Familie der Merowinger das Frankenreich beherrscht, doch war ihnen dieses „Herrschen" in den letzten Jahrzehnten immer mehr aus der Hand genommen worden, von den „Hausmeiern" der Könige aus der Familie der „Pippiniden" (später „Karolinger" genannt). Die letzten Generationen der Könige waren auch meist nicht über das Kindesalter hinaus gekommen. Sie galten noch als Garanten für die „Heiligkeit" des Reiches, aber regieren durften sie nicht mehr.

Doch für ganz wenige Jahre zu Beginn des 8. Jahrhunderts schien es, als könne sich das Blatt noch einmal wenden. Der mächtige „Princeps des Frankenreichs", Pippin II. (Hausmeier), war 714 nach längerer Krankheit gestorben, und gleichzeitig war mit Dagobert III. im Jahr 711 ein immerhin schon 14-jähriger (also schon volljähriger) „heiliger König" auf den Thron gekommen. Der spätere Nachfolger Pippins, dessen Sohn Karl, genannt „der Hammer" (Martell) war genau in dieser Zeit für ein paar Jahre infolge einer Intrige innerhalb seiner eigenen Familie ausgeschaltet [24].

Es erscheint plausibel, dass in dieser Situation im Kreis der wenigen treuen Diener der Merowinger-Dynastie die Idee aufkam,

---

[24]   Zu dieser „Wendezeit" ausführlicher Reinhard Schmoeckel, Deutschlands unbekannte Jahrhunderte, Beltheim-Schnellbach 2013, Kapitel 37, S. 453 ff.

das Ansehen dieses Geschlechts wieder zu erhöhen, modern ausgedrückt, eine „ideelle Restauration" zu betreiben.

Als Ansatzpunkt dafür konnte das in der königlichen Hofkanzlei gehütete „überarbeitete Stemma" dienen. Hier lag ja bereits ein schriftlicher Text vor, der nicht nur die Namen der früheren Herrscher aufzählte, sondern noch etwas mehr. Konnte man das nicht „modernisieren" und unter den wenigen Intellektuellen des Reiches, denen die „Heiligkeit der Könige" noch etwas galt, bekannter machen?

So lässt sich das Entstehen eines Manuskripts vorstellen, das nach weiteren abenteuerlichen Schicksalen und Umarbeitungen 750 Jahre später in die Sponheimer Klosterbibliothek gelangte. Als Autor ist ein schreibkundiger Angehöriger der Königskanzlei mit dem Namen **Wasthald** zu vermuten.

Bei dieser Gelegenheit werden wohl die im alten „Stemma" noch vorhandenen Jahresangaben über die Fürsten nach dem „altpersischen Kalender" in „Jahre nach der Gründung Roms" umgerechnet worden sein, die wenigstens im spätrömischen Reich eine Jahreszählung ermöglichten (753 v. Chr.). Es gab wohl noch unter den einst sarmatischen Adelsfamilien ein paar Gelehrte, die das verstanden. „Jahre nach Christi Geburt" kannte man im 8. Jahrhundert schon, aber es war wohl noch völlig unmöglich, „negative Zeiten" (vor dem Jahr „1") anzugeben.

Dem Autor Wasthald war wahrscheinlich aufgefallen, dass der langen Reihe von Königen, die seit angeblich fast 1000 Jahren ihr Volk regierten, auch entsprechende „glorreiche Taten" zugerechnet werden müssten. Andere Taten als Einfälle ins fremde Land, das Niederbrennen von Städten und „Verheeren" von Landschaften konnte man sich damals wohl nicht vorstellen. So dürfte die geradezu stereotype Reihe von Einfällen der „Franken über Rhein und Maas" nach Gallien und umgekehrt von Galliern und Römern nach „Germanien" in die Fassung von

46

Wasthalds Chronik gekommen sein. Das Fälschen nahm also munter weiter seinen Lauf.

Auch die Beschreibung der Einrichtung eines eigenen „Herzogtums Ostfranken" mit der Hauptstadt Vuirciburc (Würzburg) – so ist es im gedruckten Text des Compendiums" zu lesen – kann nur aus den ersten Jahren des 8. Jahrhunderts stammen, denn vorher gab es diesen Ort nicht. Eingebettet wurde dies jedoch in einen Bericht über einen König Chlodomer (angeblich 319 – 337 n. Chr.). In der historischen Realität war Thüringen und das Gebiet südlich davon (später „Franken" genannt) erst 531 von den Söhnen König Chlodwigs erobert worden. Anfang des 8. Jahrhunderts bildete das Gebiet ein halb autonomes Herzogtum „Ostfranken" innerhalb des „Königreichs der Franken" unter einem Herzog Heden. Dieser Name kommt tatsächlich auch im Trithemius-Text vor.

Sehr bemerkenswert ist darüber hinaus, dass auch von einer A u s w a n d e r u n g von einigen tausend Kriegern, Frauen und Kindern einschließlich Bauern und Handwerker im Jahr **326** n. Chr. berichtet wird, und zwar vom Rhein nach T h ü r i n g e n! Jedenfalls muss man bei sorgfältiger Lektüre des Trithemius-Buches vermuten, dass auch d i e s e r Teil des Textes aus der Wasthald-Chronik stammt.

Dieser Bericht scheint jedoch recht gut die reale Flucht des Draco der Sicambrier aus Thüringen an den R h e i n etwa im Jahr **385** n. Chr. zu beschreiben, also den umgekehrten Weg (siehe dazu in diesem Buch Teil II. Kap.7). Hier dürften noch vorhandene Erinnerungen bei einst sarmatischen Adelsfamilien an den denkwürdigen Auszug in bewusst oder unbewusst verschleiernder Form Eingang in die Wasthald-Chronik gefunden zu haben.

Die hier beschriebenen Vermutungen und die Belege dazu aus dem Text des Trithemius-Buches führen zu der Überzeugung, dass es sehr wohl eine „Wasthald-Chronik" gegeben haben muss, die der Abt Trithemius einmal gelesen hatte. Aber ihr Urheber war kein „Zeitgenosse der frühen fränkischen Könige", sondern ein königstreuer Literat aus den Jahren um 715.

Die beabsichtigte „propagandistische Wirkung" hatte diese Arbeit nicht, selbst wenn davon, wie zu vermuten, ein paar Kopien hergestellt worden sein sollten. Denn schon kurz danach errang Karl „Martell" als weiterer Pippinide die Macht im ganzen Frankenreich zurück, und der junge König Dagobert III. starb: man weiß nicht genau, ob im Jahr 715 oder 716, und auch nicht, wie er starb, ob an einer Krankheit oder durch einen Axthieb umgebracht !

Vermutlich wurden die vorhandenen Kopien des „Wasthald-Textes" eilig in irgendwelchen Klosterbibliotheken versteckt. Denn bald setzte eine unterschwellige oder auch offene Verleumdung der Merowinger-Könige durch Anhänger der Karolinger-Sippe ein: diese Könige seien „rois fainéant" (Nichtstuer-Könige), und die „Principes" des Fränkischen Reiches, Karl Martell und/oder sein Sohn Pippin III. gehörten eigentlich auf den Königsthron.

Im Jahr 751 war es dann so weit: der letzte Merowinger-König wurde abgesetzt, in ein Kloster verbannt, und Pippin wurde zum „fränkischen König" gesalbt. Die eventuell vorhandenen schriftlichen Erinnerungen an die Merowinger-Könige wurden vernichtet oder eben schnell gerade noch versteckt.

Auch die zweite Chronik, die Trithemius einst gelesen hatte, die des **„Hunibald",** kann nicht von einem Zeitgenossen des Königs Chlodwig stammen. Unter anderem hätte dann der Name wohl „Chunibald" lauten müssen ! Von diesem Dokument kennt man außer den wenigen Zeilen im Brief des Trithemius nichts, denn im B u c h text lässt sich offenbar nichts davon finden. Dennoch hatte den Abt seine Erinnerung wohl nicht getäuscht, im Prinzip wenigstens.

Es m u s s die schriftliche Kopie einer Chronik mit diesem Verfasser-Namen gegeben haben, die wie die Wasthald-Chronik in Kloster-Bibliotheken die Jahrhunderte bis zur frühen Neuzeit überdauert hat und schließlich, *„in Schweinsleder zusammen gebunden mit der Wasthald-Chronik in einem Band"*, in der berühmten Sponheimer Manuskripte-Sammlung vom Abt Trithemius gelesen werden konnte.

Aber eine „Fortsetzung" des Wasthald-Textes war sie gewiss nicht. Eher scheint Hunibald in seiner Beschreibung dem realen Weg der sarmatischen Kriegergruppe (dem „Draco" der „Sicambrier") von Thüringen bis an die Maas in den letzten Jahrzehnten des 4. und den ersten des 5. Jahrhunderts gefolgt zu sein. Wie der vermutliche tatsächliche Ablauf war, wird in den Kapiteln dieses Buches in Teil II.7 - 9 näher beschrieben. .Jedenfalls muss man das aus den wenigen Zeilen des Trithemius über diesen „Geschichtsschreiber" schließen.

Wieder sind nur V e r m u t u n g e n über den Autor und dessen Absichten bei der Abfassung möglich. Dieser „Hunibald" dürfte wie „Wasthald" zu dem nur noch kleinen Kreis treuer Anhänger der „heiligen" Königsfamilie gehört haben, der ab dem Jahr 711 versuchte, dem neuen König Dagobert III. – und seinen Vorfahren ! – zu neuem Ruhm zu verhelfen.

Doch anders als „Wasthald" scheint sich „Hunibald" nicht an dem im „Königsschatz" verwahrten „neuen Stemma" orientiert zu haben, der bewusst veränderten Tafel der Königs-Generationen über viele Jahrhunderte zurück. Möglicherweise kannte er dieses Dokument überhaupt nicht.

Aber Hunibald scheint, wie hundert Jahre vor ihm der Mönch Fredegar, durch Befragung der alten, noch aus sarmatischer Zeit stammenden Adelsgeschlechter Informationen über den abenteuerlichen Weg der kleinen sarmatischen Soldaten-Einheit von der Donau über Thüringen, von dort an den Rhein und schließlich nach Nord-Frankreich gesammelt zu haben. Diesem Hunibald kam es wohl vor allem auf die Herrschaftszeiten der angeblich schon Könige genannten Fürsten dieser Clans an, von Faramund bis zu Chlodwig.

Auch Hunibald scheint die Absicht gehabt zu haben, die sagenhaften Vorfahren der Merowinger-Könige „moralisch aufzuwerten“, doch war ihm das ebenso wenig wie „Wasthald“ vergönnt. Immerhin dürfte die eine oder andere Kopie seiner „Chronik“ in einer Klosterbibliothek die Zeiten der Verfemung seiner Könige durch die Karolinger überdauert haben.

Im Jahr 987 übernahm ein Adliger namens Hugo Kapet im „Westfränkischen Reich“, dem heutigen Frankreich, die Herrschaft von der inzwischen ausgestorbenen Dynastie der Karolinger. Kapet und alle seine Erben auf dem französischen Thron bis in die Neuzeit betrachteten sich als genealogische und ideelle Erben der Merowinger und hoben deren „Verfemung“ auf. Ab dann war es nicht mehr nötig, schriftliche Dokumente zu verstecken, die sich auf diese „heiligen Könige“ bezogen. Aber immerhin war nun so viel Zeit vergangen, dass die Erinnerung doch sehr schwach geworden war.

Der Autor dieses Buches hat die vielleicht etwas abenteuerliche Vermutung, dass dieser Hunibald mit dem Autor des „Liber historiae Francorum“ identisch ist, dessen Namen man ja nicht kennt. Dieses Werk (siehe dazu Kapitel I.3) zeichnet sich ja durch eine offenbar gute Kenntnis der mündlichen Überlieferungen sarmatischer Adelsfamilien aus, und es stammt ebenfalls aus der ersten Hälfte des 8. Jahrhunderts. Allerdings kann das hier nicht weiter ausgeführt werden.

Zwischen dem 8. und dem 12. Jahrhundert verging eine lange Zeit. Doch auf Pergament geschriebene Schrifttexte konnten diese Zeit überdauern, So ist die im folgenden Kapitel beschriebene V e r m u t u n g wohl durchaus nicht ganz lebensfremd, was mit einer Kopie der „Wasthald-Chronik“ etwa im Jahr 1188 geschah.

9. Der Fund des Historikers Gottfried von Viterbo

Manche Formulierungen im gedruckten Buch „Compendium" machen den Eindruck, als könnten sie nicht vor dem Ende des 12. Jahrhunderts niedergeschrieben worden sein, wenn man aufmerksam liest. So kann das Manuskript, das man dem gelehrten Abt aus irgendeinem anderen Kloster im Jahr 1514 zugeschickt hatte, n i c h t das Original-Manuskript des Wasthald (oder eine gute Abschrift) gewesen sein. Eine weitere Überarbeitung fast 400 Jahre später m u s s zu Papier (richtiger zu Pergament) gebracht worden sein.

Die folgende Darstellung beruht wie alles in den letzten Kapiteln nur auf V e r m u t u n g e n . Doch auch hier sprechen wieder einige überzeugende Indizien für ihre Richtigkeit.

Vieles deutet darauf hin, dass der unterstellte Überarbeiter des Wasthald-Textes der bekannte Historiker und Diplomat Gottfried von Viterbo gewesen ist. Bevor auf dessen „Fälschungen" eingegangen werden kann, muss kurz das Leben und die Bedeutung dieser historischen Persönlichkeit beleuchtet werden. Gottfried lebte von ca. 1125 bis 1191.

Trotz seines „italienischen" Namens war er Deutscher oder Normanne, seinem adligen Vater war wohl von einem Kaiser die italienische Stadt Viterbo als Lehen übergeben worden. Nach einer gründlichen Ausbildung in der Bamberger Domschule in allen Fächern, die ein gelehrter Mönch von Adel zu seiner Zeit beherrschen sollte, wurde er Mitglied der königlichen Kapelle, also der Kanzlei des Kaisers. Später war er Notar und Kaplan am Kaiserhof und diente den Stauferkaisern Konrad III. und Friedrich I. Barbarossa auf zahlreichen diplomatischen Reisen, die ihn unter anderem allein über vierzigmal nach Rom zum Papst führten.

Außerdem verfasste er mehrere im Hochmittelalter sehr geschätzte historische Werke, vor allem *„Speculum regum"* (1183) und andere Bücher, die diesen Gesamtüberblick über die Weltgeschichte nach mittelalterlicher Art noch etwas ergänzen sollten.

In einer Beurteilung bei Wikipedia (2008) über diesen Gelehrten heißt es: *„Gottfried erweist sich in seinen Schriften als Anhänger der Staufer und unterstützt deren Ziel eines umfassenden Imperiums, bleibt aber dennoch ausgleichend zwischen Kirche und Kaisertum.... Der historische und literarische Wert seiner Geschichtswerke wird häufig niedrig eingeschätzt, da seine Geschichtsforschung als nicht sorgfältig und teilweise fehlerhaft gilt. "*

Doch seine modernen Kritiker, die hier bei Wikipedia nur zusammenfassend erwähnt werden, haben genau das übersehen, was im Kapitel 6 dieses Buches als typisch auch für die Geschichts s c h r e i b u n g noch des Hochmittelalters betont wurde, nämlich die mangelnde Verpflichtung zu einer „historischen Wahrheit", vielmehr die Aufgabe dieser schriftlichen Werke zur geistigen Beeinflussung der Leser.

Hier beim Autor Gottfried von Viterbo kam hinzu, dass dieser Mann ja vorrangig „Politiker" im Auftrag seiner Kaiser war. Auch in seinen historischen Werken ging es ihm nicht um Geschichtsschreibung im modernen objektiven Sinn, sondern um etwas, was man heute „politische Propaganda" nennen müsste. Er sah das „Heilige Römische Reich" seiner Kaiser (damals noch keineswegs „deutscher Nation" !) als die logische Fortsetzung der ruhmreichen römischen und fränkischen Geschichte, die seit Kaiser Karl dem Großen eine Einheit geworden war – das war die Erfüllung von Gottes Heilsplan nach der Überzeugung der Kaiser (und deren getreuen Gefolgsmannes Gottfried). Den zu Gottfrieds Zeit schon deutlich spürbaren Unabhängigkeitsbestrebungen im Stauferreich wollte der Gelehrte den Gedanken der vorherbestimmten Einheit unter legitimen Herrschern, den Kaisern, bewusst gegenüberstellen.

An einzelnen Stellen der unter seinem Namen bekannten historischen Werke (bis 1187) erwähnt Gottfried von Viterbo mehrfach die frühen Franken, etwa dass sie einst von Troja zu den „Mäotischen Sümpfen" gekommen und zwischendurch in Sicambria in Pannonien ansässig gewesen seien. Im großen Ganzen beschränkt sich sein Wissen darüber auf das, was zu seiner Zeit aus den drei „klassischen" Texten bekannt war (siehe Kapitel I.1 und 3). Allerdings lassen manche Einzelheiten, die er angibt, aufmerken. Waren ihm mündliche oder schriftliche Überlieferungen bekannt, die darüber hinaus gingen ? Zumindest war ihm das historische Thema sehr vertraut.

Die Verknüpfung seiner Person mit einem Schrifttext zur Vorgeschichte der Könige der Franken, eben einer Kopie der „Wasthald-Chronik", ergibt sich aus einem Szenario, das wohl eine Menge an Plausibilität für sich hat.

Ziemlich am Ende seines Lebens, wohl 1188, könnte der kaiserliche Diplomat Gottfried von Viterbo auf seiner letzten Dienstreise erneut den französischen König Philipp II. aus dem Haus der Kapetinger aufgesucht haben. Bei diesem Aufenthalt in Paris könnte er durch Zufall erfahren haben, dass im Archiv der königlichen Hofkanzlei ein altes Schriftkonvolut verwahrt wurde, das das Schicksal der V o r g ä n g e r der historisch bekannten Könige aus dem Merowingerhaus behandelte. Dieses Manuskript habe lange unerkannt im Archiv der französischen Königs gelegen, aber nun, da Bluterben der Merowinger wieder auf dem französischen Thron saßen, musste es ja nicht länger geheim gehalten werden.

Der Historiker wurde hellhörig und erbat sich eine Kopie dieses Textes oder ließ auf eigene Kosten eine solche anfertigen. Danach machte er sich an die Arbeit, an Hand des Lebens der darin beschriebenen frühen „fränkischen" Könige Gottes Bestimmung zu verdeutlichen, dass diese Könige und natürlich auch deren legitime Nachfolger, die Karolinger, die Sachsenkaiser , die salischen und die Stauferkaiser, über die ganze christliche Welt zu herrschen hätten. Hier in Paris hatte er nun ein umfangreiches Werk gefunden, das genau dies beschrieb.

Keiner seiner Zeitgenossen hätte übrigens Anstoß daran genommen, dass hier ein alter Text „zeitgemäß" umgeschrieben wurde. Hierzu sei der Leser nochmals an das Kapitel I.6 dieses Buches erinnert, in dem genau diese Einstellung auch der Historiker noch im hohen Mittelalter deutlich gemacht wurde.

Der Gelehrte Gottfried sah es wohl als zweckmäßig an, das neue Buch, das er aus dem alten machte, weiter unter dem Namen seines einstigen Autoren „Wasthald" (oder „Vuisogastaldus") erscheinen zu lassen. Aber sicher hat er dafür gesorgt, dass einige Kopien davon angefertigt wurden, denn als Propaganda-instrument sollte es ja möglichst viele Leser finden. Es muss die letzte Arbeit des kaiserlichen Diplomaten vor seinem Tod gewesen sein, der für 1191 angenommen wird. Andererseits kann er kaum vor 1188 auf das Manuskript gestoßen sein, weil er sonst unweigerlich in einem seiner eigenen Bücher Einzelheiten daraus aufgenommen hätte.

Um den möglichen Anteil des vermuteten Bearbeiters Gottfried von Viterbo an der von Trithemius abgedruckten „*Chronik des Wasthald*" zu ermitteln, ist es wichtig, „Geschichtsfehler" festzu-stellen, die nicht v o r und auch nicht n a c h dem Ende des 12. Jahrhunderts formuliert worden sein können. Das ist nicht einfach und kann hier auch nur an einigen Beispielen dargestellt werden.

In der Praxis wird Gottfried zu vielen der im alten Manuskript aufgezählten Könige mehr oder weniger umfangreiche Zufü-gungen geschrieben (wahrscheinlich eher diktiert) haben. Nur er kann es übrigens gewesen sein, der in der Lage war, die in der „Wasthald-Chronik" angegebenen Jahreszahlen nach der „römi-schen Ära" (Jahre nach 753 v. Chr.) in die inzwischen längst im ganzen Abendland verwendeten Jahreszahlen nach (und auch vor) Christi Geburt umzurechnen.

Von Gottfried dürften die auf S. 39 dieses Buches angeführten Stellen im Trithemius-Buch stammen. In der Lebensbeschreibung des Königs Marcomer (angeblich 440 – 422 v o r Chr.) heißt es wörtlich: *„Seitdem hat das Volk der s k y t h i s c h e n Könige nicht nur ganz Gallien unterworfen, sondern auch Schwaben, Bayern, Burgund, Langobardien, Italien, Slawonien, Thüringen, Austria. Sachsen, Theutonen, Cimbri, Dänen ... die Leute diesseits des Rheins („Cisrhenani") ... und fast ganz Europa durch Waffengewalt unter seine Macht gezwungen."* Diese Umschreibung passte nur auf das „Heilige Römische Reich" der Stauferkaiser (oder richtiger auf deren Sicht).

Eine entlarvende Stelle findet sich der Lebensbeschreibung des Königs Childerich (I. ? – angeblich 213 – 253 n. Chr.): *„Das fränkische Reich wurde von den Söhnen Ludwigs I. (wörtlich: Ludovico primo) in zwei Teile geteilt, wobei das Zeichen der Lilie* (im Wappen !) *bei den in Gallien verblieb, während das Königreich der Ostfranken oder das Germanische Reich, weil es an das Römische Reich anknüpfte, den* (römischen) *Reichsadler bis heute als* (Wappen-) *Zeichen hat"*. Diese z u t r e f f e n d e historische und heraldische Beschreibung konnte frühestens im Hochmittelalter abgegeben werden.

Im übrigen ließ der Chronik-Schreiber bereits die frühen skythischen Könige alle möglichen Städte in Germanien gründen, u.a. „Neopagus" und „Neomagus" (vermutlich Nijmegen) zwischen den Rheinmündungen, oder „Basanburg" (angeblich Aachen), alle von Königen lange vor Christi Geburt.

Bemerkenswert ist auch die Feststellung: *„Seit der Zeit des Octavian, der später Augustus genannt wurde, ist von den Römern die Macht und die Tugend der Franken immer mit Argwohn gesehen worden."*. Was im folgenden zu lesen ist, scheint eine Beschreibung des Arminius-Aufstandes mit dem

Wissen des 12. Jahrhunderts zu sein: *„Das römische Reich schickte eine Armee unter Marcus Julius nach Germanien, wurde aber besiegt...".*

Eine sorgfältige Durchmusterung aller 46 Lebensbeschreibungen der „fränkischen" Könige in mittelalterlichem Latein fördert noch sehr viele solcher „Fehler" zutage. Sie lassen die Skepsis der Gelehrten zu Anfang des 16. Jahrhunderts gegenüber dem Buch des Trithemius als völlig gerechtfertigt erscheinen, denn nun, nach der Überwindung des „finsteren Mittelalters", fühlten sich auch die Historiker als endlich „im Vollbesitz der Wahrheit" befindlich.

Das tun sie auch heute noch und machen sich nicht die Mühe. alte Texte noch einmal genau zu überprüfen...

10. Zufügungen im späten Mittelalter

Auch die von Gottfried von Viterbo (wahrscheinlich) besorgte Fassung kann noch nicht die gewesen sein, die der Abt Trithemius zu seiner großen Erleichterung zugeschickt bekommen hat. Denn im gedruckten Text finden sich einige Behauptungen, die im Jahr 1190 noch nicht getroffen werden konnten.

Nur aus einer Zeit kurz nach 1300 können Angaben stammen, der oder jener „fränkische" König habe etwa die Städte Montabaur, Marburg oder Frankfurt an der O d e r (!) gegründet. Denn zu Gottfried von Viterbos Zeiten gab es die überhaupt noch nicht.

Auch dürften in diese „erweiterte Abschrift" einige deutsche Worte in den sonst lateinischen Text hineingekommen sein. So in der Lebensbeschreibung des Königs Basan (angeblich 284 – 248 v. Chr.) die mittel n i e d e r deutschen Worte: *„Hort opp, lief man, kent gy nit dy grote könig Basan",* mit denen die Sycambrer angeblich Ungerechtigkeiten zurückwiesen, unter Berufung auf den „gerechten König Basanus". Es gibt noch einige andere Beispiele.

Der Abschreiber in einem Kloster (?) hat dabei wahrscheinlich nicht einmal eine besondere „propagandistische" oder gar bösartige Absicht verfolgt. Sondern vermutlich hat er nur einen Brauch fortgeführt, wie ihn zu seiner Zeit auch die Überlieferer m ü n d - l i c h e r Nachrichten, die Dichter/Sänger, übten, nämlich die von ihm verbreitete „Zeitung" angemessen zu „modernisieren".

Eine Kopie der „Wasthald-Chronik" auf d i e s e r „Entwicklungsstufe" muss es gewesen sein, die ein befreundetes Kloster dem Abt Trithemius im Jahr 1514 zuschickte und die er dann abdrucken ließ, allerdings eben mit einigen von ihm selbst formulierten Zufügungen, die bei den Lesern den Eindruck erwecken sollten, als handele es sich um einen Originaltext aus dem 6. Jahrhundert.

Doch mindestens noch eine weitere Kopie dcr „Wasthald-Chronik" aus dieser späten Zeit muss noch in einer anderen Klosterbibliothek gelegen haben und nach einigen Jahrzehnten von einem „Schreibstuben-Mönch" hervorgeholt und noch weiter „modernisiert" worden sein. Zur Unterscheidung von der ersten soll diese hier den Namen „2. spätmittelalterliche Bearbeitung" erhalten.

Denn es ist geradezu unheimlich, dass in jüngerer Zeit die modernen Möglichkeiten der Computer-Recherche Informationen hervorzaubern, die an das bisher so vergessene und von den berufsmäßigen Historikern gemiedene Wissen um die „fränkischen Könige" erinnern. Wer im Internet nach Stichworten wie der „fränkischen Königsliste" (siehe dazu Kapitel I. 11), Chlodio, Faramund und manchen anderen Namen sucht, findet Auskünfte in englischer Sprache, die an die im Trithemius-Buch gedruckten erinnern, aber

- in den Jahreszahlen stets um einige Jahre von denen im *„Compendium"* abweichen,
- in einigen wenigen Fällen die Reihenfolge der Könige vertauschen,
- zu einigen Königen Angaben enthalten, die im Buch des Trithemius nicht zu finden sind.

Historisch sind diese Veränderungen ebenso unglaubwürdig wie die in den Kapiteln 8 und 9 behandelten Einfügungen Wasthalds, Gottfrieds von Viterbos und eines (oder mehrerer) Schreibers im 14. Jahrhundert.

Aber sie beweisen, dass es keinesfalls nur einen „einlinigen" Strang von alten Manuskripten zu dem Thema gegeben haben kann, sondern dass wahrscheinlich in jeder Zeitebene mehrere Kopien existiert haben müssen, die sich nicht nur durch

Schreibfehler, sondern zum Teil auch durch bewusste Unterschiede, manchmal sogar recht erhebliche, von dem jeweiligen „Original" unterschieden haben.

Und wenigstens einige dieser Handschriften müssen noch heute in irgendwelchen Archiven liegen – nicht nur vergessen und seit Jahrhunderten unentdeckt, sondern bewusst hervorgeholt und zur (falschen oder richtigen) Information Wissensdurstiger benutzt. Das ist höchst spannend - - und auch ein wenig unheimlich.

11. Die mysteriösen „fränkischen Königslisten"

Die moderne Computer-Technik macht manches möglich, was in der „vor-elektronischen Zeit" nur durch Zufälle entdeckt werden konnte. Wer heute im Internet bei der „Google-Suche" das Stichwort „Pharamund" oder „Marcomir" oder andere Namen angeblicher oder wirklicher früher „fränkischer" Könige eingibt, bekommt als Antwort Angaben zu diesen Personen, die irgendwie an Texte aus dem Buch des Trithemius „Compendium" erinnern, aber meist in Jahreszahlen oder anderen Angaben davon abweichen.

In einem Buch des Engländers Laurence Gardner aus dem Jahr 1996 – siehe dazu Näheres im Kap. II. 25 – findet man sogar eine ganze Liste der Könige der „Skythen/Sycambrier/Franken" samt Daten und einigen weiteren Angaben in englischer Sprache [25].

Schließlich enthält die Dissertation eines gewissen Herman L. Hoeh (vermutlich Amerikaner) aus dem Jahr 1963 nahezu die gleiche Namensliste in englischer Sprache, mit ähnlichen, aber nicht wortgleichen Erläuterungen und Jahreszahlen, die aber leicht von denen bei Gardner abweichen [26], Der Autor beruft sich dabei auf das Buch eines Spaniers Gutierrez aus dem Jahr 1886, das angeblich genealogische Tabellen der „Abkömmlinge der trojanischen Könige" bis zu den einst in Spanien herrschenden Habsburgern enthalten soll.

---

[25]   Laurence Gardner, *Bloodline of the Holy Grail* , Element Books Shaftesbury, Großbritannien 1996 (deutsch im Jahr 1999 unter dem Titel *Das Vermächtnis des Heiligen Gral – Die Nachfahren Jesu und die geheime Geschichte Europas*, Heyne Verlag München.

[26]   Im Internet unter dem Stichwort „Hunibald" zu finden, als Dissertation eines Herman L. Hoeh, *Compendium of World History,* darin auch *„Stammtafeln der Merowinger-Könige "*.

Auch diese Liste scheint sehr merkwürdige Schicksale gehabt zu haben, und es macht den Eindruck, als hätten sich viele Menschen schon über Jahrhunderte damit beschäftigt. Doch hat das offenbar nicht unbedingt zu ihrer Zuverlässigkeit beigetragen. Doch auch hier sollte man wieder nicht „das Kind mit dem Bade ausschütten" und nach einem ersten Blick auf diese Liste sie insgesamt für unglaubwürdig oder unverständlich halten und sich weiter nicht mehr damit beschäftigen.

Offenbar stammen die Informationen darin aus dem gedruckten Buch „Compendium" des Abtes Trithemius von 1515. Gut 100 Jahre nach dessen Erscheinen hat wohl ein holländischer Historiker namens J. J. Pontanus in seinem Buch „De origine Francorum" (1630) erstmals die Namen der dort genannten Könige als L i s t e zusammengestellt.

Aus diesem Werk hat wiederum das erste in deutscher Sprache gedruckte sehr umfangreiche „Konversationslexikon" die Liste wiedergegeben, der sogenannte „Zedler" in der Mitte des 18. Jahrhunderts. Im Band 47 dieses Lexikons (Buchstabe Sa – Si, gedruckt 1743) findet sich eine Aufstellung sogenannter „sigambrischer Könige", die allerdings mit einem „König Francus" endet; danach begännen die „Könige der Franken", so heißt es. Jedoch haben die Herausgeber des Lexikons dieser Liste die Warnung hinzugefügt: „Es ist aber an der Richtigkeit (gemeint die Liste des Pontanus) sehr zu zweifeln".

Doch hat wohl schon Pontanus etwas gemacht, was heutigen Menschen in Europa völlig unverständlich ist. Er hat Zeitangaben für die einzelnen Könige offenbar in „Jahre seit Erschaffung der Welt" umgerechnet. Im Trithemius-Buch kann auch ein normaler Mitteleuropäer, wenn er genügend Latein kann und die römischen Zahlzeichen kennt, sehr präzise Jahre v o r und n a c h Christi Geburt entnehmen.

Doch im „Zedler" tauchen völlig unbekannte Zahlen auf; sie werden dort auch nicht näher erklärt. Es dürfte sich um Jahreszahlen handeln, die ab der Renaissance-Zeit in Europa von Gelehrten für Zeiten verwendet wurden, die v o r dem Geburtsjahr Christi lagen: „Jahre nach der Erschaffung der Welt".

Damals war man ja überzeugt, dass es vor dem göttlichen Schöpfungsakt, der in der Bibel beschrieben wurde, keine „Zeit" gegeben haben könne. Mehrere Gelehrte hatten aus dem Alten Testament der Bibel und den dort häufig genannten Lebensjahren biblischer Gestalten Zeittafeln entwickelt, die mit dem „Schöpfungsakt Gottes" begannen. Leider stimmten diese Zeittafeln keineswegs überein. Nach einer davon, der des englischen Bischofs Usher aus dem Ende des 17. Jahrhunderts, lag das Geburtsjahr Christi im „Jahr 4004 nach Erschaffung der Welt".

Auch der offizielle Kalender des modernen Staats Israel zählt übrigens bis heute das Bestehen jüdischen Lebens „seit Erschaffung der Welt durch Gott". Die Geburt des Messias Jesus fiel allerdings nach diesem Kalender in das Jahr 3761 !

Die Namen und die Zeitangaben (nach den gebräuchlichen „Jahren vor und nach Christi Geburt") und sonstige Informationen, die aus den verstreuten Informationen und Listen im Internet zu entnehmen sind, ähneln zwar denen im Buch des Abtes Trithemius sehr, weichen aber doch immer etwas davon ab.

Daraus kann man wohl nichts anderes schließen, als dass noch nach dem Druck des Buches im Jahr 1515 a n d e r e Handschriften existiert haben müssen, die im Prinzip die gleichen Informationen enthielten, aber eben nicht g e n a u die gleichen. Vermutlich handelte es sich um Kopien der hier „Wasthald-Chronik" genannten Propagandaschrift aus dem frühen 8. Jahrhundert. Sie scheinen aber aus einem weiteren „Informationsstrang" zu stammen, der hier „2. spätmittelalterliche Bearbeitung" genannt wurde.

Zu der Eigenart aller von Hand kopierten Schriftstücke im Altertum und im Mittelalter, dass sie n i e genau den gleichen Inhalt hatten wie ihr „Original", wurde oben (S. 34) schon etwas gesagt. Dabei ist meist schwer zu entscheiden, ob die Abweichungen auf bloßen Abschreibfehlern beruhten oder auf bewusster Veränderung.

Doch wo sind diese Manuskripte aus dem Spätmittelalter heute aufbewahrt, so dass Inhalte aus ihnen noch jüngst in Texte übernommen werden konnten, die nun schon dem „elektronischen Zeitalter" angehören ? Das ist ein großes Rätsel.

I n h a l t l i c h enthalten diese Listen keine realeren Geschichtsdaten als die aus dem Buch des Trithemius, im Gegenteil. Sie beweisen nur das mangelnde Geschichtswissen der modernen Bearbeiter.

Auf S. 64 wird eine Liste der „Vorfahren des Königs Chlodwig" abgedruckt, wie sie sich aus dem Buch „Compendium" ergibt.

Die Namen klingen zum Teil wie Zitate aus der „Ilias" des Homer für Namen trojanischer Helden; sie sind es aber nicht (bis auf zwei oder drei). Sie stimmen auch nicht mit den Namen der Vor- und Nachfahren des „trojanischen Prinzen" Äneas nach dem lateinischen Epos des Dichters Vergil überein ! Aus dieser „Literatur" zum „trojanischen Krieg" und seinen Folgen können sie also nicht stammen (siehe dazu Kap. II. 1) .

Die in der Liste auftauchenden Namen werden meist von Professoren für Sprachwissenschaft oder Namenskunde für germanisch gehalten. Doch die bezeichnende Endung -mir oder -mer „fränkischer" Königsnamen – nicht weniger als 14 Könige tragen solche Namen ! – ist bei g e r m a n i s c h e n Namen ausgesprochen selten [27] . Doch geradezu als Regel findet

---

[27] Konrad Kunze, *dtv-Atlas Namenskunde* , München 2003 (4. Aufl.) S. 18

Die Namen der Vorfahren Chlodwigs

Reihenfolge, Ordnungszahlen, Namensform und Jahre der „Thronbesteigung" und des Todes nach dem „Compendium" des Trithemius

Antenor	440 **v. Chr.**		29. Sunno	185-213
1. Marcomir	440-422		30. Hildericus	213-253
2. Antenor	422-382		31. Bartherus	253-271
3. Priamus	382-356		32. Clodius	271-298
4. Helenus	356-337		33. Walther	298-306
5. Diocles	337-298		34. Dagobertus	306-317
6. Helenus	298-284		35. Clogio	317-319
7. Basanus	284-248		36. Clodomirus	319-337
8. Clodomirus	248-230		37. Richimerus	337-350
9. Nicanor	230-196		38. Theodomirus	350-360
10. Marcomir	196-168		39. Clogio	360-378
11. Clodius	168-157		40. Marcomirus	378-393
12. Antenor	157-141		41. Dagobertus	393-398
13. Clodomir	141-121		42. Genebaldus	398-419
14. Merodacus	121- 93		43. Pharamundus	419-426
15. Cassander	93- 72		44. Clodius	426-446
16. Antharius	72- 56		45 Meroveus	446-458
17. Francus	56- 9		46. Hildericus	458-484 (!)
18. Clogio	9 v.Chr.-20**n.Chr.**		47. Clodoveus	484-524 (!)
19. Herimerus	20- 32			
20. Marcomirus	32- 50			
21. Chlodomer	50- 62			
22. Antenor	62- 68			
23. Ratherus	68- 89			
24. Richimerus	89-113			
25. Odemarus	113-127			
26. Marcomerus	127-148			
27. Clodomerus	148-165			
28. Farabertus	165-185			

man diese Form bei den frühen kroatischen Fürsten, deren iranisch-sarmatische Herkunft unumstritten ist.

Es ist bekannt, dass sich die Personennamen bei frühen Völkern mit indoeuropäischen Sprachen darin ähneln, dass sie sehr häufig „zweigliedrig" sind, z.B. Shruta-maga (altindisch), Klytho-methes (altgriechisch), Cluto-rix (keltisch), (Ch)Loth-ari (althochdeutsch). In allen diesen Namen steckt offenbar als erstes Glied das indoeuropäische Grundwort *"cluto" = berühmt [28]. Diese Regel trifft wohl auch auf die Namen der „fränkischen" Königsliste zu, hierher stammt ja auch der Name (Ch)Lo(d)-wic(g).

Die hier abgedruckte Liste erhebt nach Ansicht des Verfassers dieses Buches n i c h t den Anspruch, reale Geschichte zu verzeichnen. Dazu sind die Herkunft der Namen und vor allem die ihnen beigegebenen Jahreszahlen viel zu obskur. Dennoch heißt das nicht, dass a l l e Angaben darin falsch sein müssen. Künftigen Forschungen muss es überlassen bleiben, hier „die Spreu vom Weizen zu scheiden".

---

[28] dtv-Atlas *Namenkunde,* a.a.O.

12.   Was bleibt an Vertrauenswürdigem ?

Wie mehrfach in d i e s e m Buch erwähnt, ist in ihm offenbar erstmalig die unerwartet große Folge von Texten zu den „Vorfahren der frühen Franken" wirklich genau untersucht und der Öffentlichkeit vorgestellt worden. Kein deutscher oder französischer Historiker in den letzten Jahrhunderten scheint sich dazu aufgerafft zu haben. Es war ja so einfach, auf die „vernichtenden Urteile" der gelehrten Zeitgenossen des „Geschichtsfälschers" Trithemius aus dem Jahr 1515 zu verweisen. Und die „eherne Grundüberzeugung" aller Historiker seit 1500 Jahren durfte ja auch nicht angetastet werden, dass die „Franken" ein G e r m a n e n stamm waren...

Doch die schichtweise Aufdeckung immer neuer Manuskripte, die sich mit dem Thema beschäftigt haben müssen, lässt erstaunen. Dabei sind die allermeisten dieser Handschriften, die es einst gegeben haben m u s s , heute spurlos verschwunden.

Daraus ist eine Schlussfolgerung zu ziehen, die einen Forscher sehr traurig stimmen muss, der gerne wüsste, wie es in einer fernen Vergangenheit unseres Landes aussah. Offenbar hat es spätestens im Hochmittelalter, in der Zeit, als auch in unserem Land die Kunst des Schreibens sich verbreitete, eine viel größere Zahl von Handschriften in den Bibliotheken der Klöster (oder an anderen Stellen) gegeben, als heutige Geschichtsforscher auch nur ahnen.

Doch ein großer Teil davon dürfte in der beginnenden Neuzeit ohne Skrupel der Verantwortlichen in den Müll geworfen worden oder Bränden zum Opfer gefallen sein, zentner- oder tonnenweise, und zwar in fast allen den vielen Klöstern, die es bis zum Dreißigjährigen Krieg in Deutschland noch gab. Nur einige wenige Klosterbibliotheken haben diese Kulturvernichtung überebt. Der Verfasser dieses Buches wagt die Schätzung von 80 – 90 Prozent unwiederbringlich v e r l o r e n e r Handschriften ! Welche nie mehr zu schließende Lücke für die Geschichtsforschung !

Auch wenn viele dieser verlorenen Schriften auf Pergament vielleicht nur die soundso vielte Abschrift eines alten Textes waren und wenn in dieser Abschrift oft nur „historischer Müll" zu lesen war, wie in den vorangegangenen Kapiteln belegt wurde, so hätte doch wenigstens eine statistische Auswertung des Gesamtumfangs von Schriftwerken des Mittelalters, ihre geographische Verbreitung und anderes wichtiges Wissen die moderne historische Forschung erheblich weiter gebracht. Den Verfasser dieses Buches beängstigt die Ahnung, dass solche Überlegungen aber „studierten Historikern" von heute allerdings noch nie in den Kopf gekommen sind, gerade auch den wenigen, die noch mittelalterliche Handschriften lesen können.

Doch unter der kleinen Zahl übriggebliebener Handschriften des Mittelalters scheint es trotz aller Forschungen der letzten zweihundert Jahre einige zu geben, die noch nicht in wissenschaftlicher Manier in Listen erfasst, der Fachforschung mitgeteilt und somit wenigstens „im Prinzip" bekannt sind.

Dazu dürften, wie erklärt, auch solche Manuskripte gehören, die die Reihe der Vorfahren des Königs Chlodwig aufzeichneten; auch die bewusste Veränderung dieser Aufzeichnungen wurde beschrieben. Was sich im Laufe der Zeit an schriftlichen Dokumenten daraus entwickelte, ist in den Kapiteln 8 bis 11 erklärt worden. Die historische Glaubwürdigkeit scheint im gleichen Verhältnis abgenommen zu haben, je später Veränderungen in vorangegangene Manuskripte eingefügt wurden.

So bleibt es festzuhalten, dass wahrscheinlich gerade die ältesten Informationen über die Vorfahren der Merowinger-Könige die größte Glaubwürdigkeit verdienen, nämlich die des Gregor von Tours, des Historikers Fredegar und des unbekannten

Autors der „Liber historiae Francorum" (s. Kapitel I.1 und I.3). Diese Autoren scheinen noch versucht zu haben, das festzuhalten, was sie durch mündliche Erzählungen gut informierter Adelsfamilien in Erfahrung bringen konnten.

Alle späteren Schrifttexte hatten dann eindeutig „propagandistische" Absichten; sie sind oben erklärt worden. Insofern ist tatsächlich das Buch „Compendium" des Abtes Trithemius ein Sammelsurium von Fehlinformationen.

Allerdings sollte man nicht den üblichen Fehler machen, nun a l l e s darin für falsch zu erklären. Nach Schätzung des Autors dieses Buches, der sich ja viel damit beschäftigt hat, könnten vielleicht fünf Prozent der Angaben darin zutreffen, verstreut über viele Kapitel (bzw. „fränkische Könige") und nur schwer aus dem Wust falscher Angaben herauszupicken.

Einige dieser „Körnchen der Wahrheit" sind eine Reihe von Namen, vermutlich aus der alten sarmatischen Sprache. Ob es auf der Erde heutzutage noch einen Sprachwissenschaftler gibt, der nicht nur theoretisch weiß, dass es einst eine Sprache der Sarmaten (aus dem „nordiranisch-arischen Ast" der großen Sprachfamilie des Indoeuropäischen) gegeben hat, sondern der auch gerne Näheres dazu erfahren würde? Der Autor dieses Buches ist da allerdings skeptisch.

Einem solchen Linguisten kann eine Liste von Namen „skythischer" Adliger vielleicht helfen. Sie ist in der Lebensbeschreibung des „Königs Marcomir" im „Compendium" enthalten. Dieser König soll angeblich im Jahr 433 v. Chr. „von jenseits der Donau in die regiones Teutonum gezogen" sein.

Trithemius berichtet in einer Art Vorrede von etwa 30 „duces oder subreguli", die dem König Marcomir dabei gefolgt seien, und er nennt auch deren Namen. Hier sind sie: *Nicanor, Sunno, Panthenor, Priamus, Helenus, Antenor, Menander, Edrasius, Gethonus, Marenus, Ermon, Pyndari, Helan, Colan, Masan,*

Ancrasius, Bengoth, Calomer, Rodanus, Malda, Kylon, Solas, Cola, Bremus, Melanus, Nicamor, Thaphin, Salon, Meodarus.

Das sind wohlgemerkt n i c h t die Namen der „skythischen", „sycambrischen" und später „fränkischen" Könige – von ihnen gibt es ja eine eigene Liste, die im vorigen Kapitel behandelt wurde.

Einige wenige Namen wirken griechisch (wahrscheinlich eher „trojanisch" – siehe hierzu das Kapitel II.1), einige kehren in der Königsliste wieder, und vermutlich muss man die häufige latinisierte Namensendung *„-us"* in das alt-iranische *„-is"* verändern. Aber germanische Namen sind es in keinem Fall, griechische und lateinische (römische) ebenso wenig. Im entsprechenden Kapitel des Teils II dieses Buches muss dazu noch etwas gesagt werden.

Einige andere Namen, die in Berichten über r ö m i s c h e Heerführer – angeblich aus dem Volk der Franken - im 4. und 5. Jahrhundert auftauchen, klingen ähnlich: Teutomeres (Teutomir ?), Richomeres (Richomir ?), Merobaudes (Merobald ?). Diese Namen dienten bisher der Geschichtswissenschaft als „Kronzeugen" für die germanisch-fränkische Verwandtschaft der Merowinger.

Schließlich steuert auch Gregor von Tours noch, ohne es zu bemerken, einige vermutlich sarmatische Namen zu den bisher genannten bei. An verschiedenen Stellen seiner „10 Bücher Geschichte" erwähnt er Namen hoher fränkischer Adliger, die gewiss keine germanischen, aber auch keine lateinischen (römischen) sind: Mummolen, Roccolen und Dracolen.

Ein anderere Art wahrscheinlich zutreffender Informationen im Buch „Compendium" sind die mehrfachen Erwähnungen von „Oberpriestern" oder anderen „Intellektuellen", meist aus der Königsfamilie, die die Geschichte ihres Volkes in Gedichten und auch schriftlich festgehalten hätten. Von einem wird sogar ausdrücklich betont, er habe griechisch schreiben und lesen können. In Kapitel I. 8 wurde das schon erwähnt.

Das macht wenigstens Ansätze zu einer „Geschichtsschreibung" eines Sarmatenstammes schon zu Zeiten v o r Christi Geburt durchaus plausibel. So könnte die oben (Kap. I.8., S. 41) erwähnte Kuhhaut (noch kein sorgfältig zubereitetes Pergament), auf der ein „stemma priscis originis" verzeichnet war, in der Realität bereits etwas mehr als nur die Namen und die Regierungsdaten von Fürsten eines Sarmatenstammes enthalten haben.

Auch der im „Compendium" mehrfach betonte Namenswechsel des „Volkes" der Vorfahren Chlodwigs scheint auf reale Vorgänge zurückzugehen: dass sie nämlich zuerst „Skythen" (wahrscheinlich eher Sarmaten) geheißen hätten, später „Sycambrer" nach ihrem langjährigen Wohnsitz Sycambria, bis sie sich schließlich „nach ihrem König Franco" in „Franken" umbenannt hätten. Diese Formulierung dürfte bereits in der oben (S. 46) „neues Stemma" genannten Neufassung (aus dem Jahr 506 ?) gestanden haben.

Der zum Christen getaufte König Chlodwig, der kurz zuvor den Titel „König der Franken" angenommen hatte, legte wie seine Amtskollegen, die Könige der Goten oder Vandalen und andere „Barbarenkönige", großen Wert darauf, im Bewusstsein der Zeitgenossen als Abkömmling einer uralten Dynastie in einem uralten „Volk" (lat. gens) zu erscheinen. Das traf allerdings bei ihm ebenso wenig wie bei den Kollegen zu, wenigstens was den erst auf Chlodwigs Wunsch erfundenen „Spitzenahn" Franco anging.

Doch der König Chlodwig konnte durchaus auf seine Ahnen stolz sein und wollte deren Namen nicht ganz unterschlagen. Die Griechen an der Schwarzmeerküste hatten seine Vorfahren als Skythen bezeichnet; bei den Römern hieß das Volk ihrer eng verwandten Nachfolger dann Sarmaten.

Und nach dem römischen Kastell Sycambria an der Donau (beim heutigen Budapest) hatte dann später die dort lange stationierte römische Söldner-Einheit sarmatischer Panzerrreiter sich eben diesen Namen zugelegt (siehe dazu Kap. II. 3).

Auch die Herkunft des „ersten Königs Antenor" „von den Donaumündungen" (siehe S. 36) dürfte nicht ganz falsch sein, wenn man die Zusatzinformation „er wurde dort von Goten getötet" außer Acht lässt. Um das Jahr 506 dürften zwei oder drei sehr gut informierte Bischöfe sogar in Gallien gewusst haben, dass die Vorfahren der Goten, die bis vor kurzem in Gallien und noch immer in Spanien und Italien herrschten, einst irgendwo in der Nähe dieser abgelegenen Gegend gelebt hatten, doch wann genau, das wusste im 5. Jahrhundert niemand mehr. Jahreszahlen waren in der Welt der oralen Wissensübermittlung niemals anzugeben. Die Sarmaten hatten aber gewiss vor einigen hundert Jahren in dieser Gegend gelebt.

*

Es ist also nur wenig, was aus den vielen Schichten mittel-alterlicher Schriftstücke über die „Könige und das Volk der Franken" an wirklich vertrauenswürdigen Informationen erschlossen werden kann. Doch sollte es genügen, um den Versuch zu wagen, Licht in das Dunkel zu bringen, das seit 1500 Jahren über dem Geschehen im „Frankenreich" liegt.

Man sollte also, wie es der Autor dieses Buches versucht hat, gerade die ältesten Quellen über die „Vorfahren der Frankenkö-nige" ernst nehmen (siehe in diesem Buch Kap. I.1 – 3). Das bedeutet allerdings nicht, sie nun gewissermaßen wörtlich für die „Wahrheit" zu erklären. Auch hier kommt es darauf an, „hinter den Schleier der Worte" zu blicken.

Außerdem bringt der Verfasser den Mut auf, die zahllosen Indizien aus anderen Wissenschaftsgebieten einzubeziehen, die er im Laufe jahrzehntelanger Forschungen für populärwissenschaftliche Darstellungen lange zurückliegender Zeiten in Westasien, Europa und Deutschland hat sammeln können. Das begann vor über 50 Jahren mit den Studien für ein Buch über die Geschichte der ersten Völker mit indoeuropäischen Sprachen [29]. Es führte tief in die Schicksale der Menschen in Eurasien schon im 2. und 1. Jahrtausend v o r der Zeitwende hinein und eröffnete Einsichten, dass wohl schon die V o r f a h r e n der Griechen und der Skythen/Sarmaten irgendwo nördlich des Schwarzen Meeres oder auf der nördlichen Balkan-Halbinsel enge Nachbarn gewesen sein müssen. Auch ohne ein akademissches Studium der Sprachwissenschaft war das für das Wissen um die Zusammenhänge früher Sprachen sehr hilfreich.

Andere Studien betrafen die ersten Jahrhunderte n a c h Christi Geburt in Deutschland, dargestellt in zwei populärwissenschaftlichen Werken [30], [31].

Auch mit den geheimnisvollen „Deutschen Heldensagen" um Dietrich von Bern und die Nibelungen aus dem mitteleuropäischen Frühmittelalter und ihrer möglichen historischen Realität und darin mit der Bedeutung „oraler"

---

[29] Reinhard Schmoeckel, *Die Hirten, die die Welt veränderten – Der vorgeschichtliche Aufbruch der indoeuropäischen Völker;* Rowohlt Verlag 1982, seitdem zahlreiche, jeweils überarbeitete Neuauflagen unter dem Titel *Die Indoeuropäer,* zuletzt 2011 im Lindenbaum Verlag, Beltheim-Schnellbach.

[30] Reinhard Schmoeckel, *Bevor es Deutschland gab – Expedition in unsere Frühgeschichte von den Römern bis zu den Sachsenkaisern,* Gustav Lübbe Verlag Bergisch Gladbach 2000, seitdem mehrere Neuauflagen

[31] Reinhard Schmoeckel, *Deutschlands unbekannte Jahrhunderte - Geheimnisse aus dem Frühmittelalter,* Lindenbaum Verlag Beltheim-Schnellbach 2013

(mündlicher) Wissensübermittlung vor dem „literarischen Zeitalter" hat sich der Verfasser intensiv beschäftigt [32].

Derartiges Wissen erscheint normalerweise nicht auf dem „Bildschirm" eines Historikers an deutschen Universitäten, weder während seines Studiums noch später als „berufener" Professor. Er übergeht es daher am liebsten und widmet sich anderen, ihm vertrauteren Themen. Die Frühgeschichte der Merowinger-Könige gehört nicht dazu, denn dazu gibt es keine Literatur, der man trauen kann; das weiß man ja schon seit Wattenbach und Krusch im 19. Jahrhundert ...

Im Teil II dieses Buches geht es nun darum, Schritt für Schritt den Werdegang der Menschen zu behandeln, die zu Vorvätern eben dieser Könige wurden. Erstaunlicherweise finden sich sehr viele Mosaiksteinchen aus den oben angedeuteten Wissensgebieten zu fast jeder Phase ihrer Geschichte.

Zum Schluss kann man dann tatsächlich „hinter dem Schleier der Geschichte" – gemeint ist damit die von Chlodwig und den gallischen Bischöfen seiner Zeit gemeinsam in die Welt gesetzte Geschichtsfälschung – die w a h r e Geschichte der Vorfahren Chlodwigs durchaus erkennen.

Der Beschreibung und „Beweissicherung" dieser realen Ereignisse ist der Hauptteil dieses Buches, der Teil II, gewidmet.

---

[32] Als Herausgeber, Redakteur und Verfasser zahlreicher Aufsätze für die Vierteljahreszeitschrift DER BERNER seit dem Jahr 2000, sowie Herausgeber und Teil-Autor von sechs Bänden „Forschungen zur Thidrekssaga" für den Verein „Dietrich von Bern-Forum – Verein für Heldensage und Geschichte e.V"

Teil II

Blicke hinter den Schleier:
Vermutungen zur wirklichen Geschichte

1. Die Wurzeln der Sarmaten

Eines der Hauptziele dieses Buches ist es, den Lesern – und darunter vielleicht sogar dem einen oder anderen akademischen Historiker in Deutschland ! – begreiflich zu machen, dass das Königsgeschlecht der Merowinger s a r m a t i s c h e r Abstammung war. Daher ist zu Beginn dieses Teils II eine kurze Erläuterung der W u r z e l n dieses Volkes notwendig. Eine ausführliche Darstellung enthält der Band 1 dieser Buchreihe: **Sarmaten - unbekannte Väter Europas,** sodass hier nur sehr knappe Informationen den Leser aufklären sollen.

Das Volk der Sarmaten trat erst vor frühestens 3000 Jahren in Erscheinung, aber es darf durchaus in einem Zug mit den Germanen, den Kelten oder den Slawen genannt werden, die auch nicht älter sind und der gleichen Wurzel entstammen. Doch auch Griechen und Römer, Perser und Inder waren einst weitere oder nähere Verwandte. Denn alle diese Völker waren biologisch-genetisch, vor allem aber auch sprachlich und kulturell Nachkommen einer kleinen Menschengruppe irgendwo in den Weiten Innerasiens, zwischen Kasachstan und dem Pamir, vor mindestens 15 000 Jahren.

Im Laufe dieser langen Zeit haben sich aus einer Sprache „Ur-Indoeuropäisch" immer mehr Dialekte, dann verschiedene Sprachen entwickelt, die aber ein Fachmann doch als einst zusammengehörig erkennen kann. Auch genetisch und kulturell wiesen die Menschen aus dieser Wurzel vor mehreren tausend Jahren eine noch viel engere Zusammengehörigkeit auf als heute.

In den letzten 6000 Jahren haben sich Nachkommen davon über ganz Europa verteilt und vor allem sprachlich die Herrschaft übernommen, ja zu einem erheblichen Umfang über die ganze Erde. Aber das ist eine andere Geschichte, meist erst der letzten 500 Jahre.

Von Innerasien aus trat ein Teil dieser „Indoeuropäer" nach Süden über die Pässe des Pamir und des Himalaya eine Wanderung an, sie wurden zu den hellhäutigen Eroberern des indischen Subkontinents. Ein winziger Rest davon, das nur noch 2000 Menschen zählende Volk der Minaro, blieb in den Himalaya-Bergen hängen und hat bis heute genetische und kulturelle Eigenarten ihrer Vorfahren erhalten.

Andere Menschen dieser Sprachgruppe wanderten in verschiedenen Wellen und nur in kleinen Gruppen nach Nordwesten und machten die Alt-Einwohner fast ganz Europas zu Sprechern ihrer jeweiligen Sprache. Als man im 19. Jahrhundert diese sprachlichen Zusammenhänge entdeckte, nannte man die Sprachenfamilie „indogermanisch" oder richtiger „indoeuropäisch".

Die direkten Vorfahren der S a r m a t e n gehörten zu den Menschen, die aus dieser Sprach- und Kulturgruppe in I n n e r - a s i e n zurückgeblieben waren. Enge sprachliche, kulturelle und genetische Verwandte waren die alten Inder, die alten Perser und verschiedene Steppenvölker im heutigen Südrussland und Kasachstan, vor allem die Kimmerier und die Skythen.

Ebenfalls im südlichen Innerasien, aber weit entfernt und isoliert von diesen Indoeuropäern, entwickelten sich zur gleichen

Zeit die Vorfahren der späteren Hunnen, Türken und Mongolen. Aber die waren sowohl genetisch wie sprachlich und kulturell ein völlig anderer Menschenschlag als die alten Indoeuropäer. Dieser Unterschied zeigte sich vor allem beim ersten gewaltsamen Zusammentreffen der beiden Gruppen, als nämlich im 5. Jahrhundert n a c h Christi Geburt die Hunnen plötzlich im Abendland auftauchten.

Im Gebiet nördlich des Schwarzen Meeres, in der heutigen Ukraine, Südrussland und dem westlichen Kasachstan, lösten sich im 1. Jahrtausend vor Chr. mehrere Völker als Herren ab, die sprachlich, kulturell und genetisch ganz eng verwandt waren und eben von diesen „Ur-Indo-Europäern" abstammten. Sie hatten gelernt, dass die massenhaft dort grasenden Wildpferde nicht nur zum Ziehen von Wagen nützlich waren, sondern vor allem auch zum Reiten. Sie wurden sehr bald zu berittenen Hirten von Großvieh (Rindern, Schafen). Aus der Antike sind ihre Namen überliefert: Kimmerier und Skythen.

Die Skythen als die Eroberer und Nachfolger der Kimmerier gerieten bald in enge Nachbarschaft und einen gewissen Kulturaustausch mit den Griechen, die rund um das Schwarze Meer schon im 1. Jahrtausend vor Chr. kleine Handelsstädte gründeten. Die griechischen Geographen nannten die ganze Weite Osteuropas bis hinauf zur Ostsee und dem Weißen Meer „Skythia".

Was für die Griechen in den Jahrhunderten v o r der Zeitenwende die Skythen waren, das wurden etwa ab 100 v. Chr. und in den Jahrhunderten danach die S a r m a t e n . Sie hatten als ursprünglich etwas „primitivere" Verwandte der Skythen deren Siedlungsgebiet vom Osten her erobert und die Überreste dieses Volkes zu ihren Knechten gemacht. In den folgenden Jahrhunderten hatten die Römer dort mit den Sarmaten zu tun. Römische Geographen nannten nun ganz Osteuropa „Sarmatia", doch bis ins Mittelalter wurden „Skythia" und „Sarmatia" immer verwechselt, die Begriffe meinten ja auch die gleiche Gegend.

Doch bereits im 1. oder sogar 2. Jahr t a u s e n d   v o r Chr. müssen Vorfahren der Griechen und der Sarmaten, aber auch anderer früher Völker indoeuropäischer Sprache benachbart und in einem gewissen Kultur- und Sprach-Austausch gelebt haben. Vermutlich hielten sie sich damals noch nördlich des Schwarzen Meeres und im Nordteil der Balkan-Halbinsel auf

Sprachwissenschaftler („Indogermanisten") haben übrigens die Jahrtausende zwischen der Sprachphase des „Ur-Indoeuropäischen" und den ersten schriftlich überlieferten Worten indoeuropäischer Sprachen (Hethitisch, Griechisch, Alt-Indisch = Sanskrit, Lateinisch usw.) großzügig aus ihren Forschungen ausgespart. Wenn es keine schriftlichen Quellen dafür gibt, muss man ja auch nicht darüber nachdenken …

Doch genau in diese Zeit, um das Jahr 1300 v. Chr., dürfte der legendäre „Krieg um Troja" gefallen sein, den wohl wirklich Griechen gegen die damals weit berühmte Stadt an den Dardanellen, am Übergang von Mittelmeer zum Schwarzen Meer, austrugen. Und Vorfahren der Sarmaten müssen in relativer Nähe dazu gelebt haben.

Gab es damals tatsächlich irgendwelche Zusammenhänge zwischen diesem Volk und Troja ? Haben sich unverstandene Bruchstücke einer Erinnerung daran in den Gedächtnissen sarmatischer Adliger gehalten, als sie im frühen Königreich der Franken von Historikern zu ihrer Geschichte befragt wurden (siehe Kap. I. 3) ?

Erst im frühen 7. Jahrhundert n a c h der Zeitwende wurde bewusst die „Mär" erfunden, die Frankenkönige seien Nachkommen der aus Troja geflüchteten Helden. Näheres über die Gründe und die Art der Verbreitung dieser „Mär" wird im Kapitel II. 24 berichtet. Aber vielleicht hatte selbst diese bewusste Erfindung einige Körnchen Realität in sich. Ein paar dieser „Körnchen" müssen hier kurz erwähnt werden.

Woher kannte wohl der griechische Dichter der „Ilias", Homer, den Namen des Königs der Trojaner, Priamos ? Homer lebte mindestens 400 Jahre n a c h den Ereignissen, die er so poetisch und zugleich lebendig beschrieb. Hatte er vielleicht zufällig den Namen eines zeitgenössischen Skythen- oder Sarmatenkönigs weit im Norden gehört und verwendete ihn als Namen für „seinen" König von Troja ? Denn dieser Name „Priamos" taucht ja ziemlich beharrlich in der „fränkischen Königsliste" und anderen „fränkischen" Quellen auf (Fredegar und Liber historiae Francorum, Kap. I.3).

Ein mögliches anderes „Körnchen": Bei Homer heißt der Prinz, der durch sein Urteil angeblich erst den zehnjährigen Krieg zwischen Griechen und Trojanern auslöste, Alexander. In anderen Quellen lautet der Name Paris. Dieser Name „Aleksandru von Wiluscha" taucht erstaunlicherweise auf einer Tonscherbe aus der 2. Hälfte des 2. Jahrtausends v. Chr. auf – also der möglichen Zeit des „trojanischen Krieges" -, die man vor einigen Jahrzehnten in der Hauptstadt des Hethiterreiches, Hattuscha, gefunden hat. (W)Ilion war der eigentliche Name der umkämpften Stadt, Troas der Name der Landschaft darum herum. Fachleute nehmen an, dieser „Aleksandru" sei so etwas wie ein trojanischer Lokalfürst im hethitischen Reich gewesen. Der Name ist also in der Region mindestens tausend Jahre älter als der des berühmten Alexanders des Großen.

Doch noch mehr als 2000 Jahre später erinnerten sich sächsische Adlige (aus sarmatischem Stamm !) im heutigen Niedersachsen daran, dass sie Nachkommen eines gewissen Alexander gewesen seien (siehe hierzu im Einzelnen Band 3 dieser Reihe: **Herzogs Widukinds Geheimnis – Sarmaten bildeten den Adel der Sachsen.**) Der Historiker Widukind von Corvey hat das im Jahr 975 n. Chr. in seiner „Sachsengeschichte" ausdrücklich niedergeschrieben. Das sind alles merkwürdige Zusammenhänge.

Auch die von Fredegar (s. Kap. I.3, S. 14) aufgeschriebene Erinnerung an eine Teilung irgendwelcher sarmatischen Vorfahren in „Frigier" (Phryger ?) und Makedonen, und der „Frigier" wiederum in „Franken" und „Torker" könnten verblasste Erinnerungen an Vorgänge unter den Vorfahren vor anderthalb Jahrtausenden im Nordteil der Balkanhalbinsel gewesen sein.

Zurück zu dem Pferdehirtenvolk der Sarmaten, das um Christi Geburt die Steppen der Ukraine und Südrusslands mit seinen Rinder- und Schafsherden langsam durchzog. Diese Hirten waren keine gewalttätigen Eroberer und Plünderer wie die Hunnen, die später aus Innerasien über Osteuropa hervorbrechen sollten. Nach allem, was man weiß, muss den sarmatischen Hirten an einem friedlichen Tauschhandel mit den ansässigen Bauern der Gegend gelegen gewesen sein: Getreide und Gemüse, Flachs und Eier gegen Milch, Käse, Kälbchen, Wolle und Schafe.

Innerhalb ihres Volkes kannten die Sarmaten eine biologische Grenze zwischen den adligen Familien und dem einfachen Leuten. Es gab ein ganz strikt gehandhabtes Heiratsverbot zwischen beiden „Kasten". Dennoch waren diese Volksschichten durch ein religiöses Gebot eng miteinander verschweißt: mehrere Familien aus der „unteren Kaste" schworen einem Adligen lebenslange Treue und Gefolgschaft; der wiederum hatte nun verantwortlich für seine Schwurgenossen zu sorgen und sich auch um ihr Wohlergehen zu kümmern. Dieses längst aus anderen Quellen erschlossene Gesetz der alten Sarmaten wird bestätigt durch die Bräuche bei ihren „Nachkommen" noch im 21. Jahrhundert, den Minaros im Himalaya (s. S. 76).

Etwa um die Zeitenwende (Christi Geburt) verlagerte sich das Wohngebiet der Sarmaten – richtiger die Weiden ihrer Herden – langsam nach Westen, in das heutige Rumänien, Ungarn, Kroatien und Serbien. Von Osten her sollen nördlich des Schwarzen Meeres primitivere Völker aus der Verwandtschaft nachgedrängt haben, Massageten und Saken.

Hier in Südosteuropa kamen die Sarmaten in Kontakt mit zwei Völkern, die später sehr bestimmend für sie wurden, die Römer und die Germanen. Das Römische Reich betrachtete schon ab der Zeit des Kaisers Augustus den ganzen unteren Lauf der Donau als seine Nordgrenze und befestigte sie mit zahlreichen Kastellen. Das war der so genannte „Donau-Limes". Kriegerische Auseinandersetzungen über die Donau hinüber zwischen den Nachbarn blieben nicht aus.

Noch folgenreicher war die Einwanderung von Germanen aus dem Norden etwa ab der Zeitenwende. Goten, Vandalen, Quaden, Markomannen und andere drängten damals in die Region zwischen unterer Donau und Don. Ob es zwischen den Einwanderern und den einheimische Sarmaten größere Kämpfe gegeben hat, ist nicht bekannt. Der Adel der Goten übernahm bald von den Sarmaten das Reiterkriegertum und war am Ende, in der Völkerwanderungszeit, in seinen archäologischen Hinterlassenschaften nicht mehr von den Sarmaten zu unterscheiden.

Das Volk der Sarmaten hatte sich in den Jahrhunderten seiner Existenz in verschiedene Stämme geteilt. Anfangs waren deren Anführer wohl auch Befehlshaber von Heereseinheiten in Kämpfen zwischen eben diesen Stämmen. Später in der Völkerwanderungszeit stellten diese Stämme vermutlich nicht mehr als Erinnerungen an gemeinsame Kulte und Traditionen dar.

Zu den wichtigsten dieser sarmatischen Stämme gehörten die Alanen, allerdings entwickelten diese sich bald zu einem eigenen Volk und hatten ab dem 4. Jahrhundert Schicksale, die sie von den übrigen Sarmaten unterschieden. Im Kapitel II. 4 wird von ihnen noch einmal kurz die Rede sein.

Andere bekannte Stämme waren die Roxolanen, die Jazygen und die Torker. Zu diesen und ihren unterschiedlichen Schicksalen siehe die anderen Bände dieser Buchreihe. Denn sie alle hatten erheblichen Einfluss auf die Geschichte verschiedener

Regionen im heutigen Deutschland vor, während und nach der Hunnenzeit (5. Jahrhundert n. Chr.).

Die Nachbarschaft von Römern und Sarmaten an der unteren Donau war nicht immer von Kriegen geprägt. Es gab auch lange Phasen friedlichen Handels über den Fluss hinweg. Im Laufe der Zeit boten sich immer wieder sarmatische Krieger als Söldner den Römern an und wurden mit Begeisterung angenommen. Denn dieses Volk hatte eine unvergleichliche Kampftechnik entwickelt. Als geschickte Reiter traten sie nun in Regimentern schwer gepanzerter Krieger u n d Pferde an. Wenn ein solches Regiment von 500 Kriegern in vollem Galopp und mit vorwärts ragenden langen Lanzen auf den Gegner zu raste, hatte der Feind meist keine Chancen mehr.

„Draco" (Drache) hießen bei den Sarmaten solche Militär-einheiten, nach dem Windsack hinter einem „Drachenkopf" aus Metall (siehe Abbildung), der dem Anführer wie eine Fahne an einer Stange voran getragen wurde.

Nichts anderes als ein solcher „Draco" war auch die sarma-tische Militäreinheit, deren Schicksale zwischen den Jahren 305 (?) und 511 n. Chr. im weiteren Verlauf dieses Buches Schritt für Schritt verfolgt und belegt werden.

2. Alte Erinnerungen, garniert mit Halbwissen: Von „Troja" nach Pannonien

Seit dem Jahr 614 war jeder im Frankenreich überzeugt, dass die Vorfahren ihrer Könige vor unendlich langer Zeit aus der Stadt Troja geflohen und somit berühmte Helden gewesen waren. „Jeder", das war allerdings nur ein sehr kleiner Personenkreis von vielleicht 2-300 Männern, aber der, auf den es ankam: Der König und sein Hofstaat, die Bischöfe mit jeweils einigen hohen Klerikern als Berater, vor allem aber die Oberhäupter der adligen Familien und ihre nächste Umgebung, eben alle, die an dem denkwürdigen „Reichstag" von Paris im Jahr 614 teilgenommen hatten.

Der Zweck dieser Versammlung aller „Großen" in den drei fränkischen „Regna" wird im Kapitel II. 24 erläutert. Sie war die einzige Zusammenkunft dieser Größenordnung während der Herrschaft der Merowingerkönige und daher erste und zugleich letzte Gelegenheit, die extra hierfür erfundene „Trojamär" im Volk zu verbreiten.

Das geschah durch einen geschickten Skop (Dichter/Sänger), der gut instruiert und natürlich auch gut dafür bezahlt worden war. Er trug an den Abenden nach den offiziellen Beratungen vor allen versammelten Großen das Lied von der Flucht der Königs-Vorfahren aus der von den Griechen eroberten Stadt Troja vor. Diese Herkunft der Ahnen klang sehr glaubwürdig und machte alle Adligen stolz auf ihre Herkunft.

Der Historiker, der gut hundert Jahre später das „Liber historiae Francorum" verfasste, hatte etwas Mühe, die Geschichten, die er aus alten Adelsfamilien gehört hatte, mit der von ihm ebenfalls nicht angezweifelten „Flucht aus Troja" in Übereinstimmung zu bringen. Wie mochten damals diese

Flüchtlinge nach Sicambria gekommen sein ? Denn dort in Pannonien begannen in Wahrheit erst die Erinnerungen der ältesten Adelsfamilien aus sarmatischem Stamm.

So ist das 1. Kapitel dieser Quelle (Text siehe S. 16) ein bemerkenswertes Zeugnis der Mischung von alten Erinnerungen mit frühmittelalterlichem Halbwissen eines belesenen Mönches. (Wer sonst als ein Mönch vornehmer Herkunft konnte damals gut lesen und schreiben ?) Vage dürfte der Historiker gewusst haben, dass einst ein römischer Dichter namens Vergil in einem Epos einen Helden Aeneas von Troja flüchten ließ; dieser wurde dann zum Stammvater der Gründer der Stadt Rom und auch des Kaisers Augustus.

Dieser Aeneas konnte also nicht der Stammvater der F r a n - k e n könige gewesen sein, dürfte der Autor geschlossen haben. Aber da gab es ja den König Priamus unter den fränkischen Vorfahren in den Erinnerungen, die er gesammelt hatte, und dieser Name kam ja auch irgendwie in „Troja" vor.

„Andere Fürsten wie Priamus und Antenor verluden das rest- liche 12 000 Männer starke Herr der Trojaner auf Schiffe und fuhren bis zu den Ufern des Tanais. Dann zogen sie durch die Mä- otischen Sümpfe, in deren Nähe sie schließlich nach Pannonien kamen".

Diese Übersetzung eines Teils des Kapitel 1 des „Liber" weicht in zwei entscheidenden geographischen Namen von der „offiziel- len" Übersetzung durch Andreas Kusternig in der sogenannten „Freiherr-vom-Stein-Gedächtnis-Ausgabe" ab.

Vielleicht hatten tatsächlich zwei sarmatische Fürsten Priamus und Antenor, Vater und Sohn, einst einen denkwürdigen Wanderzug angeführt, der im Gedächtnis des Volkes erhalten bleiben sollte - - nur mit Sicherheit nicht ein Zug von „Troja" über das Schwarze Meer bis an das Asowsche Meer und den Don, wie der Übersetzer Kusternig die lateinischen Worte „Paludes Maeotis" und „Tanais" unzulässigerweise verdeutscht hat.

Diese beiden Worte sind möglicherweise der Schlüssel zur Enträtselung der „fränkischen Wandersage". Es ist kaum zu vermuen, dass der Liber-Autor im frühen 8. Jahrhundert in Nordfrankreich eine klare Vorstellung über die Geographie Osteuropas hatte, noch dass er aus eigenem Wissen die antiken Namen von dort kennen konnte. Die Namen „Fluss Tanais" und „mäotische Sümpfe" müssen in der m ü n d l i c h überlieferten Geschichte enthalten gewesen sein, die der Liber-Autor aufschrieb.

Möglicherweise, ja wahrscheinlich verband man im 8. Jahrhundert n. Chr. diese beiden geographischen Begriffe mit ganz anderen Orten als heute. Die griechischen Geographen der klassischen Zeit benannten damit das „Asowsche Meer" so, den durch das Wasser des Don (Tanais) entstandene flachen Nebenarm des Schwarzen Meeres. Heutige Geographen folgen diesem Brauch.

Offenbar war aber in der Spätantike die Bezeichnung „mäotische Sümpfe" ein Name für das sumpfige Mündungsdelta der D o n a u [33], und vielleicht hießen auch die letzten Meilen dieses Stromes in irgendeiner örtlichen Sprache „Tanais" (auf altgriechisch hieß er sonst „Ister", auf lateinisch „Danuvius"). Als Erbe uralter indoeuropäischer Sprachgemeinschaft lauten die Namen fast aller Flüsse in das Schwarze Meer mit D (oder T) an: Donau, Dnestr, Dnepr, Donez, Don.

Einige Worte in den wenigen Zeilen des „Liber" über die „Flucht aus Troja" entpuppen sich bei näherem Nachdenken als mögliche Versuche, die gewissermaßen amtliche „Troja-Version" mit den nicht dazu passenden Informationen aus sarmatischen Adelskreisen zu vereinbaren. *„ 12 000 Mann"* sollte vielleicht die Zahl der Flüchtenden eindrucksvoll groß erscheinen lassen. Doch

---

[33] Isidor von Sevilla, *Etymologiae XIV, IV 3*

hier wie auch in fast allen antiken Schlachtberichten ist es geraten, gegenüber den Zahlenangaben größtes Misstrauen walten zu lassen. Ein Weglassen von ein oder zwei Nullen dürfte realistischere Zahlen produzieren.

Auch die *„Flucht auf Schiffen"* wird eine sehr späte Einfügung in die „Wandersage" gewesen sein. Möglicherweise hatte jemand dem Liber-Autor erzählt, dass man von Kleinasien, wo „Troja" liegen sollte, zum Fluss Tanais nur zu Schiff (über das Schwarze Meer) kommen konnte. Dabei war es gleichgültig, ob mit dem Fluss die Donau oder der Don gemeint gewesen wäre.

„Sie drangen in das Gebiet von Pannonien ein ..." heißt es im Liber weiter. Merkwürdig, wie viel Mühe sich moderne deutsche Historiker gegeben haben, die gleich lautende Information bei Gregor von Tours zu „falsifizieren". Dabei stimmen alle drei frühmittelalterlichen Quellen gerade hierin überein. Denn auch bei Fredegar fällt zwar nicht das Stichwort „Pannonien", aber der Weg der Franken-Vorfahren wird so beschrieben, dass sie *„am Ufer des Donau-Flusses zwischen dem Ozean* (gemeint: Schwarzes Meer) *und Thrakien wanderten"*. Dieser Weg m u s s t e sie nach Pannonien/Ungarn führen.

„An den Mündungen der Donau wurde König Antenor von den Goten getötet", so beginnt der Sachteil des gedruckten „Compendiums" des Abtes Trithemius (S. 37), und zwar angeblich im Jahr 440 v. Chr. Weder die „Goten" noch die völlig unhistorische Zeit, wohl aber der Ort könnte eines der wenigen glaubwürdigen „Körnchen der Wahrheit" in dem so verfemten Buch sein.

Hier begegnen sich also alle frühmittelalterlichen Quellen und das frühneuzeitliche Buch. *„An den Mündungen der Donau"* oder wenigstens in Rumänien bzw. dessen Nähe scheinen die frühesten historischen Erinnerungen zu beginnen, die unter den sarmatischen Adelsfamilien so gut wie möglich von Generation zu Generation weitergegeben wurden. Um die Zeitwende, also um Christi Geburt, waren Teile der Sarmaten auf ihrer allmählichen Ost-West-Wanderung dort angekommen (s. S. 80). Und es ist durchaus denkbar, dass zwei einander folgende Anführer – nachträglich zu „Königen" erhöht – namens Priamus und Antenor einen Stamm aus der Ukraine dorthin geführt haben, und zwar den Stamm der Roxolanen.

Die Überzeugung, dass es sich wohl um diesen Stamm gehandelt hat, ergibt sich aus vielen verschiedenen Indizien, u.a. aus der Wappenkunde. Sie werden in anderen Kapiteln dieses Buches beschrieben.

3. „Sie bauten eine Stadt und nannten sie Sycambria"

Wohl ganz unbewusst scheint der Liber-Autor in seinem folgenden Satz seines ersten Kapitels (in der Überschrift d i e s e s Kapitels etwas verkürzt) einige Jahrhunderte in der Geschichte des Sarmaten-Volks zusammengefasst zu haben.

Ein Pferdehirtenvolk, das nur Ochsenkarren oder Jurten (große Zelte) als Wohnungen kannte, als *„Erbauer einer Stadt"*, die es dann *„viele Jahre bewohnte"* ? Kaum glaublich, wenigstens für das g a n z e Volk. Die Vermutung drängt sich auf, dass die „fränkische Wandersage" ab hier nur noch von den Schicksalen eines kleinen Teils der Sarmaten, sogar nur eines Teils des Roxolanen-Stammes erzählt, eben jenes Teils, der später die Merowinger-Dynastie hervorbrachte. Ein solcher kleiner Teil konnte entstehen, wenn ein sarmatischer Draco in römische Militärdienste trat.

Ein solches Söldner-Regiment hat wohl 400 – 600 berittene Krieger umfasst. In ihren Panzern (und auch gepanzerten Pferden) und langen Lanzen hatten diese Truppen die Kampfart eines entfernt verwandten Volkes, der Parther im östlichen Iran, übernommen. Sie griffen die feindliche Front als geschlossene Reitereinheit in rasendem Galopp und mit zum Stoß bereiten Lanzen an. Gegner zu Fuß hatten demgegenüber keine Chance. In der griechischen Sprache im Osten des späten römischen Kaiserreiches hießen diese Einheiten „Kataphrakten" (Panzerreiter).

Wie in der Antike und auch später noch lange üblich wurden diese Krieger von ihren Frauen, Kindern und allerlei Gesinde (Handwerkern usw.) aus der unteren Kaste des Volkes begleitet. Zusammen mit den Kriegern mochte ein solcher Draco 2000 bis 2500 Menschen umfassen. Die Offiziersstellen wurden von jüngeren Angehörigen der Adelskaste besetzt, ihr Anführer war ein „Fürst" aus altadliger Familie, der seinen Rang an den ältesten

Sohn vererbte. Doch trotz der Heiratsschranke zwischen den Kasten bestand ein enger, auch emotionaler Zusammenhalt zwischen allen Mitgliedern eines solchen Draco (siehe oben S. 78).

Gerade als römische Söldner-Einheiten, lange isoliert in fremden Ländern, entwickelten diese „Dracones" sich rasch zu kleinen eigenständigen Volkskörpern, die oft auch wirtschaftlich unabhängig agieren und sarmatische Kultur, Sprache und Gepflogenheiten lange ziemlich unbeeinflusst bewahren konnten. Vielleicht hatte schon in der Frühzeit der sarmatischen Stämme diese Aufspaltung in solche Dracones begonnen, die auch im „zivilen Leben" so etwas wie vorgegebene Unterteilungen der Stämme waren.

Viele Dutzend solcher sarmatischer Söldnerregimenter dürften in den zwei Jahrhunderten von etwa 200 – 400 n.Chr. in die römische Armee übergewechselt sein. Meist wurden sie irgendwo in die Weite des Reiches versetzt und gingen schließlich doch im genetischen und kulturellen Mischmasch der Bevölkerung dieses Reiches unter.

Für das Volk der Sarmaten bedeutete das im Laufe der Zeit eine beachtliche Einbuße an Menschen. In ihren Stammsitzen in Pannonien und sonst im Nordteil der Balkanhalbinsel hatte das später verhängnisvolle Auswirkungen, aber historisch bemerkenswerte Folgen für zahlreiche andere Völker in Ost- und Mitteleuropa. Die anderen Bände dieser Buchreihe berichten genauer darüber.

Für den sarmatischen Draco, dem dieses Buch Schritt für Schritt auf seinem Weg (der angeblichen „Fränkischen Wanderung") folgen wird, hatte das andere Folgen. Sie sollten darin gipfeln, dass ihr Anführer einmal Gründer des „Reichs der Franken" werden sollte.

Aus dem Text des Liber ist es nicht zu erschließen, wohl aber aus den historischen Verhältnissen an der römischen Donaufront: Vielleicht um das Jahr 300 n. Chr., als das Reich unter dem Kaiser Diokletian noch einmal einen Höhepunkt an Macht und äußerer Sicherheit erlebte, trat ein sarmatischer Draco mit seinen hochgeschätzten Panzerreitern, den Kataphrakten, in römische Dienste, und sein Befehlshaber leistete seinen Treueid gegenüber einem römischen General. Der hatte offenbar so viel Vertrauen zu seinen neuen Soldaten, dass er sie nicht an einen viele hundert Meilen entfernten Standort schickte, sondern sie am Donau-Limes in einem verfallenen Kastell namens Sicambria ansiedelte.

Moderne Archäologen und Kenner der römischen Geschichte Ungarns haben bisher noch kein Kastell dieses Namens am ehemaligen Donau-Limes oder seinem Hinterland entdeckt [34]. Eine gewisse Wahrscheinlichkeit spricht dafür, dass es sich auf einer Anhöhe am westlichen Donau-Ufer befunden hat, fünf Kilometer südlich der einstigen Hauptstadt der römischen Provinz Pannonia, Aquincum. Von dem Kastell aus konnte der dort über den Strom führende Übergang überwacht und beschützt werden.

An eben dieser Stelle wurde viel später die Burg und das Schloss der ungarischen Könige erbaut, auf dem Hügel über Obuda, dem alten westlichen Teil der Hauptstadt Budapest. Dort unter dem Königsschloss sind archäologische Ausgrabungen praktisch unmöglich und wahrscheinlich auch nie versucht worden.

Deutsche Historiker hatten bereits im 19. Jahrhundert herausgefunden, dass in den Annalen des Tacitus [35] von einer „sugambrischen Cohorte", also germanischer Herkunft, in einem römischen Feldzug des Jahres 26 n. Chr. in Thrakien an der unteren Donau die Rede war. Ob diese „sugambrische Cohorte"

---

[34]   Klara Póczy, *Aquincum – Das römische Budapest*, Mainz 2005

[35]   Tacitus, *Annalen*, Buch IV, Kap. 47, zitiert von K. Müllenhoff, *Deutsche Altertumskunde* 4, Berlin 1900, S. 612 , und E. Gerritz, *Troia sive Xantum*, 1964, S. 49

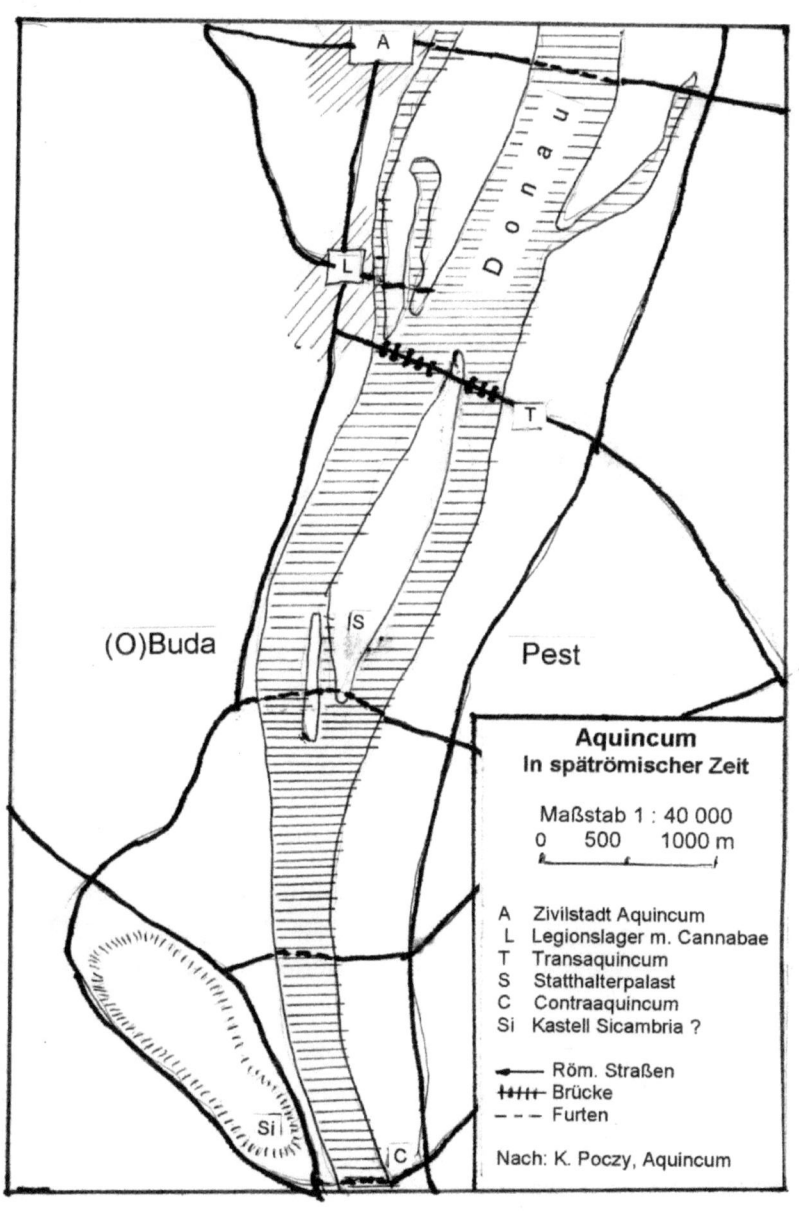

Aquincum
In spätrömischer Zeit

Maßstab 1 : 40 000
0   500   1000 m

A   Zivilstadt Aquincum
L   Legionslager m. Cannabae
T   Transaquincum
S   Statthalterpalast
C   Contraaquincum
Si Kastell Sicambria ?

→ Röm. Straßen
╫╫╫ Brücke
– – – Furten

Nach: K. Poczy, Aquincum

(O)Buda

Pest

Donau

91

ihr Friedensquartier im Kastell oberhalb von Aquincum hatte, ob sie diese Befestigung sogar einst selbst hatten bauen müssen und nach ihrem Stammesnamen benannte, muss Spekulation bleiben. Was aus dieser Kohorte germanischer Hilfstruppen geworden ist, ob sie später verlegt wurde oder aus Mangel an Nachschub eingegangen ist, ist ebenfalls unbekannt.

Einige Forscher hatten schon überlegt, ob diese Kohorte mit dem Ort Sicambria im Liber historiae Francorum zusammenhängen könne. Doch *„die Vermutung, dass der Name durch Reminiszenzen an eine sugambrische Kohorte in Thrakien oder einen pannonischen Ortsnamen angeregt wurde, ist abwegig"*, stellte einer der Altmeister der deutschen Forscher zu den frühen Franken, Eugen Ewig, kategorisch fest [36]. Wieso auch, wenn die Franken „natürlich" nur aus Nordwestdeutschland jenseits des Niederrheins und nicht etwa von der Donau in Pannonien stammen konnten !

Wenn man aber annehmen kann, wie in diesem Buch behauptet, dass eine sarmatische Militäreinheit im 4. Jahrhundert von der Donau erst an den Niederrhein und von dort nach Westbelgien kam und dass deren späterer König Chlodwig sich „König der Franken" nennen ließ (dieser Weg wird in den folgenden Kapiteln ausführlich beschrieben und glaubhaft gemacht) - - dann sind solche Zusammenhänge keineswegs mehr „völlig abwegig".

Möglich ist es jedenfalls schon, dass um die Wende vom 3. zum 4. Jahrhundert eine Einheit sarmatischer Panzerreiter von einem römischen Befehlshaber in das vielleicht längst verfallene

---

[36] Eugen Ewig, *Trojamythos und fränkische Frühgeschichte,* S. 1 – 30, hier S. 18, in: D. Geuenich (Hrsg.), Die Franken und die Alemannen bis zur „Schlacht bei Zülpich" (496/497), Erg. Bd. 19 zum Reallexikon der germanischen Altertumskunde (RGA) , Berlin-New York 1988. Vom gleichen Autor: *Troja und die Franken*, Rhein. Vierteljahrsblatt Jg. 62 (1998), S. 1 - 16

Castrum mit dem Namen „Sicambria" verlegt wurde und dort erst einmal Aufbauarbeit zu leisten hatte – „*sie bauten eine Stadt"* -, um für sich und ihre Pferde Unterkunft zu finden.

Anlass zu Zweifeln an der langjährigen Stationierung einer sarmatischen Reitereinheit im Kastell Sicambria im 4. Jahrhundert könnte ein Vorfall geben, der sich im Jahr 359 in Aquincum abgespielt haben muss. Der Historiker Ammianus Marcellinus berichtet davon [37]; er gehörte als Offizier damals wohl zum Stab des Kaisers und hat das Ereignis selbst miterlebt.

Der Kaiser Constantius, Sohn Konstantins des Großen, war nach Aquincum gekommen, um die angebliche Friedensbereitschaft der Sarmaten auf der anderen Donauseite feierlich bekräftigen zu lassen. Er ließ daher den Besuch einer großen Zahl von Männern dieses Stammes in seinem Feldlager zu, das für seinen kurzen Besuch in der Provinz Pannonien bei der Stadt Aquincum errichtet worden war. Doch während der freundlichen Rede des Kaisers, so schreibt Ammianus Marcellinus, habe einer der „Limigantes" (Adligen) wütend einen Schuh auf den Kaiser geworfen. Daraufhin habe die ganze Menge „*Marha, marha"* gebrüllt, „*das ist bei ihnen der Kampfschrei"*, und sie sei voller Wut auf den Kaiser eingestürmt. Nur mit Mühe und viel Glück habe der sich auf ein Pferd werfen und in Sicherheit bringen können. „*Einige seiner Leibgardisten ... wurden tödlich verwundet.*"

Die Episode erinnert sehr an einen ähnlichen Schock, den der amerikanische Präsident George W. Bush im Jahr 2008 erlebte, als er während eines Besuchs bei den amerikanischen Besatzungstruppen im Irak eine Pressekonferenz gab und von einem wütenden Iraker mit dessen Schuhen beworfen wurde. Der wurde zwar hinterher wegen Beleidigung eines fremden Staatsober-

---

[37] Ammianus Marcellinus, XIX, XI, 10.

haupts zu einer geringen Gefängnisstrafe verurteilt, galt aber als Volksheld im Irak.

Die Symbolträchtigkeit solcher Schuhwürfe scheint sich für die Völker im Nahen Osten seit Jahrtausenden nicht geändert zu haben. Wer weiß, welche Worte der Kaiser Constantius in seiner Rede brauchte, dass sich ein stolzer sarmatischer Adliger beleidigt fühlte ? Ein vorher geplanter Mordversuch am Kaiser war das offensichtlich nicht, und wahrscheinlich auch nicht einmal der Beginn eines neuen Krieges. Aber wie dem auch sei, ein solches Ereignis hätte die Loyalität einer sarmatischen Söldnertruppe auf römischer Seite einer schweren Belastungsprobe ausgesetzt, w e n n sie dabei gewesen wäre. Doch das war deutlich nicht der Fall.

Daraus muss man aber nicht zwingend schließen, dass es überhaupt keinen sarmatischen Draco im Kastell Sicambria gegeben habe. Genauso gut oder wahrscheinlicher waren die Panzerreiter zu der Zeit gerade zu einem Einsatz an einer ganz anderen Stelle des Donau-Limes kommandiert gewesen. Denn zu viele andere Indizien weisen darauf hin, dass der fragliche Draco sich eben doch mehrere Jahrzehnte bei Aquincum aufgehalten hat – im Prinzip jedenfalls.

Der gleiche Einwand gilt gegenüber der Behauptung der ungarischen Archäologin Póczy [38], erst im Jahr 380 sei eine erste sarmatische Einheit in Pannonien nachweisbar. Was nicht „nachweisbar" ist, muss n i c h t „nicht existiert" haben.

Der lange Aufenthalt an diesem Ort, vermutlich ein dreiviertel Jahrhundert, veranlasste die Sarmaten wahrscheinlich, den Namen ihrer Herkunft von „Skythen" – in Wirklichkeit vermutlich vom Namen des sarmatischen Stammes der Roxolanen - in

---

[38]   K. Póczy, S. 29

„Sicambrier" zu verändern, wie der glaubwürdige kleine Teil des „Compendiums" des Abtes Trithemius versichert.

Ein Problem für die moderne Forschung ist es, dass dieser Name „Sicambria" in Ungarn zeitweise völlig verloren gegangen zu sein scheint. Zwischen der Erwähnung des Namens im Liber historiae Francorum (um 728) und dem ersten Auftauchen in ungarischen Chroniken (in Latein) im Hochmittelalter [39] lag eine lange Zeit. Sehr wahrscheinlich hatte das auch damit zu tun, dass gerade Ungarn in den Jahrhunderten dazwischen von nicht weniger als drei Völkern mit völlig fremden Sprachen erobert und längere Zeit besetzt gewesen war: von Hunnen, Awaren und Magyaren/Ungarn. Doch heißt das nicht, dass dieser alte „römische" Name tatsächlich im kollektiven Gedächtnis der Menschen in Pannonien/Ungarn vollständig ausgelöscht war.

Der einzige Wissenschaftler, der sich bis heute eingehender damit beschäftigt zu haben scheint, war ein Ungar deutscher Abstammung, Alexander (Sandor) Eckhardt, der vor fast 100 Jahren viele Jahre lang als Professor für französische Literatur an der Universität Budapest lehrte. In einem Aufsatz hat er seine Meinung dazu in französischer Sprache niedergelegt [40]. Er hielt die Erwähnung des Namens Sicambria im Liber historiae Francorum für das *„Werk der blühenden Phantasie eines fränkischen Mönchs"*, nämlich von dessen Autor. Erst als f r a n z ö s i s c h e Kultur und Literatur im Hochmittelalter nach Ungarn vorgedrungen sei und infolgedessen auch das „Liber historiae Francorum" dort bekannt geworden sei, habe die

---

[39] Simon de Keza (2. Hälfte 13. Jh.) sowie der „anonyme Notar" , eine andere frühe ungarische Chronik

[40] Alexandre Eckhardt, *Sicambria – Capitale legendaire des Français en Hongrie,* Paris 1928, an ziemlich abgelegener Stelle, Zusammenfassung einer im gleichen Jahr (ebenfalls in französisch) erschienenen Darstellung in „Revue des Études Hongroises" 2.3

Version von „Sicambria" Eingang in ungarischen Chroniken gefunden.

Doch diese Annahme kann nicht stimmen. Erstens ist es völlig unglaubwürdig, dass selbst im Hochmittelalter eine der seltenen Handschriften des „Liber historiae Francorum" nach Ungarn gelangt sein soll und dort gelesen wurde.

Zweitens hat bereits der Geschichtsschreiber und Diplomat der Stauferzeit, Gottfried von Viterbo, um 1182 in seinem Geschichtswerk „Speculum regum" berichtet, die Franken seien *„über das venetische Meer"* (gemeint ist die Adria) ins alte Ungarn gezogen und hätten *„dort eine Stadt Sicambria gegründet"*. Selbst wenn dieser Historiker sein Grundwissen aus dem ihm sicher bekannten Liber bezogen haben sollte, so weichen verschiedene detaillierte Angaben zu diesem Teil der „Geschichte der Franken" in Gottfrieds Werk durch zusätzliche und keineswegs unglaubwürdige Informationen davon ab. Offenbar hatte der weit gereiste Diplomat eigene Informationsquellen, die nicht alle von neuzeitlichen Gelehrten für „erfunden" deklariert werden können.

Die Rolle dieses Gottfried von Viterbo bei der „Bearbeitung" der Erinnerungen der „Franken" hat der Leser schon im Kapitel I.9 kennen gelernt. Hier, in Bezug auf den Ortsnamen „Sicambria" findet sich die betreffende Stelle allerdings in einem „offiziell" unter seinem Namen schon vor 1189 veröffentlichten Buch.

4. Ein Sieg und ein Kaiser-Lob für die Sicambrier

Das zweite, dritte und vierte Kapitel im Liber, die für einige entscheidende Jahre im Leben des sicambrischen Draco hochinteressante Informationen enthalten, sind in einem ganz anderen Ton verfasst als das erste (Wortlaut auf S. 17-19).

Hier wird die Darstellung ausgesprochen wortreich und lebendig. Sie wirkt so, als sei ihr Inhalt mindestens einmal im Jahr im Kreis aller Mitglieder der einen oder anderen adligen Sarmatenfamilie erzählt worden, nach einem festen Ritus und mit einem Lied, dessen Wortlaut sich allmählich unauslöschlich in Gedächtnis einprägte. So konnten über 350 Jahre lang diese denkwürdigen Ereignisse fast unverändert von Generation zu Generation weitergegeben werden.

Kaiser Valentinian habe die Sicambrier aufgefordert, die *„bösen Alanen"* zu bekämpfen, die in das Reich eingefallen seien und von anderen Truppen nicht besiegt werden konnten. Wem das gelinge, dem wurde für zehn Jahre Steuerbefreiung versprochen. Die Sicambrier hatten Erfolg und der Kaiser habe sie deswegen besonders gelobt. Das ist der wesentliche Inhalt des Kapitels 2 im Liber.

Ein Kampf zwischen „Franken" - die ja die Sicambrier angeblich waren ! – und Alanen war nach Ansicht der traditionellen Geschichtswissenschaft nur im Jahr 407 irgendwo am Rhein möglich, weil ja in diesem Jahr nach den antiken Berichten auch Alanen die Völkerwanderung der Vandalen und Sueben begleitet hatten. Doch da zeitgenössische Berichte über derartige Kämpfe nicht zu finden waren, fällte der Historiker Eugen Ewig das Urteil: *„Die Erzählung von der Vertreibung der Alanen aus der Mäotis durch die Trojaner unter Priamus und Antenor kann zur*

*Ausschmückung der Wanderung von Troja zum Rhein f r e i e r-
f u n d e n sein"* [41].

Betrachtet man jedoch die Erzählung unter der Voraussetzung, dass die Sicambrier sarmatische Krieger im römischen Sold am pannonischen Donau-Limes waren, dann stimmt alles ganz erstaunlich gut, und sie liefert sogar ein kleines Detail zu den Kämpfen Roms an seiner Nordostgrenze, das sonst nirgends in erhaltenen Schriften überliefert worden ist.

Wenn der im Liber erwähnte Kaiser Valentinian der erste seines Namens war – nur das ergibt einen Sinn ! -, dann lässt sich sogar daraus fast exakt die Zeit erschließen, von der erzählt wird. Valentinian I. regierte von 364 bis 375 das Westreich, sein Bruder Valens von 364 bis 378 das Ostreich. Dieser Kaiser Valentinian sorgte mit verschiedenen Feldzügen am Rhein und an der Donau noch einmal für eine Sicherung der Reichsgrenzen [42]. Er starb sogar während Friedensverhandlungen mit Quaden und Sarmaten im Juni 375 nach einem Kriegszug an der Donau an einem Schlaganfall. Der Hunneneinfall begann erst kurz nach Valentinians Tod.

Wo überall A l a n e n in der Mitte des 4. Jahrhunderts in Osteuropa ansässig waren – oder richtiger: ihr Vieh weiden ließen –, lässt sich aus den dürftigen Quellen der Zeit nicht genau erschließen. Dieser ehemalige Teilstamm des sarmatischen Volkes hatte bereits eine erhebliche Macht gewonnen und sich wahrscheinlich selbst in verschiedene Stämme geteilt. Diese lebten zwischen dem Kaspischen Meer und der unteren Donau neben und zwischen den vielen anderen Völkern verschiedener Sprachen im südosteuropäischen Steppengürtel. Im 4. Jahrhun-

---

[41] E. Ewig, *Trojamythos,* (s. Anm. 78), S. 19

[42] Ammianus Marcellinus, XXX, V bis VI; Zosimus, , *Neue Geschichte* IV, 16 - 17.

98

dert hieß die heutige Dobrudscha, das Gebiet zwischen Schwarzem Meer, Donaudelta und dem heutigen Bulgarien, „Alania" [43]. Doch sicher gab es auch sonst auf der nördlichen Balkanhalbinsel noch alanische Teilgruppen.

So lässt es sich leicht vorstellen, dass solche Alanen um das Jahr 365 von Westrumänien (Banat) aus plündernde Vorstöße über die Donau machten und dabei die Römerstädte Sirmium und Singidunum (beim heutigen Belgrad) angriffen. Ein römisches Heer vertrieb sie von dort, konnte sie aber nicht besiegen, weil sie sich, wie es im Liber heißt, in die „Mäotischen Sümpfe" zurückgezogen hätten.

Hießen so bei den Römern damals vielleicht die Sümpfe am Donaulauf, südlich von Budapest und nördlich der Einmündung der Drau, die es heute noch gibt ? Das „Asowsche Meer", wie Kusternig diese Stelle im Liber übersetzt hat, liegt fast 1500 Kilometer von dort entfernt, und das Donaudelta, das ja in der Spätantike auch diesen Namen „Mäotische Sümpfe" trug, fast halb so weit [44].

Den Reiterkriegern aus Sicambria gelang es, den Alanen einen Hinterhalt zu stellen und sie in ihren Sümpfen zu besiegen. Sie waren nun schon seit gut drei Generationen treue Soldaten Roms und hatten wohl schon mehrere „Sarmatenkriege" mitgemacht, was ihre mit feierlichen Eiden beschworene Loyalität gegenüber den römischen Militärbefehlshabern an der Donau nicht einschränkte. Vermutlich waren sie schon lange erbitterte Feinde

---

[43] Isidor von Sevilla, Etymologiae IV IV 3, zitiert von E. Ewig, Trojamythos, S. 19, s. Anm. 18

[44] Hans Krahe, *Unsere ältesten Flussnamen*, Wiesbaden 1964, S. 100, führt nach Stephanus Byzantinos den Namen *Mataos* als anderen Namen für die Donau an (zur spätrömischen Zeit, und möglicherweise nur für einen Teil des Flusslaufes). Daraus könnte leicht der Begriff „*Paludes Matotis*" oder „Maotis" = „Donau-Sümpfe" geworden sein.

der sprachverwandten Alanen. Sie erhielten mit Stolz die vom Kaiser ausgelobte Belohnung einer Steuerbefreiung auf zehn Jahre.

Diese Übersetzung der lateinischen Worte „*tributa donaria*" im Original des Liber dürfte richtiger sein als die von Kusternig: „Ehrensold". Die sarmatischen Krieger im Kastell Sicambria erhielten wohl ihren normalen Sold, wie damals für alle römischen Soldaten üblich. Doch zugleich waren sie der römischen Kopfsteuer unterworfen. Die Summe war zwar nicht hoch, jeder erwachsene Mann musste sie zahlen, sie galt dann auch für seine Familie. Aber da sie in barer Münze bezahlt werden musste, war das für die meist bitterarmen Landarbeiter und anderen kleinen Leute im Römischen Reich, die kaum je Geldmünzen in die Hand bekamen, eine schwere Last. Eine Steuerbefreiung für zehn Jahre war daher eine beachtliche Erleichterung. Nur diese zeitlich befristete Steuerbefreiung kann auch die weiteren Ereignisse im Leben der Sicambrier erklären.

Ein weiteres Detail aus der im Liber erzählten Geschichte lässt es ganz deutlich werden, dass s a r m a t i s c h e Reiter gemeint waren. Nach ihrem Sieg „*nannte sie der Kaiser Valentinian in attischer* (gemeint: griechischer) *Sprache Franken, das sind die Wilden, wegen der Standhaftigkeit und des Wagemuts ihrer Herzen.*". Eugen Ewig nannte das in seiner Untersuchung des „Trojamythos" eine „*heiße Spur*" [45]. Er führt dazu eine Stelle aus dem Werk des (griechisch schreibenden) Autors Libanios an (verfasst um 348). Darin habe dieser den ihm bekannten Völkernamen Franken (griechisch Phrankoi geschrieben) für eine „*falsche*" Schreibung von „Phraktoi = die Gepanzerten" gehalten.

Tatsächlich ist dieses Wort eine heiße Spur, nur u m g e -
k e h r t ! Im Ostteil des Römerreichs, wo man Griechisch
sprach, hießen die Truppenteile, die die Sarmaten traditionell
stellten, „Phraktoi" oder „Kataphrakten = die Panzerreiter". Der
Autor des „Liber", 350 Jahre später im entfernten Gallien lebend
und des Griechischen sicher nicht mächtig, dürfte aus dem ihm
mündlich berichteten Namen dieser Truppe aus Sicambria,
„Phraktoi", den ihm vertrauten Völkernamen „Phrankoi" oder
„Franken" verstanden und es so in sein Buch geschrieben haben.

Das Vertrauen der „berufenen" Historiker auf geschriebene alte
Texte ist zwar sicher nicht falsch, aber immer wieder zeigt sich,
dass weitere, dem ersten Forscher (noch) nicht bekannte Texte
dann wieder ganz andere Auslegungsmöglichkeiten ergeben.

5. Die Flucht und die „Separation" ins Rheinland

Nach Ablauf der zehnjährigen Steuerbefreiung, so berichtet das 3. Kapitel des Liber weiter, erschien ein römischer Steuereintreiber beim sicambrischen Draco und wollte wieder Steuern einziehen. Doch die Söldner *„trafen in ihrer wilden und ungestümen Art eine törichte Entscheidung"*. Sie erschlugen den Vertreter der römischen Staatsordnung und seine bewaffnete Begleitung.

Die sarmatischen Söldner waren trotz ihres langen Aufenthalts im Römischen Reich eben doch immer noch „Barbaren", die nichts von den Pflichten der Untertanen dieses Staates verstanden und nicht begreifen konnten, warum plötzlich von ihnen wieder Steuern eingefordert wurden ...

Jedenfalls konnte sich der Kaiser – es ist fraglich, ob es immer noch Valentinian war – dieses Verbrechen nicht gefallen lassen. Er schickte ein Heer nach Sicambria, mit dem sich die Sarmaten heftige Kämpfe lieferten. Doch *„sahen sie ein, dass sie einem so großen Heer nicht gewachsen waren, und zogen sich unter sehr schweren Verlusten zurück Auch Priamos, der tapferste von ihnen, kam dabei ums Leben. Sie verließen Sicambria, kamen zu den am äußersten Rhein gelegenen Städten Germaniens und ließen sich dort ... nieder."* (Buch I, Kap. 4).

Ein Rückzug oder eine Niederlage musste in einem Heldenlied des „oralen Zeitalters" – und ein solches wurde wohl später immer wieder in den sarmatischen Adelsfamilien vorgetragen – verschleiert oder beschönigt werden. Das zeigt sich noch in dem lange danach niedergeschriebenen Text des Liber.

Die Sicambrier mussten fliehen, das war klar. Wohin konnten sie sich wenden ? Westlich und südlich ihres Wohnsitzes bei

Aquincum erstreckte sich quer durch Europa das römische Weltreich mit seiner immer noch relativ intakten Verwaltungs- und Militärkraft. Im Jahr 375, der vermutlichen Zeit dieses Vorgangs, hatten die Hunnen noch nicht die Wolga überquert. Nach Osten über die Donau zu ziehen, hieß für die bisherigen römischen Söldner, in die Weidegründe der dort herrschenden gotischen, vandalischen, sarmatischen oder alanischen Reiterkrieger eindringen zu müssen; diese hätten wahrscheinlich den kleinen Draco blutig zurückgewiesen.

Aber nach Norden bot sich ein Ausweg. Wenn die Sicambrier die Donau überquerten und dort nach Norden zogen, waren sie sofort aus der unmittelbaren Reichweite der römischen Autoritäten. Wahrscheinlich konnten die Flüchtlinge die germanischen Fürsten, die damals in der Slowakei, Mähren und Böhmen das Sagen hatten, überzeugen, dass die kleine Schar nur schnell durch ihr Gebiet durchziehen wollte, auf der Suche nach einem geeigneten Platz, wo sie sich niederlassen konnten, ohne Repressalien der Römer fürchten zu müssen.

Wenn der Draco der Sicambrier, wie hier angenommen, bereits früh im Jahr 375 von seinem Kastell an der Donau flüchtete, entkam er offenbar gerade noch rechtzeitig den schweren Grenzkämpfen, die in diesem Jahr durch massive Einbrüche von germanischen Quaden im Norden und Sarmaten im Süden des Donau-Limes ausgelöst wurden [46], wie antike Quellen berichten.

Der im Liber genannte Priamos und die gleich im nächsten Satz als Anführer des Auszuges erwähnten *„Marchomir, der Sohn des Priamos, und Sunno, der Sohn Antenors"* verwirrten die modernen Historiker vollkommen. Eugen Ewig nennt diese Stelle *„eine souveräne Missachtung der Chronologie durch den Liber-Autor"*. Priamos und Antenor – nach Ewigs fester Überzeugung

---

[46]   Ursula-Barbara Dittrich, *Die Beziehungen Roms zu den Sarmaten und Quaden,* Bonn 1984

konnten diese Namen ja nur den König von Troja und einen seiner Krieger um 1300 v. Chr. im „Trojanischen Krieg" meinen – seien *„schlicht und einfach zu Zeitgenossen des Valentinian I. und zu Vätern des Marchomir und Sunno gemacht"* worden [47]

Doch in Kenntnis der „fränkischen Königsliste" und der sonstigen bisher zusammengetragenen Informationen über die Sicambrier ist eine andere Erklärung viel wahrscheinlicher. Die Namen Priamus und Antenor, Marchomir und Sunno lassen sich schon früh als Namen sarmatischer Fürsten in der Liste finden. Sie scheinen im Clan der Fürsten, der sich im Laufe von Jahrhunderten und bei verschiedenen Volksteilungen immer mehr verzweigt und vergrößert haben dürfte, erblich gewesen zu sein und auch noch Jahrhunderte nach den ersten Trägern dieser Namen in Gebrauch gewesen zu sein. Erstaunlicherweise tauchen die Namen Marchomir und Sunno (sowie ein Genebaud) kurz danach in einem zeitgenössischen lateinischen Text auf – dazu mehr auf S. 108.

Aus der Reihenfolge der Erzählungen über die „Wanderung der Franken" in den drei frühmittelalterlichen Quellen Gregor von Tours, Fredegar und dem Liber könnte man annehmen, dass der Weg der Vorfahren von Pannonien – hier stimmen ja alle drei Werke überein – direkt an die *„Ufer des Rheins"* führte. Auch diese Station wird ja von allen drei Quellen erwähnt. Hinweise auf „Thoringien" gibt es bei Gregor und im Liber n a c h den „Wohnsitzen am Rhein".

Doch wenn man nicht alle diese Berichte als Phantasieprodukte hinstellen will, sondern einen realen Hintergrund darin erkennt, dann ist der Weg von Ungarn an den Rhein und wieder zurück nach Thüringen ausgesprochen unlogisch. Gregor und der Liber-Autor haben vermutlich von ihren Gewährsleuten einen

---

[47] E. Ewig, *Trojamythos* S. 22

Überlieferungsstrang erzählt bekommen, bei dem schon längst die richtige Reihenfolge vertauscht war. Fredegar wusste wohl gar nichts von dieser Zwischenstation.

Das kann einen plausiblen Grund gehabt haben. Den sarmatischen Heldensängern dürfte die Episode ihres Draco in Thüringen so wenig ruhmvoll erschienen sein, dass sie nur kurz und bruchstückhaft in ihren Heldenliedern vorkam. Andererseits muss Gregor eine Menge über Beziehungen der frühen fränkischen Könige zu Thüringen erfahren haben, wenn er das auch nicht im Zusammenhang mit der eigentlichen Wandersage mitteilte. Auch dieses Indiz wird bald näher dargestellt werden.

In der Antike und im Frühmittelalter gab es für größere Völkerzüge nur einen „Zwangsweg" von der mittleren Donau nach Nordwesten, in die „Germania magna" hinein, nämlich entlang der Täler der March und der oberen Elbe bis jenseits des Durchbruchs des Stromes durch das Elbsandsteingebirge. Danach breiteten sich die großen Ebenen des heutigen Sachsen und Thüringens aus, die damals wahrscheinlich etwas weniger mit dichten Wäldern bedeckt waren als andere Gebiete des alten Germanien.

Auf diesem Weg müssen die Reste des Draco der Sarmaten aus Sicambria gezogen sein, als erste ihres Volkes und aus völlig anderen Gründen als ihre Nachfolger ein Jahrhundert später (siehe die anderen Bände dieser Buchreihe).

Trotz der Verluste in den Kämpfen gegen die römische Übermacht wird es immer noch eine beachtliche Menschengruppe gewesen sein, Krieger, Familienangehörige und Abhängige aus der unteren Volkskaste, dazu nicht ganz kleine Herden von Pferden, Rindern und Schafen. Denn auch als römische Soldaten brauchten die Sarmaten diese Tiere, um ihre gewohnte Kampf- und Lebensweise aufrechterhalten zu können; sie werden sie also auch in der Nähe ihres Kastells Sicambria weiter gezüchtet haben, wenn auch in kleinerem Umfang als früher.

Die Region, die die Sicambrier nun betraten, wurde von den germanischen Thüringern bewohnt. Dabei weiß man nicht, ob sie sich zu der Zeit noch Hermunduren nannten, noch, wann und warum der neue Name Thüringer in Mode kam. Doch bereits um 390 wird dieser Volksname von dem berühmten römischen Kriegstheoretiker Vegetius erwähnt [48].

Nichts von dem, was jetzt über den Aufenthalt der Sicambrier in Thüringen berichtet wird, ist aus alten Quellen abzuleiten, nicht einmal aus dem Liber, das nach den ausführlichen und anschaulichen Kapiteln 2 – 4 plötzlich ganz wortkarg wird und von einem Aufenthalt in Thüringen nichts weiß. Vielmehr folgt die Darstellung logischen Überlegungen, die von dem Faktum ausgehen, dass es ein „Zwischenspiel" der „Franken-Vorfahren" in Thüringen gegeben haben m u s s , das aber nicht lange dauerte und vermutlich plötzlich und wenig ruhmreich für die Sicambrier endete.

Der kleine sarmatische Draco dürfte den Fürsten der Thüringer durch Abgesandte die Bitte übermittelt haben, sich in ihrem fruchtbaren Land niederlassen zu dürfen, wo sie vor römischer Rache sicher waren und ihre Viehherden weiden lassen könnten. In den folgenden Verhandlungen mussten die Sicambrier wahrscheinlich zugestehen, sich nicht geschlossen irgendwo anzusiedeln, sondern in kleinen Gruppen zerteilt, weiter mussten sie als Bürgschaft für ihr friedliches Verhalten Geiseln stellen, wozu die Jugendlichen zwischen dem Kindes- und dem Erwachsenenalter am besten geeignet waren, Jungen wie Mädchen. Schließlich hatten sich die sarmatischen Hirten zu verpflichten, von ihren Herden einen angemessenen Anteil von Jungtieren den Thüringern abzugeben. Vor allem waren jährlich eine bestimmte Zahl von jungen Zuchthengsten den Thüringern zu übergeben.

---

[48]   Vegetius Renatus in einem Lehrbuch über Pferdeheilkunde (*Artis Mulomedicinae*, um 390)

Denn die Sarmaten waren ja als erfahrene Pferdezüchter vermutlich damals in ganz Europa bekannt.

Wenn die Flucht der Sicambrier im Jahr 375 stattfand, zehn Jahre nach ihrem Sieg über die Alanen, dann ist es nicht auszuschließen, dass bereits wenige Jahre später die „gastgebenden" Thüringer sich großer Erfolge in der Pferdezucht rühmten, was der römische Autor Vegetius offenbar schnell erfuhr und niederschrieb. Dass die eigentlichen Züchter Sarmaten waren, hatte das Gerücht offenbar nicht mit übermittelt.

Vielleicht unmittelbar v o r dem vorübergehenden Niederlassen des sarmatischen Draco in Thüringen dürfte sich innerhalb dieser Menschengruppe ein dramatisches Ereignis abgespielt haben. Auch die folgenden Ausführungen sind nicht der Phantasie entsprungen, sondern logische Folgen beim „Zusammenzählen von eins und eins" aus mehreren Quellen bzw. Indizien.

Eine kleine Gruppe von „Heißspornen" unter den sicambrischen Kriegern unter Anführung von einigen nachgeborenen Söhnen aus dem Fürstenclan dieses kleinen Volkskörpers wollte sich nicht friedlich in Thüringen niederlassen. Sondern sie wollte an den Rhein weiterziehen, um sich dort an den verhassten Römern für die Niederlage vor Sicambria zu rächen, am besten im Bündnis mit den dortigen Germanen, die ja immer wieder in Kämpfe mit den Römern verwickelt waren. Das hat man sicher auch an der Donau gewusst.

So könnte es gekommen sein, dass einige Jahre später – etwa in den Jahren 388 - 393 –– römische Generäle verlustreiche Kämpfe am Niederrhein ausfechten mussten, mit „Franken", die unter Anführung von „regales" (Angehörigen einer Königssippe) mit Namen Marcomir, Sunno und Genebaud standen. So berichtete es der Schriftsteller Sulpicius Alexander aus Gallien, aus dessen sonst verschollenem Werk Gregor von Tours längere Passagen zitiert hat. Dieselben Namen nennt ja auch das Liber in seinem Bericht über den Zug der „Franken" an *„die äußersten Gestade des Rheins".*

Wahrscheinlich hat man sich den realen Ablauf der Geschichte so vorzustellen: Die drei sarmatischen Anführer – sie waren wohl Vettern aus der Fürstenfamilie, aber nicht Anwärter auf das erbliche Amt des Fürsten oder Anführers – zogen mit kleinem Gefolge, vielleicht nur 50 Kriegern und deren Anhang, von Thüringen direkt an den Niederrhein. Dort ließen sie sich unter den germanischen Gruppen östlich des Stromes, bei Brukterern und Chamaven, nieder.

In kleinen Scharmützeln mit römischen Truppen bewährten sich die erfahrenen Soldaten an der Seite ihrer neuen germanischen Verbündeten und schafften es nach einigen Jahren, von diesen Stämmen zu „Herzögen" (Anführern im Krieg) gewählt zu werden. Den Römern traten sie dann in dieser Eigenschaft als Anführer der „Franken" gegenüber, als es einige Jahre später größere Kämpfe gab. Die „völlige Vernichtung" der Feinde, die Sulpicius Alexander andeutet, war sicher bloß römisches Wunschdenken. Weder die römischen Generäle noch den Historiker dürfte jedoch interessiert haben, dass die Anführer ihrer Gegner gar keine Germanen waren. Sie waren eben „Franken".

Dieser Sammelname „Franken" galt bei den Römern für alle Barbaren, die von jenseits des Niederrheins im Reich einfielen, genau so wie der Name „Alemannen" für alle Fremden benutzt wurde, die zwischen Main und Oberrhein den obergermanisch-rätischen Limes überrannt hatten (um 260) und später das Reich am neuen Oberrhein-Limes bedrohten.

Die europäische Geschichtswissenschaft hat diese Gruppierungen lange als „Völker", später etwas vorsichtiger als „Stammesbünde" oder Ähnliches betrachtet. Erst in jüngster Zeit wird unter deutschen Historikern eine Gedankenrichtung erkennbar, die „Franken" und „Alemannen" eher als *„Produkte ihrer römischen*

Umwelt" zu sehen; *„die Alemannen wurden in Mainz* (von den Römern in ihrer Provinzhauptstadt am Oberrhein) *gemacht, die Franken in Köln"* [49].

Die Römer der Spätantike benutzten die Bezeichnungen wohl als bequeme Charakterisierung von einerseits gefürchteten, andererseits als Barbaren verachteten Menschen, die man nicht genauer unterscheiden konnte und wollte. Vielleicht hatte das Wort „Franke" bei den Römern einen Beiklang, wie das Wort „Saupreuß" bei alten Bayern am Ende des 19. Jahrhunderts. Damit wurden keineswegs nur Angehörige des verhassten Königreichs in Norddeutschland beschimpft, sondern alle „Zugeroasten".

---

[49]   Walter Pohl, *Alemannen und Franken – Schlussbetrachtung aus historischer Sicht,* in: D. Geuenich (Hrsg.), *Die Franken und die Alemannen bis zur „Schlacht bei Zülpich" (496/497),* Erg. Bd. 19 zum Reallexikon der germanischen Altertumskunde (RGA), Berlin-New York 1998, S. 636 f. – In diesem Sinne auch Dieter Geuenich in einem Vortrag in Bonn am 20.9.2010.

6. Das Zusammentreffen von Sycambriern und Sigambrern

Von Marcomir und Sunno verlautete später nichts mehr. Aber der Name Genobaud oder Genebald taucht in der „fränkischen Königsliste" auf, als Vater, jedenfalls aber Vorgänger des Fürsten Faramund.

Wie auf S. 65 erklärt, können in dieser „Königsliste" weder die Namen noch die ihnen beigefügten Jahreszahlen in ihrer G e - s a m t h e i t Anspruch erheben, reale Geschichte wieder-zugeben. Aber wenigstens in den allerletzten Generationen scheinen Namen wie Jahreszahlen weitgehend als „wahr".

Danach könnte dieser Genebaud bis zum Jahr 419 n. Chr. gelebt haben. Faramund heiratete wiederum nach einer etwas mysteriösen Quelle [50] die „sugambrische Erbin Argotta".

Wieder sind nur Schlussfolgerungen aus einigen wenigen verstreuten Indizien möglich, die zutreffen k ö n n e n, aber nicht müssen. Doch der kleine Seitenzweig in der Geschichte der Vorfahren der späteren Merowinger ist so interessant und für die folgende Geschichte wichtig, dass er nicht übergangen werden darf.

Genebaud war möglicherweise jüngerer Bruder des Fürsten Dagobert, der zu jener Zeit den Draco der Sycambrier anführte. Der junge Prinz machte die „Separation" seiner Vettern Marcomir und Sunno mit, ihren Zug an den Rhein und die Kämpfe gegen die Römer. Aber nach dem kinderlosen Tod seines Bruders Dagobert kehrte er zu seinem Volk nach Thüringen zurück, das dort ja immer noch lebte. Das sarmatische Erbgesetz verlangte in diesem

---

[50] Laurence Gardner, *Das Vermächtnis des Heiligen Grals – Die Nachfolger Jesu und die geheime Geschichte Europas.* München 1999, S. 160

Fall die Übernahme des Befehls durch den jüngeren Bruder, falls vorhanden.

Doch in der Zwischenzeit – sie kann gut 15-18 Jahre betragen haben – hatte Genebaud seinen Sohn Faramund an die sugambrische Thronerbin am Niederrhein verheiratet, in deren Land er vermutlich lange gelebt hatte. Mit dieser Heirat kam zum ersten Mal „göttliches Blut" in die Familie der Anführer des sycambrischen Draco. Es war die erste der beiden „nützlichen Heiraten" der Vorfahren der Merowinger. In d i e s e m Kapitel wird der sarmatische Draco zu Unterscheidungszwecken mit „y" geschrieben.

Hier taucht ein Völkername zweimal auf: Sugambrer und Sycambrer, noch dazu durch eine Heirat verbunden. Die Geschichtswissenschaft hat schon längst dieser Name aufs Höchste irritiert. Denn Bischof Remigius taufte ja den „fränkischen" König Chlodwig unter dem Namen „Sicambrer", wie Gregor von Tours glaubwürdig berichtet hat [51].

Wieso tauchte der Name eines germanischen Stammes (zu ihm gleich unten) plötzlich wieder auf, von dem man fast ein halbes Jahrtausend lang nichts mehr gehört hatte ? Der Historiker Erich Zöllner urteilte: *„ Die Annahme von Schwarz (Stammeskunde S. 148), dass die salische Dynastie ursprünglich sugambrisch gewesen sei, vermag ich nicht zu teilen. Die Sigambrer-Tradition der Franken deutet Wenskus (Stammesbildung S. 535) als ‚politisches Programm' Chlodowechs, schwerlich mit Recht"* [52]. Patrick Geary rätselt: *„ Der Name Sigambrer, der von Gregor von Tours und anderen verwendet wird, ist wahrscheinlich nur eine Reminiszenz an die von den antiken Autoren erwähnten Sigambrer. "* [53] In jüngerer Zeit erklärt der Historiker Klaus Peter

---

[51]   Gregor von Tour, *Fränkische Geschichte*, II. Buch, Kap. 31
[52]   E. Zöllner, *Geschichte der Franken*, München 1970, S. 4
[53]   P. Geary, *Die Merowinger*, München 1996, S. 84

Johne das Wort als *„archaisierende Bezeichnung"* für den *„zeitgenössischen"* (also dem 5. Jahrhundert entstammenden) Namen *„Salier"* [54]. Hier ist das Unbehagen der herkömmlichen Geschichtsforschung zu diesem speziellen Thema mit Händen zu greifen. Es wurde wohl auch nie intensiver verfolgt.

Wer bereit ist, die bisherigen Erklärungen für die sarmatische Abstammung des Merowinger-Clans zu akzeptieren und auch die Begründung für vernünftig hält, der langjährige Wohnsitz des sarmatischen Reiterregiments im pannonischen Kastell Sicambria an der Donau habe ihm den Namen gegeben, der könnte sich sagen, damit sei eine völlig einleuchtende Erklärung für den auf Chlodwig gemünzten Namen „Sicambrer" gefunden. Doch so einfach ist Geschichte mitunter nicht. Wenn man genauer hinsieht und auch Indizien von außerhalb des gewohnten Umfeldes heranzieht, kann man manchmal sehr Erstaunliches finden.

Sigambrer, häufig auch Sugambrer geschrieben, waren ein Stamm unter den Germanen zur Zeit Caesars und etwas später. Er war r e c h t s rheinisch zwischen Ruhr und Sieg ansässig. Von Caesars Truppen soll er angeblich vernichtend geschlagen worden sein, als der Feldherr während seiner Züge durch Gallien für ein paar Tage den Rhein überschritt (55 v. Chr.). Später scheinen die Sugambrer den Eroberungsversuchen des Drusus heftigen Widerstand entgegengesetzt zu haben, worauf sie im Jahr 8 v. Chr. von den Römern zwangsweise umgesiedelt wurden, und zwar an das l i n k e Rheinufer, etwa vom heutigen Krefeld bis Kleve. Danach verliert sich ihre Spur. Die dort ansässigen Germanen wurden später als Cugerner bezeichnet, ohne dass irgendwelche Besonderheiten von ihnen bekannt sind [55].

---

[54] Klaus Peter Johne, *Die Römer an der Elbe*, Berlin 2006, S. 299

[55] siehe J. Neumann, *Cuberni, Cugerni*, Stichwort im Reallexikon d. german. Altertumswissenschaft, Bd. 5, S. 103 f., Berlin-New York 1984

Soweit in Kürze das, was die Geschichtswissenschaft über die germanischen Sugambrer zu wissen glaubt. Aus diesem Volk muss die Kohorte „sigambrischer" Hilfstruppen gekommen sein, die sich ein halbes Jahrhundert nach der Umsiedlung an der unteren Donau einen Namen gemacht haben soll, wie Tacitus berichtete (s. S. 90).

Doch es lohnt sich, sich genauer mit der V o r geschichte dieser Sugambrer zu beschäftigen. Das ist allerdings nicht Thema heutiger Historiker, da ja keine Schriftquellen dazu existieren. Die Spuren führen ins südwestliche Sauerland, den bergigen Teil des heutigen Bundeslandes Nordrhein-Westfalen.

Das Gebiet, a u s dem ein Teil der Sugambrer im Jahr 8 v. Chr. umgesiedelt wurde, muss für die Menschen der weiten Umgebung ein „heiliger Bezirk" besonderer Art gewesen sein. Bereits um 2800 v. Chr. haben dort lebende Menschen eine Abbildung des Sternenhimmels in einer riesigen „Landkarte" auf mehreren tausend Quadratkilometern im südwestlichen Westfalen auf die Erde projiziert und die einzelnen Punkte (die Sterne der Sternbilder) mit „heiligen Malen" auf der Erde fixiert. Das waren große Steine oder andere weit sichtbare Zeichen. Völlig unerklärlich, aber nachprüfbar, bietet diese „Karte" die Sternbilder so dar, wie sie sich dem Betrachter um diese Zeit in Ä g y p t e n zeigten.

Auf allen diesen Malen sind dann viel später die ersten christlichen Kirchen in diesem Gebiet entstanden. In ihrem 2003 erschienenen Buch „Der Himmel ist unter uns" haben die Privatforscher Wolfgang Thiele und Dr. Herbert Knorr diese sensationellen, bisher nicht widerlegten Erkenntnisse für die Frühgeschichte des Sauerlandes dargelegt [56]. Diese „Sternenkarte" soll etwa zur gleichen Zeit entstanden sein wie die berühmte Anlage von Stonehenge in England.

---

[56] Wolfgang Thiele, Dr. Herbert Knorr, *Der Himmel ist unter uns*, Bottrop 2003 (2. Aufl. 2005)

Unabhängig von allen seitdem erfolgten Veränderungen der Kulturen und der Sprachen muss die Bevölkerung in diesem Raum im Wesentlichen die gleiche geblieben sein. Sie gab das Wissen um die besondere Heiligkeit dieses Bezirks jeweils an ihre Nachkommen weiter. Anders ist nämlich nicht zu erklären, dass mehr als 3000 Jahre lang die „heiligen Male" so bekannt blieben, dass zur Zeit der Christianisierung ab 800 n. Chr. christliche Kirchen exakt darauf gebaut werden konnten.

Nach der Bronzezeit kamen – wahrscheinlich als elitäre Minderheit – keltische Bergleute und Schmiede ins Land, um die reichen Erzvorkommen im Sauerland und angrenzenden Gebieten auszubeuten. Gaben sie dem „heiligen Wald", den sie dort vorfanden, den Namen „Nemeton"? Im Keltischen heißt das Wort „Heiligtum", und höchstwahrscheinlich kommt von diesem Wort der Name des sauerländischen Ortes Neheim (später mit Hüsten vereinigt, heute Teil der Stadt Arnsberg). Neheim lag mitten in dem Rest des Heiligen Waldes, der sich bis in die frühe Neuzeit dort gehalten hat.

Worin zur Zeit der Umsiedlung der Sugambrer durch Drusus die besondere Heiligkeit der dortigen Wälder bestand, wissen wir nicht. Tacitus beschreibt in seiner „Germania" [57] einen solchen „heiligen Hain" in Norddeutschland. Hier im Sauerland dürfte es einen ganz entsprechenden Ort der Götterverehrung gegeben haben.

Vermutlich war in einigen Familien der Sugambrer das Priestertum erblich, daher bildete sich ein ganzer Stand der „Diener am Heiligtum". Der ganze Stammesname soll angeblich genau diese Bedeutung haben. Ob die Sugambrer zur Zeit von Christi Geburt g e r m a n i s c h sprachen, also nach herkömmlicher Ansicht „Germanen" waren, ist nicht einmal sicher. Kein schreibkundiger

---

[57] Tacitus, *Germania,* Kap. 39, 40

Römer, also aus der kleinen Schicht der Gebildeten, hat vermutlich je direkt mit einem Sugambrer gesprochen, und die Sprache der Barbaren hat nie einen Römer besonders interessiert, sie hatten ja Dolmetscher. Es gibt Hinweise, dass dieser Stamm einer Bevölkerungsgruppe angehörte, die in den Jahrhunderten vor der Zeitwende in Nordwestdeutschland lebte, dem sogenannten „Nordwestblock". Diese Menschen waren weder Germanen noch Kelten. Doch kann dieser Vermutung in diesem Buch nicht näher nachgegangen werden.

Innerhalb des Priesterstandes der Sugambrer schälte sich wahrscheinlich eine besonders herausgehobene Familie heraus, deren Oberhäupter man wohl als Fürsten, nicht unbedingt als Könige in der späteren Bedeutung des Wortes, bezeichnen muss. Alle Angehörigen d i e s e r Familie galten für den Rest der Stammesmitglieder als heilig, denn sie stammten nach ihrem Glauben vom Gott Frô ab. Dieser Glaube hatte einen durchaus realen Hintergrund. Denn es scheint so, dass in dieser Familie eine Körpereigenschaft erblich war, die diese Abstammung sichtbar machte.

Heute nennt man die Hautveränderung Ichthyose (Fischschuppenkrankheit). Es handelt sich um Verhornung der Oberhaut, je nach Schwere an einigen Stellen, mitunter aber auch auf dem ganzen Rücken und/oder Bauch, nie im Gesicht, und häufig mit harten „Borsten" wie bei einem männlichen Wildschwein (Eber) besetzt. Auf die körperliche oder geistige Leistungsfähigkeit hat diese Krankheit im Allgemeinen keinen Einfluss.

Der Eber galt im germanischen Götterglauben als das dem Gott Frô geweihte Tier [58]. Dieser Gott stammte aus einer sehr alten oder sehr wahrscheinlich schon vorgermanischen Religionsschicht, im germanischen Norden wurde er Freyr genannt. Wer

---

[58]   Heinrich Beck, *Das Ebersignum im Germanischen*. In: Quellen und Forschungen zur Sprach- und Kulturgeschichte der germanischen Völker, NF 16, Berlin-New York 1965, S. 151

diesen „Eberschmuck" an seinem Leibe trug, war selbst heilig. Wie man heute weiß, sind bestimmte Formen dieser Hauterkrankung erblich, und zwar wird die Anlage dazu zwar durch Frauen übertragen, tritt aber nur bei Männern in Erscheinung (Ichtyosis X-chromosomal rezessiv), ähnlich wie bei der Bluterkrankheit [59]. Auch der Siegfried der Nibelungensage verdankte wohl seine besondere Haut dieser Krankheit statt einem „Bad in Drachenblut".

Bei der zwangsweisen Umsiedlung der Sugambrer an den Niederrhein sind mit Sicherheit nicht alle Menschen umgezogen. Ein großer Teil der Bevölkerung konnte sich vor dem Zugriff der Römer retten und blieb im alten heiligen Hain im späteren Sauerland, auch Teile der Priesterschaft und der Fürstenfamilie. Aber auch zu der Gruppe der Umsiedler gehörten Teile dieser herausgehobenen Familien. Hier wie dort scheint sich nicht nur das „Wissen um die heiligen Dinge" weiter von Generation zu Generation vererbt zu haben, sondern auch die Anlage zu „Eberborsten" auf der Haut. In b e i d e n Teilen des Volkes galten also wohl bestimmte Familien als heilig.

Ein privater Forscher, der aus dem Sauerland stammt und infolge langjähriger genealogischer Forschungen zu seiner eigenen Familie eine Abstammung von dieser „heiligen Familie" vermutet, konnte feststellen, dass Adelsgeschlechter des Sauerlandes noch im späten Mittelalter zu den „Wissenden" – der alten Priesterschicht ? – gehört haben mussten [60]. Das zeigte sich an

---

[59]   Norbert Lönnendonker, *Als die Götter jung waren – Namenkundliche Untersuchungen zur Nibelungensage,* Berlin 2003, S. 140 ff.

[60]   Martin Alberts, *Ludovicus, unser „Reiseführer" in die südwestfälische Frühgeschichte,* in DER BERNER, Vierteljahrsschrift des Thidrekssaga-Forums e.V. Nr. 17 (2004), S. 32 ff. – Zu ähnlichen Schlussfolgerungen kommt aufgrund eigener genealogischen Forschungen auf anderer Grundlage der private Forscher Reinhard Haase , Eimsbüttel. Ihm ist für seine Mitteilung zu danken.

ihren Wappenzeichen, u..a. Mondsichel, Sparren, goldene Sterne auf blauem Grund.

Auch Abkömmlinge der alten Fürstenfamilie scheinen noch bis ins Mittelalter dort auf ihrem Bauernhof im sauerländischen Herscheid wie Kleinkönige residiert zu haben, mit erblichen Inhabern von „Hofämtern" auf Höfen ganz in der Nähe, wie sich an den Namen festmachen ließ (z.B. Schröder = Gewandmacher, Schriver = Schreiber). Hier könnte sich bereits eine Art Vorbild für die unter den späteren Merowingerkönigen üblichen Ämter am Hof dieser Könige mit einem „Hausmeier" an der Spitze gezeigt haben. Selbst die Anlage zur erblichen Ichthyose hat sich bei einigen „alten Sauerländern" gehalten.

Auch der andere Teil des Volkes oder Stammes der Sugambrer, der, den die Römer umgesiedelt hatten und später Cugerner nannten, dürfte, wie erwähnt, als Anführer Personen aus der „heiligen Familie" gehabt haben. Die Cugerner lebten unauffällig und friedlich im Hinterland der großen römischen Stadt Colonia Ulpia Traiana (CUT) am Niederrhein und der verschiedenen kleineren Kastelle, die am Rhein-Limes die römische Verteidigungsfront bildeten. In den dichten Wäldern rechts und links des Stromes hatten die Umgesiedelten ihre kleinen Dörfer auf Lichtungen angelegt. Vermutlich hat nur sehr selten ein Römer diese Orte betreten, wenn sie auch formell der Verwaltung des Reiches unterstanden.

Nicht weit weg von der Stadt CUT auf der r e c h t e n Rheinseite finden sich noch heute kleine Weiler oder Höfe, die vielleicht wie im Sauerland den Hof des Fürsten des d o r t i g e n Volksteils als Inhaber von „Hofämtern" umgaben.

Aufstände gegen die Römer haben die Cugerner offenbar nie mehr versucht. Ihre Aufgabe war es, die römischen Soldaten und Zivilisten dort mit Lebensmitteln und anderen benötigten Waren zu versehen. Das brachte etwas Geld in die abgelegenen Siedlungen. Denn die Kastelle und die Großstadt CUT hätten ohne diese regelmäßigen Lebensmittellieferungen aus der Nachbarschaft kaum versorgt werden können.

Die folgenden Behauptungen sind genauso nur Vermutungen wie die etwa des Historiker Ewig, wie sie auf S. 104 zitiert wurden. Aber sie haben nach den obigen und den weiteren Erklärungen bedeutend mehr Plausibilität für sich.

Der sarmatische Prinz Genebaud könnte viele Jahre lang mit seiner Familie und ganz wenigen Abhängigen als Gefolgsmann beim Fürsten der linksrheinischen Sugambrer / Cugerner gelebt haben. Vorher hatte er sich wohl etwas weiter rheinaufwärts zusammen mit seinen Vettern einige Kämpfe mit den Römern geliefert. Vielleicht hatte er, der sich am besten mit Pferden auskannte, so etwas wie das Amt des „Marschalls", des „Pferdebetreuers" und Befehlshaber der kleinen Reitertruppe am winzigen „Hof" des Stammesfürsten errungen. Denn warum soll nicht auch dieser Brauch der „Hofhaltung" mit herausgehobenen Gefolgsleuten bei den umgesiedelten Sugambrern am Niederrhein fortgeführt worden sein wie im Sauerland ?

Wenn es so war, dann haben die beiden Adligen, der sugambrische Fürst und der sarmatische Fürstensohn sicher mit Erstaunen festgestellt, dass ihre Völkernamen praktisch gleich waren: Sugambrer und Sycambrer, auch wenn sie sich wohl kaum haben erklären können, woran das lag.

Die folgende Behauptung ist eine Schlussfolgerung aus dem mysteriösen Auftauchen einer „sugambrischen Erbin Argotta" im Stammbaum der Merowinger-Vorfahren. Der Fürst der Sugambrer im Hinterland der römischen Stadt CUT (seinen Namen kennt man nicht) hatte keinen Sohn, nur eine Tochter als einziges Kind. Er musste sie unbedingt mit einem möglichst angesehenen Adligen eines anderen Stammes verheiraten, wenn ihm daran lag, das uralte Götterheil in seiner Familie zu bewahren. Da kam der sarmatische Fürstensohn Genebaud gerade recht, oder besser dessen Sohn Faramund, der inzwischen das heiratsfähige Alter erreicht haben dürfte.

Für Faramund und dessen Familie wiederum war diese Heirat ebenfalls sehr nützlich. Er konnte sich zwar einer sehr alten adligen Abstammung rühmen und hätte das notfalls sogar beweisen können, auf der alten Kuhhaut seiner Fürstensippe war sie ja verzeichnet (s. S. 41). Aber von einer besonderen Heiligkeit war bei ihr keine Rede. Das konnte nun anders werden, denn alle Beteiligten wussten, dass die Heiligkeit von den F r a u e n aus der sugambrischen Fürstenfamilie an ihre Kinder weitergegeben wurde. Dazu bedurfte es keiner Kenntnisse über menschliche DNA und die Mendelschen Erbgesetze.

Der Sohn Faramunds und der Prinzessin Argotta hieß nach der fränkischen Königsliste Chlodio. Er soll seine Herrschaft etwa im Jahr 424 angetreten haben, das lässt darauf schließen, dass er weit vor dem Jahr 419 geboren worden war. Und offenbar zeigte sich bei ihm schon, als er erwachsen geworden war, das heilige Zeichen des Gottes Frô, die „Eberhaut" auf dem Rücken. Aber nicht nur er trug dieses „göttliche Zeichen", sondern offenbar alle seine männlichen Nachkommen (siehe oben S. 11).

Auch lange blonde Locken – die stets ungeschoren bleiben mussten ! – wurden diesem König von allen frühmittelalterlichen Quellen bescheinigt, Doch dieses zweite Zeichen von „Heiligkeit" hatte erst mit der Hochzeit dieses Chlodio zu tun, siehe dazu Genaueres im Kapitel II. 10.

Bei genauer und unvoreingenommener Betrachtung der vielen Indizien, die in diesem Kapitel zusammengetragen worden sind, spricht also sehr viel dafür, dass es eine Verbindung zwischen den so verschiedenen Adelshäusern mit gleichem Namen gegeben haben kann. Der Zufall hatte sie zusammen geführt, aber aus der Verbindung erwuchs eine Herrscherfamilie von außerordentlicher historischer Bedeutung.

7. Die Flucht aus Thüringen

Der Aufenthalt der sarmatischen Familien, die einst aus Sycambria an der Donau geflüchtet waren, in Thüringen kann nicht sehr lange gedauert haben. Und er endete, wie deutlich zu erschließen ist, erneut mit einer Flucht.

Wie bereits oben kurz angedeutet (S. 106) dürften die Bedingungen nicht besonders günstig für die Sycambrier gewesen sein, die ihnen von den Anführern der Thüringer bei der Ansiedlung etwa im Jahr 476 gestellt worden waren. Aber aus der Schwäche der Niederlage und der Flucht heraus war dem sycambrischen Draco-Kommandeur und Fürsten seiner Leute nichts anderes übrig geblieben, als darauf einzugehen.

Die verstreute Ansiedlung der Sarmaten in einzelnen Gruppen hinderte sie auch, ihre sonst so gefürchtete Kampfkraft als schwere Panzerreiter in Einsatz zu bringen. Vor allem war die damals vereinbarte Geiselhaft aller Jugendlichen ein äußerst wirksames Mittel, etwaige Aufstandsversuche der eingewanderten Pferdehirten gar nicht erst aufkeimen zu lassen. Welche Familie war schon bereit, das Leben ihrer Kinder in Gefahr zu bringen ? Die heranwachsenden Jungen und Mädchen wurden von den Familien der Thüringer, in denen sie leben mussten, als Sklaven behandelt, allerdings mit der Aussicht, nach Vollendung des 18. Lebensjahres wieder freigelassen zu werden. Doch die Behandlung, die diese Geiseln dort erlitten, dürfte die stolzen Sarmaten vielfach zu wütenden, aber natürlich vergeblichen Protesten veranlasst haben.

Auch die dritte Bedingung für die Ansiedlung der Sarmaten in Thüringen, die jährliche Abgabe von Zuchtrindern und Zuchthengsten, bot wahrscheinlich häufig Anlass zu Streit. Über die Jahre steigerte sich bei allen verstreuten sarmatischen Schwurgemeinschaften in Thüringen die Wut über die Thüringer und die Überzeugung, dass es so nicht mehr lange weiter gehen könne.

Vermutlich war es ein Fürst mit Namen Dagobert, der in dieser kritischen Zeit noch immer der Befehlshaber der Sycambrier war, obwohl er nicht viel zu befehlen hatte. Aber als Verantwortlicher für seine Leute und als erfahrener hoher Offizier hatte er sicher bereits heimlich Vorbereitungen dafür getroffen, dass alle seine Gruppen auf ein gegebenes Zeichen zur Flucht aufbrechen könnten, so heimlich, aber auch so wehrhaft wie möglich.

Irgendwann war dann der erwartete Funke aufgeflammt. Vermutlich war es irgendeine Untat, die ein thüringischer Dorfhäuptling gegenüber seiner Geisel, einem jungen Mädchen aus einer sarmatischen Adelsfamilie, begangen hatte. Der Vater dieses Mädchens hatte die Schmach gerächt, die Antwort der Thüringer darauf war dann ein allgemeines Morden an den sarmatischen Geiseln gewesen.

Die Behauptungen auf dieser Seite des Buches ergeben sich aus dem Nachdenken über mögliche konkrete Folgen einer Ansiedlung der sarmatischen Flüchtlinge in einem Land, in dem ein anderes Volk die Macht und die Überzahl der Menschen für sich hatte. Aber sie haben auch noch einen „schriftlichen Kronzeugen" in Gestalt des Historikers Gregor von Tours.

In seinem berühmten Kapitel über die „Wanderung der Franken" (Buch II, Kap. 9) berichtet Gregor bekanntlich, dieses Volk sei *„vom Rhein nach Thüringen"* gezogen – mehr nicht, und das war falsch, wenigstens in der genannten Reihenfolge. Aber an einer ganz anderen Stelle seine „Zehn Bücher Geschichte" (Buch II, Kap. 7) beschreibt er den Krieg, den König Chlodwigs Söhne Theuderich und Chlothachar im Jahr 531 führten, um das Land der Thüringer (in Mitteldeutschland) zu erobern.

Bischof Gregor hält es nicht für nötig, irgendwelche Gründe anzuführen, w a r u m die Frankenkönige das viele hundert Kilometer von der fränkischen Hauptstadt Paris entfernte Thüringen erobern wollten – außer irgendwelchem Streit mit den dortigen Königen. Jedoch „zitiert" er eine Rede, mit der die Frankenköige

– wohlgemerkt im Jahr 531 ! – ihre Krieger zum Kampf gegen die Thüringer aufstacheln wollten: Da heißt es wörtlich:

„Erinnert euch daran, wie die Thüringer einst über unsere Väter mit Gewalt hervorbrachen und ihnen viel Leid zufügten, da diese ihnen doch Geiseln stellen und Frieden mit ihnen machen wollten. Aber jene töteten die Geiseln, brachen herein über eure Väter, nahmen ihnen alle Habe, hingen die Knaben mit den Sehnen der Schenkel an die Bäume und ließen mehr als zweihundert Mädchen eines grausamen Todes sterben. ... " Die von Gregor so wörtlich wiedergegebene Rede des Königs Theuderich fügt noch blutrünstige Einzelheiten hinzu, wie die Thüringer angeblich die Mädchen quälten.

Natürlich war der Bischof Gregor nicht dabei, als der Frankenkönig diese angebliche Rede hielt (7 Jahre vor Gregors Geburt!), natürlich gab es während dieser Schlacht zwischen Franken und Thüringern niemanden, der diese Rede hätte schriftlich aufzeichnen können. Das heißt, natürlich konnte der Bischof gut 50 Jahre später, als er sein Buch schrieb, diese „Geschichte" nur m ü n d l i c h von fränkischen Erzählern erfahren haben, die ihm damit von einem Vorgang berichteten, der gut zwei Generationen zurücklag, als G r e g o r von ihm erfuhr und ihn aufschrieb, der aber in Wirklichkeit an Ereignisse von vor fast zweihundert Jahre erinnerte.

Doch dieses Informationsbruchstückchen ist so lebendig und so plausibel wie einige Kapitel im Liber Historiae Francorum über die erste Flucht der Sycambrier. Selbst darin ist es plausibel, dass es die Ursache des Vorgehens der Thüringer verschweigt und auch die Folge, nämlich die erneute Flucht der Sarmaten. In dem „Heldenlied", das die Geschichte der Sycambrier und ihrer Wanderungen beschreibt, und von dem Gregor wahrscheinlich einen kurzen Ausschnitt wiedergibt, mussten in einem solchen Fall die eigenen Verluste übertrieben werden, um die schimpfliche Tatsache der Flucht als unvermeidlich hinzustellen.

Aber dieses „Heldenlied-Bruchstück" belegt zugleich, dass im Jahr 531 der Kern des „fränkischen" Heeres immer noch von sarmatischen Kriegern und Adligen gebildet wurde, deren Großväter und Urgroßväter 150 Jahre zuvor zum Draco der Sycambrier gehört hatten, die die Flucht von der Donau nach Thüringen miterlebt hatten. Und dieses „Mosaiksteinchen" macht gleichzeitig deutlich, wie die sarmatische Adelsschicht es fertig gebracht hat, rein mündlich eine lebendige Erinnerung an die eigene Vergangenheit wach zu halten.

Es ist merkwürdig, dass die Geschichtswissenschaft bei ihren Bemühungen, der „fränkischen Wandersage" nachzuspüren, offenbar nie dieser Gregor-Stelle irgendwelche Aufmerksamkeit geschenkt hat. Sie passte ja auch nicht in das Bild, dass die „Franken" Germanen vom Niederrhein gewesen sein mussten.

8. In einem Ort namens „Troja"

Wenn man versucht, sich die Verhältnisse der Zeit konkret vorzustellen, dann darf man wohl mit einer gewissen Bewunderung vermuten, dass die Flucht der Sicambrier aus Thüringen recht geordnet und ohne weitere Verluste vor sich gegangen ist. Denn die Kampfkraft der Krieger des Draco muss danach immer noch beachtlich gewesen sein. Allerdings der Verlust aller Jungen und Mädchen im Alter zwischen 12 und 18 Jahren wog für einen „Volkskörper" schwer, der insgesamt nicht mehr als 3000 Menschen gezählt haben kann.

Den Fluchtweg für die Sicambrier schrieb ihnen mehr oder weniger die Geographie vor: nach Westen, an den Rhein. Alle drei frühmittelalterlichen Quellen zur „fränkischen Wandersage" erwähnen das ja auch, nur hat man das nie geglaubt. „Sie besetzten mit ihren Kindern und Frauen die Ufer des Rheins", schreibt der Chronist Fredegar. „Nicht weit vom Rhein versuchten sie eine Stadt zu bauen, die sie des Andenkens wegen Troja nannten. Das Werk wurde zwar begonnen, blieb aber unvollendet."

Die Geschichtsforschung hat häufig diesen Ort als die spätere Stadt Xanten am Niederrhein identifiziert. Eugen Ewig stellte fest: „Mit der civitas ad instar Trogiis nomini (dieser Autor übersetzte als sorgfältiger Historiker alter Schule seine Zitate nie) ist unzweifelhaft die Colonia Ulpia Traiana gemeint, die als Ruinenstätte seit dem späten 4. Jahrhundert das Bild eines opus imperfectum bot und als Troja in der um 500 von dem Goten Athanarid verfassten Beschreibung der Francia Rinensis verzeichnet ist."[61]

---

[61]   E. Ewig, Troja und die Franken , S. 7

Wenn man die reale historische Lage am Niederrhein am Beginn des 5. Jahrhunderts genauer zu erfassen sucht, gewinnt der Ort als Station einer vorübergehenden Ansiedlung der Sicambrier erheblich an Glaubwürdigkeit. Tatsächlich hatte dort eine Stadt gelegen, die als Gründung des Kaisers Trajan (98 – 117) den Namen „Colonia Ulpia Traiana" (CUT) erhielt. Sie

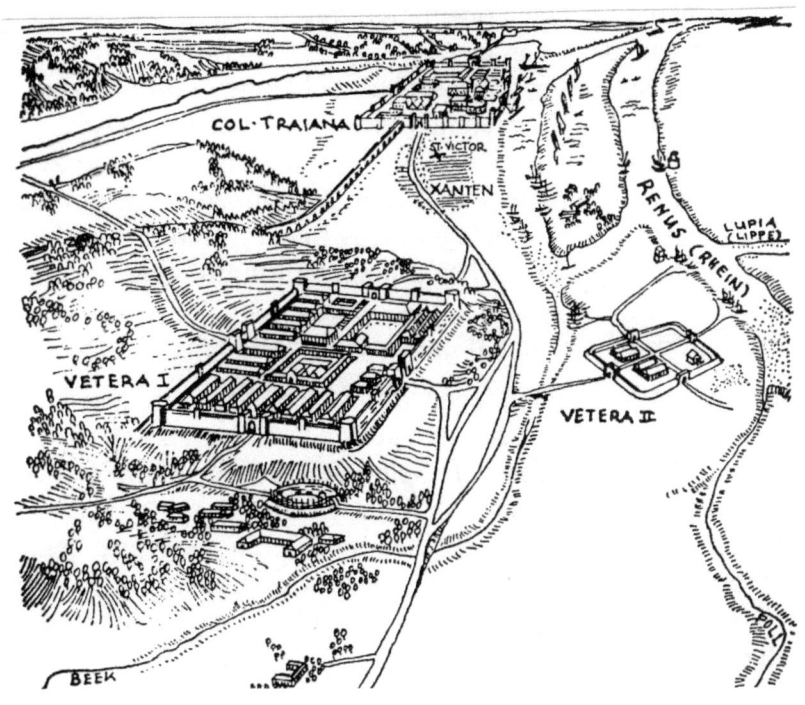

Der Siedlungsraum um Xanten, Vetera I bis 70 n. Chr., die CUT ab 110 n. Chr., Vetera II mindestens bis 500 n. Chr. (nach einer Darstellung des Rheinischen Landesmuseums Bonn)

entwickelte sich rasch zu einer der größten römischen Zivilstädte nördlich der Alpen, wurde aber bei den Franken(!)-Einfällen um 260 weitgehend zerstört. Später errichtete man innerhalb des weiten Areals von Ruinen ein kleines Militärkastell, das nach der Legion, die es lange Zeit belegt hatte, „Tricesima" (die Dreißigste) hieß. Auch dieses Kastell verfiel wohl noch im Laufe des 4. Jahrhunderts wieder [62].

Doch nur 2,5 Kilometer südöstlich davon lagen am Ende des 4. Jahrhunderts noch die Ruinen eines weiteren Kastells, das man in der archäologischen Forschung „Vetera II" nennt. Es war der Nachfolgerbau des sehr großen Lagers Vetera (I), das einst die Nachschubbasis aller römischen Feldzüge von Drusus bis Germanicus in den Jahrzehnten um die Zeitwende gewesen war. Beim Batáver-Aufstand im Jahr 70 n. Chr. war es zerstört worden. Es hatte auf einem Hügel gegenüber der Einmündung der Lippe in den Rhein gelegen. Das Lager Vetera II wurde dann wohl im Anfang des 2. Jahrhunderts unmittelbar am Rhein errichtet, genau gegenüber der damaligen Lippe-Mündung [63] (heute liegt diese einige Kilometer weiter südlich).

Die Lage der verschiedenen römischen Ansiedlungen und der heutigen Stadt Xanten lässt sich aus der Zeichnung auf S. 126 gut erkennen. Dadurch, dass sich die mittelalterliche Stadt Xanten auf freiem Feld und nicht auf den Ruinen der benachbarten römischen Stadt CUT entwickelte, sind deren Überreste heute für die Archäologie ein Glücksfall, da die Colonia Ulpia Traiana die einzige größere römische Stadt ist, über der keine modernen Bauten stehen.

Um zu erklären, warum dieser Ort um das Jahr 398 wahrscheinlich zum Ziel der Flucht des sicambrischen Draco aus Thüringen

---

[62]   Werner Böcking, *Der Niederrhein zur römischen Zeit – Archäologische Ausgrabung in Xanten*, Kleve 1999
[63]   Werner Böcking, a.a.O. S. 147 ff.

wurde, muss die politisch-militärische Lage am Rhein für das Römische Reich zu dieser Zeit erläutert werden. Das Reiterregiment fand dort nämlich erneut Aufnahme als Söldner in der römische Armee.

Der Hunnensturm aus den Jahren nach 375 hatte indirekte Auswirkungen auf das gesamte Römische Reich. Für das Westreich erwies sich der Einzug der Westgoten erst auf die Balkanhalbinsel, dann nach Italien als besonders bedrohlich. Um die Hauptstadt Rom zu schützen, hatte der römische Heermeister Stilicho im Jahr 398 den Abzug der meisten Legionen aus Gallien und Britannien nach Italien befohlen. Damit waren alle Provinzen im Reichsteil Gallien (dazu gehörten neben dem heutigen Frankreich auch Britannien, Germanien, Spanien und Portugal) von kampfkräftigen Militäreinheiten entblößt. Der Überfall von Vandalen, Sueben und Alanen im Jahr 407 auf Gallien zeigte, was das für diese Provinzen bedeutete.

Daher müssen damals alle römischen Militärbefehlshaber dort verzweifelt auf der Suche nach kampfkräftigen Hilfstruppen gewesen sein, um ihre Verteidigung neu organisieren zu können. Die zeitgenössischen römischen Schriftquellen, soweit sie heute noch vorliegen, enthalten zwar nichts dazu, doch ist diese Schlussfolgerung völlig logisch.

Nur sehr indirekt gibt es einen Hinweis, doch wenn man den genau betrachtet, erschließt er sogar das Jahr, in dem der Draco der Sicambrier wieder als Reiter-Ala (Regiment) in römische Dienste trat. Der spätrömische Dichter Claudian erwähnte in einem „Panegyricus" zu Ehren des Kaisers Honorius die „Sugambrer": *„Vor unserem Feldherrn* (Stilicho) *breiteten die Sugambrer ihren blonden Haarschopf hin, und die Franken, bittflehend mit ängstlichem Murmeln, warfen sich zu Boden..."* [64].

---

[64] Claudianus, *Panegyricus de IV cons. Honorii*

Um beurteilen zu können, was hinter diesem Satz steckt, muss man etwas über den Dichter Claudian (* ca. 375, + 408 ?) wissen. Er war ein Günstling des römischen Reichsfeldherrn Stilicho und, wie man heute vielleicht sagen würde, dessen „Medien-Promoter". Er lebte in dessen Haus in der damaligen weströmischen Hauptstadt, erst in Mailand, später in Ravenna an der Adria. Diese Stadt war seit 404 Sitz des weströmischen Kaisers und damit zugleich des militärischen Hauptquartiers für das Westreich. Gewissermaßen am Esstisch seines Mäzens erfuhr er die neuesten Berichte über militärische Ereignisse an allen Fronten. Doch als „Dichter" verarbeitete er sie nur in für den heutigen Geschmack unerträglichen Lobeshymnen auf seinen Mäzen und dessen Herrn, den Kaiser Honorius. Diese so genannten Panegyriken stellen leider für eine gewisse Geschichtsperiode fast unsere einzigen Informationsquellen über politische und militärische Vorgänge im Römerreich dar.

Das erwähnte Lobgedicht (auf das 4. Konsulat des Kaisers Honorius) stammt aus dem Jahr 398, und zum ersten Mal seit 400 Jahren taucht darin in der antiken Literatur plötzlich der Name Sugambrer wieder auf, wie fleißige Forscher ermittelt haben. War das der alte germanische Stamm am Rhein - - oder nicht viel eher die Söldnereinheit der S(y)icambrier, die in diesem Jahr in einem Kastell dem römischen Befehlshaber am Rhein-Limes ihre Dienste angeboten hatte ? Die Schreibweise für diesen Namen hat zu allen Zeiten immer wieder geschwankt.

Claudian hatte, wie erwähnt, besten Zugang zu allen militärischen Nachrichten, die sich im Hauptquartier seines Mäzens Stilicho sammelten. Selbstverständlich war die Meldung über die neue Söldnereinheit auf schnellstem Weg an das kaiserliche Hauptquartier übermittelt worden. Außer dem Namen wird der in Ägypten gebürtige Grieche Claudian allerdings nicht viel über diese Leute gewusst haben, und er interessierte sich vermutlich auch nicht weiter dafür.

Aus dem Satz des Claudian kann man erschließen, wenn man die absurden Übertreibungen für den fürstlichen Auftraggeber seines Gedichts auf normales Maß reduziert, dass für die Militärbefehlshaber Westroms damals „Franken" und „Sugambrer" (Sicambrier?) verschiedene Truppen waren, die aber beide dem Kaiser ihre Treue geschworen hatten. „Franken", das waren vermutlich zu der Zeit germanische Söldner, wie sie in Nordgallien ja zahlreich nachzuweisen sind. Ähnliche Andeutungen macht Claudian noch in einigen weiteren „Preisgedichten". Die weströmische Militärführung unterschied danach sehr wohl zwischen „Sicambriern", „Franken" und „Saliern", von denen Truppen in römischem Sold standen, wenigstens galt das offenbar bis zum Jahr 408. In diesem Jahr ließ der Kaiser Honorius seinen langjährigen Vertrauten und Schwiegersohn Stilicho wegen angeblichen Verrats hinrichten, und dessen Freund, den Preislied-Verfasser Claudian, wahrscheinlich gleich mit.

Wie aber kam der sarmatische Draco der Sicambrier aus Thüringen gerade nach Xanten? Zwei Erklärungen bieten sich dafür an, die sich nicht einmal widersprechen müssen. Einmal dürfte man bei allen Stämmen der Germania Magna in diesem Jahr 498 sehr gut gewusst haben, dass die römischen Kampftruppen aus dem Gebiet westlich des Rheins abgezogen waren und die dortigen Militärbefehlshaber gleichzeitig allen germanischen Kriegern die verlockendsten Versprechungen machten, wenn sie sich zu Militärdiensten am Rhein-Limes melden würden.

Doch der Fürst des Draco im Land der Thüringer hatte ja noch eine andere Verbindung gerade zum Niederrhein. Vermutlich hieß er inzwischen schon Genebaud. Dieser hatte ja lange am Hof des sugambrischen Fürsten irgendwo im Hinterland der einstigen Stadt CUT gelebt, war nach dem kinderlosen Tod seines Bruders Dagobert aber zurückgerufen worden, um den Befehl über den Draco und die Herrschaft über den kleinen Volkskörper in Thüringen zu übernehmen (siehe S. 118). Sein Sohn Faramund lebte wahrscheinlich immer noch am Rhein, als Schwiegersohn des dortigen Fürsten.

Diese Sugambrer waren ja keine Feinde Roms, sondern formal Untertanen des Reiches, Handelspartner der Militärbehörden und natürlich über alle örtlich wichtigen Vorgänge wohl informiert. Vielleicht kam eine Botschaft vom eigenen Sohn Faramund an Genebaud, gerade als die Situation in Thüringen sich zuspitzte und der vielleicht schon lange heimlich vorbereitete Auszug der Sarmaten vor sich gehen sollte.

War die Entscheidung schwer für die Sicambrier? In Thüringen wären sie angesichts der Überzahl der Einheimischen über kurz oder lang alle vernichtet worden; am Rhein wurden sie als hochgeachtete Soldaten mit offenen Armen begrüßt. Von der einstigen Flucht aus ihrem Kastell an der Donau und den Gründen dafür werden die Militärkommandanten am Rhein nichts gewusst haben, und wenn doch, dann war es ihnen vermutlich völlig gleichgültig, wenn sie nur eine kampfkräftige sarmatische Reitereinheit auf den Dienst für das Römische Reich verpflichten konnten.

Das Kastell an der Lippe-Mündung („Vetera II") war um 398 wahrscheinlich auch in Ruinen zerfallen. Aber seine Lage war von einer überragenden strategischen und wirtschaftlichen Bedeutung. Denn eine kampfkräftige Truppe, die dort stationiert war, konnte den gesamten Schiffsverkehr zwischen Nordsee und Köln und Mainz sowie aus dem Inneren Germaniens auf der Lippe kontrollieren.

Dass wir heute keine schriftlichen Berichte über den vermutlich bis ins 5. Jahrhundert lebhaften Schiffsverkehr auf dem Rhein besitzen, ist ja kein Beweis dafür, dass es ihn nicht gegeben haben kann. Der Rhein war zwar Jahrhunderte lang die Grenze des Römischen Reichs, aber zugleich seine wichtigste Handelsstraße im Nordosten Galliens. Vom Kastell Vetera (II) aus konnte auch ein Angriff von Germanen auf den Limes auf dem bequemen Weg über das Lippe-Tal von einer kräftigen Garnison zumindest aufgehalten werden.

Eine Neu- oder Wiederbesetzung dieses Stützpunktes durch eine Truppe in römischem Sold war daher für die römischen Militärbehörden eine strategisch außerordentlich wichtige Maßnahme. Vielleicht wurde den Sicambriern als Ersatz für den Sold versprochen, dass sie den üblichen Durchfahrtzoll von den regelmäßig kontrollierten Handelsschiffen erheben und behalten durften. Wahrscheinlich mussten sie erst wieder die verfallenen Gebäude des Lagers aufbauen, um darin wohnen zu können: *„Sie versuchten eine Stadt zu bauen..."*

Dass das Kastell Vetera II so völlig aus dem Blickfeld der Archäologen und auch der Historiker geriet, liegt daran, dass der Rhein im 13. Jahrhundert plötzlich seinen Lauf änderte, eine Schlinge bildete und den Ort mit etlichen Metern Wasser überflutete. Das hat sich b i s h e u t e nicht geändert. Genauere archäologische Untersuchungen sind dort nicht möglich [65]. Das Dorf, das im unmittelbaren Umkreis der römischen Festungen entstand, heißt Birten, die Herleitung dieses Namens aus „Vetera" ist sprachgeschichtlich leicht zu erklären.

In den Ruinen der zerstörten Stadt CUT müssen auch etliche Generationen später einige „Römer" gelebt und die Gräber christlicher Märtyrer verehrt haben [66]. Aus der provisorischen Ortsbezeichnung „ad sanctos martyrum" wurde im Mittelalter der Name Xanten. Von diesen Nachbarn, aber natürlich auch von ihren germanischen Nachbarn, den Sugambrern, haben die Leute vom Draco der Sicambrier den Namen der einstigen Stadt Colonia

---

[65] W. Böcking, a.a. O. S. 153

[66] W. Böcking, a.a.O., S. 236; hier wird darauf verwiesen, dass Gregor von Tours in seinem Buch über das Leben der Märtyrer (um 590) von der Beisetzung eines Märtyrers Mallusius in „Bertunia" (Vetera = Birten) berichtet hat, der Ort muss also im 6. Jahrhundert noch weit bekannt gewesen sein.

Ulpia Traiana erfahren; sie machten daraus den einfacher auszusprechenden Namen „Troja", wahrscheinlich auch schon die wenigen Einwohner dieser Ruinenstadt selbst.

Sicher hatten weder die Soldaten der neuen Garnison noch die alten Bewohner eine Ahnung, welche historische Bedeutung dieser Ortsname hatte, auch noch unter den ganz wenigen gebildeten Römern, aber der Name war leicht auszusprechen und zu merken.

Es ist schon erstaunlich, wie genau die Mosaiksteinchen zusammenpassen, wenn man nur bereit ist, andere Argumente zu akzeptieren als die Überzeugung, die alten Berichte über die „fränkische Wandersage" seien „Lügenmärchen". Ein Autor aus Xanten hat eine ausführliche Untersuchung der vielen Hinweise aus dem Mittelalter auf einen angeblichen Aufenthalt von „Franken" in Xanten angestellt, allerdings ausschließlich unter der Voraussetzung, dass diese Germanen vom Niederrhein waren und ebenso ausschließlich nach den herkömmlichen Regeln der historischen Quellenbetrachtung [67]. Von den hier beigebrachten Indizien und Informationen hat er nichts gewusst und benutzt nicht einmal das Wort „Vetera II" oder erwähnt dieses im Rhein untergegangene Kastell.

Auch in diesem Ort namens „Troja" dauerte der Aufenthalt des Draco der Sicambrier nicht lange, aus Gründen, die im folgenden Kapitel erklärt werden.

Doch in diese vielleicht gerade einmal 15 Jahre muss das Ereignis gefallen sein, von dem Gregor von Tours so mysteriös berichtet: *„Damals soll Chlogio, ein tüchtiger und vornehmer Mann unter seinem Volke, König der Franken gewesen sein und zu Dispargum im Lande der Thüringer Hof gehalten haben..."* Das Liber formuliert ähnlich: *„König Chlogio, der in der Region*

---

[67] Eugen Gerritz, *Troia sive Xantum – Beiträge zur Geschichte einer niederrheinischen Stadt*, Xanten 1964

Germaniens der Toringer wohnte..." Fredegar schreibt: *„Dem Richimer ... folgte in der Herrschaft sein Sohn Chlodio, der in der Festung Esbargum im Gebiet der Thoringer residierte..."*

Aus diesen und anderen Bemerkungen haben manche Historiker geschlossen, es habe n e b e n dem Hauptreich der Thüringer in Mitteldeutschland in der Spätantike noch ein „west-thüringisches Reich" oder „linksrheinisches Thüringerreich" gegeben. Lange Zeit war diese Meinung unter den Geschichtsforschern sogar ziemlich einhellig [68].

Doch dieser Annahme hat vor wenigen Jahren die Historikerin Grahn-Hoeck widersprochen und erklärt, alle dafür herangezogenen Argumente fänden *„in den Aussagen der zeitnahen Quellen nicht nur keine Bestätigung, sondern werden von ihnen widerlegt. Alle ... Quellenaussagen können daher für die Thüringer des o s t rheinischen Reiches in Anspruch genommen werden"* [69].

Die Forscherin ging – wie alle ihre Vorgänger – als selbstverständlich davon aus, das von Gregor angegebene „Ursprungsland Pannonien" für die „Franken" sei f a l s c h . Sie hat diese Denkvoraussetzung nicht näher überprüft und kam daher zu falschen Ergebnissen. Ihr waren auch die Forschungen des Archäologen Christoph Reichmann unbekannt, des Leiters des Museums Burg Linn in Krefeld.

Dieser hatte behauptet, t h ü r i n g i s c h e Hilfstruppen der Römer hätten etwa ab 408 den wichtigen Abschnitt des Nieder-

---

[68] Eine Zusammenstellung dieser zahlreichen Forschungen bietet H. Grahn-Hoeck (s. Anm. 69), die wichtigsten hier im Auszug: H. W.Lippert, *Beiträge zur ältesten Geschichte der Thüringer*, in: Zeitschr. d. Vereins für thüringische Geschichte NF 3 (1883), S. 224-316; Ludwig Schmidt, *Geschichte der deutschen Stämme ... Die Westgermanen*, Nachdruck 1970, S. 322 f. .

[69] Heike Grahn-Hoeck, *Gab es vor 531 ein linksrheinisches Thüringerreich ?* In: Zeitschr. d. Vereins f. thüringische Landesgeschichte, Bd. 55 (2001), S. 55

rheins gegenüber den Haupteinfallspforten von Lippe und Ruhr *„gegen die ihnen gegenübersitzenden Franken"* verteidigt. Als Belege dafür führt er u. a. Scherbenfunde mitteldeutscher Herkunft im rechtsrheinischen D u i s b u r g an, sowie „thüringische" Grabfunde vor den Toren der linksrheinischen römischen Festung Gelduba (Krefeld-Gellep) [70].

Erläuternd führte Reichmann aus, Stilicho (der römische Magister militum) habe nach dem Abzug des Bewegungsheeres aus Gallien den „Franken" einen Gegner geliefert, *„mit dem sie schwerer umgehen konnten als mit den regulären Truppen zuvor, denn er setzte keine Franken als Foederaten ein, sondern seine Landsleute* (Stilicho war vandalischer Herkunft) *und deren Nachbarn, also Ost- und Elbgermanen. Genannt werden Burgunder, T h ü r i n g e r , Warnen und Heruler. In unserem Abschnitt (Gellep) standen anscheinend die Thüringer. "*

Der Archäologe äußert damit die gleiche Vermutung, die in diesem Buch (S. 127) ausgesprochen wurde: dass nämlich in den Jahren unmittelbar nach 398 die römischen Militärbehörden am Rhein-Limes alle Anstrengungen unternahmen, um germanische oder andere Hilfstruppen anzuwerben. Tatsächlich existieren Spuren aller von Reichmann genannten Gruppen links des Niederrheins, doch ist es nicht Aufgabe d i e s e s Buches, sie näher zu behandeln.

Jede nicht ganz kleine Gefolgschaft von Kriegern, die in diesen Zeiten in römische Dienste trat, brachte ihre Familien mit, genau wie die Sarmaten des Draco aus Sicambria. Die Römer behandelten eine solche Einheit im späten 4. Jahrhundert als „Foederati", nicht als römische Untertanen, wie früher die Söldner, die einzeln in den Militärdienst traten. Sondern sie galten als „verbündetes Volk", dessen Anführer zugleich römischer Offizier wurde.

---

[70] Christoph Reichmann, in P.Dahms (Hrsg.), *Meerbusch – die Geschichte der Stadt und der Altgemeinde*, Meerbusch 1991, S. 53 f.

Solche „Völker" gründeten damit i h r e r Vorstellung ein eigenes „Reich", auch wenn es sich nur um wenige hundert Menschen und um ein „Herrschaftsgebiet" von nur wenigen Quadratkilometern handelte. Anders darf man auch die Behauptung von einem „linksrheinischen Thüringerreich" nicht auffassen.

Warum sollen nicht ein paar hundert thüringische Krieger mit ihren Familien dem verlockenden Ruf der Römer an den Rhein gefolgt sein, genau wie die Leute aus Sicambria, allerdings ein paar Jahre später ? Auch die anderen genannten germanischen Gruppen werden nicht viel größer gewesen sein.

Deutsche Historiker, die früher ein solches linksrheinisches Thüringer-Reich für möglich hielten, haben den von Gregor genannten Ort Dispargum in verschiedenen Regionen gesucht, unter anderem in dem Dorf Duisburg bei Brüssel. Auch die heutige rheinische Großstadt Duisburg an der Einmündung der Ruhr in den Rhein war in Betracht gezogen worden, schied aber fast immer wegen der „nicht passenden Lage" aus. Die neuen archäologischen Belege machen nun gerade diesen letzteren Ort sehr plausibel. Entweder war das heute r e c h t s rheinisch liegende römische Kleinkastell bewusst über den Grenzfluss Rhein vorgeschoben, oder aber der Fluss hat dort, wie auch an zahlreichen anderen Stellen, inzwischen seinen Lauf erheblich verändert.

Der Archäologe Reichmann vermutete also eine thüringische Foederaten-Einheit um das Jahr 408 in Duisburg am Rhein sowie im nur wenige Kilometer entfernten linksrheinischen Gelduba. Genau zur gleichen Zeit, in der gleichen Art und zum gleichen Zweck war aber auch der sarmatische Draco der Sicambrier von den Römern eingesetzt, nämlich im Kastell Vetera, nur 30 Kilometer stromabwärts von Duisburg. Hier wird die Strategie der römischen Armeeführung am Niederrhein in dieser Epoche etwas klarer, wenn man die aufgefundenen Mosaiksteinchen ganz verschiedener Herkunft zusammensetzt, obwohl keine herkömmlichen schriftlichen Quellen existieren.

Wenn man annimmt, dass dieses „Dispargum", also das rheinische Duisburg, damals Sitz des Befehlshabers der thüringischen Foederaten war, musste man es nach der Ausdrucksweise der Zeit als „das Land der Thüringer" bezeichnen. Das Rätsel mit dem „König Chlogio" ist vielleicht gar nicht so schwierig zu lösen. Der König Chlogio, der bei Gregor zweimal erscheint und sonst als der Vater des Merowech genannt wird, passt zeitlich nicht als der „Chlogio", der zeitweise in Duisburg residierte, wenigstens nicht nach der hier angenommenen Ableitung.

Aber darf es denn unter den Vorfahren der Merowinger-Könige nur e i n e n   Mann dieses Namens gegeben haben ? Viel wahrscheinlicher ist, dass der Name zu einer gewissen Zeit in der Familie der sicambrischen Fürsten beliebt war und verschiedenen männlichen Nachkommen gegeben wurde. Vielleicht war es ein jüngerer Bruder des sicambrischen Fürsten, der diesen Namen trug und gleichzeitig als römischer Offizier Stellvertreter im Befehl über den römischen Draco war.

Lässt es sich nicht denken, dass ein römischer Befehl diesen Mann als vorübergehenden Befehlshaber der benachbarten Foederaten aus Thüringen in Dispargum einsetzte, weil dort im Augenblick kein geeigneter Offizier verfügbar war ? Die frühere Feindschaft zwischen Sarmaten und Thüringer muss sich ja nicht zwangsläufig auf alle Angehörigen der beiden Völker bezogen haben.

Vielleicht erschien ein solcher ehrenvoller Befehl den Sarmaten von Sicambria als so bedeutsam, dass er in ihrer mündlichen Überlieferung viele Generationen überdauerte; auch dies ist eine nicht unwahrscheinliche Annahme.

Das spätere Schicksal der Thüringer vom Niederrhein wird in den nächsten Kapiteln dieses Buches noch mehrmals erwähnt werden. Es blieb mit dem Schicksal der Könige aus der Fürstenfamilie der Sicambrier eng verwoben.

9.   Die Versetzung nach Fanum Martis

Das erste Jahrzehnt des 5. Jahrhunderts brachte für das Weströmische Reich zahlreiche Erschütterungen, die es an den Rand des Zusammenbruchs führten. Das Heer der Westgoten fiel, von der nördlichen Balkanhalbinsel her kommend, in Italien ein, durchzog es von Norden nach Süden und wieder zurück und eroberte und plünderte im Jahr 410, gewissermaßen im Vorbeigehen, die Stadt Rom. Danach wandte sich dieser Heerhaufen unter germanischer Führung nach dem südlichen Frankreich, der Provence.

Hier in Frankreich und Spanien war die Lage noch unübersichtlicher. Zu Beginn des Jahres 407 hatte eine große Zahl von Vandalen, Sueben und Alanen den Rhein überschritten, zahlreiche Städte geplündert, war dann nach Spanien weiter gezogen und hatte dort eine vorübergehende Herrschaft errichtet: (V-)Andalusien.

Ab der Mitte 407 hatte ein römischer General namens Konstantinus (mit Konstantin dem Großen nicht verwandt) in Gallien die Macht ergriffen und beanspruchte den Kaiserpurpur. Gegen ihn putschte wiederum im Jahr 411 ein reicher Senator aus Gallien namens Jovinus; erst 413 endete dessen „Kaisermacht". Beide nicht als legitim anerkannte Kaiser müssen sich in den wenigen Jahren ihrer regional begrenzten Macht sehr bemüht haben, einen neuen Einfall von Barbaren ins Reich über den Rhein-Limes zu verhindern. Das Werben um germanische Foederaten-Truppen dürfte unter ihrer Regentschaft unverändert weiter gegangen sein, und vorhandene Hilfstruppen wurden sicher auf diese neuen Kaiser vereidigt.

Die Historiker des Römischen Reiches haben von diesen Usurpatoren wenig Notiz genommen, da der legitime Kaiser Honorius sie alle überlebte, im Wesentlichen durch „Aussitzen" in seiner Hauptstadt Ravenna, die wegen ihrer Lage zwischen Sümpfen und dem Meer praktisch nicht erobert werden konnte. Doch für manche Vorgänge in den römischen Provinzen Germaniens hatten gerade diese Jahre eine hohe Bedeutung [71].

Als im Herbst 413 der letzte dieser Usurpatoren, Jovinus, seine Herrschaft und sein Leben auf dem Schafott beendet hatte, müssen sich Beauftragte des legitimen Kaisers in Ravenna sofort auf den Weg gemacht haben, um die Truppen am Rhein-Limes zu inspizieren und die Strategie der Verteidigung dort neu zu ordnen.

Wahrscheinlich hatte der neue Magister Militum des Kaisers Honorius, der erfolgreiche General Constantius (im Jahr 421 wurde er selbst kurzfristig Kaiser), entschieden, die gefährdeten Außenposten am Niederrhein aufzugeben und eine neue Verteidigungslinie weiter rückwärts aufzubauen.

Dieser neue „Limes" scheint im Wesentlichen dem Lauf der mittleren Maas gefolgt zu sein, sollte aber auch die wenig nördlich davon verlaufende wichtige Römerstraße Köln - Bavais schützen. Zahlreiche römische Kleinkastelle (sog. „Burgi") sind wohl in dieser Zeit dort errichtet worden. Sie wurden offenbar mit germanischen Söldnern („Franken") besetzt, von denen sich später zahlreiche archäologische Spuren fanden.

Im Zuge dieser neuen Verteidigungsstrategie muss offenbar der Draco der Sicambrier im Kastell Vetera am Rhein im Jahr 414 (oder bereits Ende 413 ?) den Befehl erhalten haben, gut 200 Kilometer nach Südwesten zu marschieren und im Lager Fanum Martis in der Provinz Belgica Secunda Quartier zu nehmen.

---

[71] Erstmalig im deutschen historischen Schrifttum wurde die Zeit des „Kaisers" Jovinus genauer untersucht, in: Dietrich-von-Bern-Forum (Hrsg.), *Das Geheimnis von Mündt,* Bonn 2007, hier ging es vor allem auch um den Nachweis, dass das sog. 1. Burgunder-Reich nicht bei Worms lag, sondern südwestlich von Köln im Rheinland.

Ein ähnlicher Befehl betraf offenbar das thüringische Kontingent. Es wurde ebenfalls nach Belgien versetzt, in die Region gleich östlich des Kohlenwaldes, zum Schutz der dort verlaufenden Römerstraße Köln-Bavai. Ortsnamen, die an den vorübergehenden Aufenthalt von Thüringern in diesem Gebiet erinnern, sind noch heute zu finden: Tourinne-la Grosse, Tourinne-St. Lambert, Thorembais-St. Trond, Thorembais –Béguines, alle südlich von Löwen/Louvain in der belgischen Provinz Brabant.

Wahrscheinlich betraf der Rückzugsbefehl noch andere Söldnereinheiten am Rhein-Limes, doch haben sich dafür noch keine konkreten Anzeichen finden lassen. Möglicherweise wollte der nun vom Kaiser Honorius ernannte Magister Militum per Galliarum (Militärbefehlshaber im Reichsteil Gallien) auch die barbarischen Einheiten besser unter Kontrolle halten; immerhin hatten sie ja vermutlich nacheinander den beiden „Kaiser-Usurpatoren" Konstantinus und Jovinus einen Treueid geleistet.

Der Name des Kastells Fanum Martis („Heiligtum des Gottes Mars") ist nicht in der „Notitia Dignitatum" verzeichnet. Dieses „Staatshandbuch" des späten weströmischen Reiches ist ein Glücksfall für die Geschichtswissenschaft, denn es enthält zahlreiche, auch bebilderte Angaben über Staatsinstanzen und Heereseinheiten vor allem aus dem 4. Jahrhundert, ist aber nicht vollständig erhalten, selbst der erhaltene Teil stammt aus verschiedenen Jahren.

Doch der Ortsname „Fanum Martis" erscheint in einer Karte, die in den 90er Jahren des 20. Jahrhunderts durch Zusammenarbeit von Historikern und Archäologen über das spätrömische Verteidigungssystem im Nordosten Galliens entstand (S. 141). Dort haben die Urheber dieser Karte den Sitz eines „Praefectus Sarmatorum" eingezeichnet.

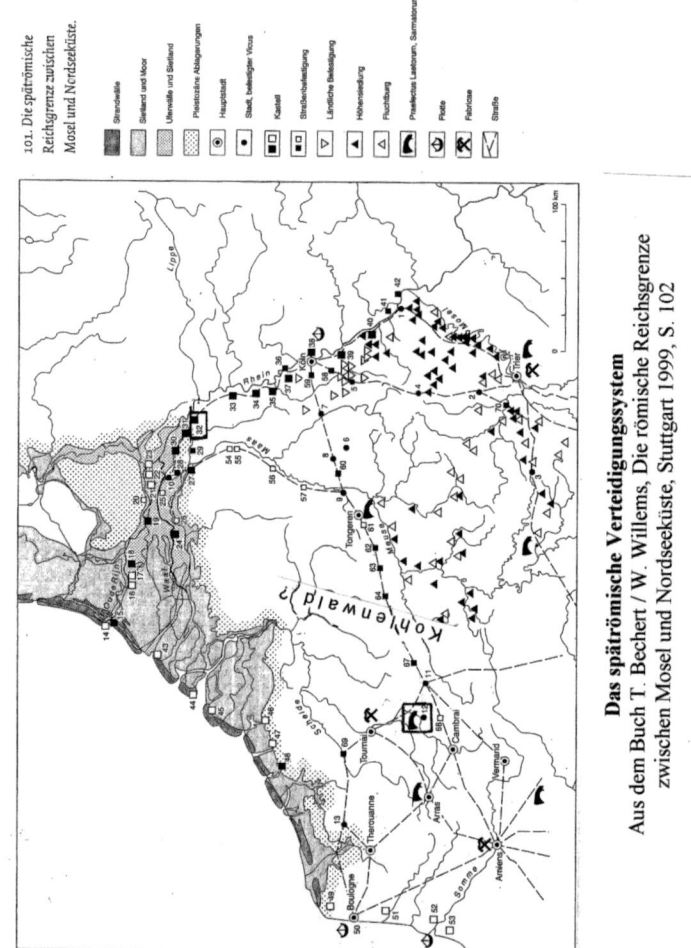

101. Die spätrömische Reichsgrenze zwischen Mosel und Nordseeküste.

Das spätrömische Verteidigungssystem

Aus dem Buch T. Bechert / W. Willems, Die römische Reichsgrenze zwischen Mosel und Nordseeküste, Stuttgart 1999, S. 102

12 Famars (Fanum Martis) = Sitz eines Praefectus Sarmatorum

32 Xanten (Tricesimae). Das Kastell Vetera II wird auch hier nicht beachtet, obwohl es um das Jahr 400 bestimmt noch vorhanden war.

Nebenbei läst diese Karte gut erkennen, wie im 5. Jahrhundert der Limes als Verteidigungslinie zurückverlegt wurde: Nur noch die wichtige Verbindungsstraße von Köln über Cambrai bis Boulogne am Ärmelkanal war durch zahlreiche Kastelle gesichert, die nördlichen Teile der Provinzen Germania II und Belgica II offenbar aufgegeben.

Das römische Kastell Fanum Martis – oder vielmehr der Ort, der dort später entstand – heißt heute Famars und ist ein Dorf in der Nähe von Valenciennes in Nordfrankreich in der Nähe der belgischen Grenze, nicht weit vom Fluss Schelde. Es liegt ziemlich genau in der Mitte zwischen den Städten Tournai in Belgien und Cambrai in Nordfrankreich, von beiden etwa 30 Kilometer entfernt. Beide Städte sollten später in der Geschichte der Vorfahren des „fränkischen" Königs Chlodwig eine wichtige Rolle spielen.

Als Sitz eines Regiments schwerer sarmatischer Panzerreiter, noch immer einer Elitetruppe im römischen Heer, war der Ort strategisch gut gewählt: Die Reiter konnten sowohl nach Osten wie nach Westen, nach Norden wie nach Süden ohne Zeitverzug in Marsch gesetzt werden und bei Gefahren in kurzer Zeit eingreifen. Nicht weit östlich des Lagers begann der dichte „Kohlenwald" (Silva carbonaria, eigentlich Köhlerwald), der das heutige Belgien einst von Norden nach Süden durchzog und eine deutliche Siedlungsgrenze bildete. Nur die schnurgerade durch ihn hindurch gebaute Römerstraße nach Köln ermöglichte es Menschen, das 20 – 25 Kilometer breite Walddickicht zu durchqueren.

Hier waren offenbar die Sarmaten aus Sicambria an der Stelle angekommen, von der aus die späteren „Frankenkönige" ihren auch von Historikern anerkannten Ausgang nahmen. Da der Name dieses Kastells aber in keiner der drei frühmittelalterlichen „Quellenschriften" auftaucht, hat sich bisher kein einziger Historiker damit beschäftigt. Auch die strategischen Überlegungen der weströmischen Militärführung für den Norden Galliens hat kein spätantiker Historiker eines Wortes gewürdigt. Also haben sie für die moderne Geschichtsforschung nicht existiert, obwohl die zahlreichen angeführten Indizien sehr deutlich machen, dass sie so gelautet haben müsscn – mit den Folgen auch für das sarmatische Regiment der Sicambrier.

10. Eine Hochzeit mit ungeahnten Folgen

Sehr bald nach der Ankunft des sarmatischen Draco der Sicambrier im Kastell Fanum Martis in der Provinz Belgica Secunda muss sich etwas ereignet haben, was für die Fürstenfamilie dieser Gruppe unerwartete Folgen haben sollte, ja was direkt oder indirekt offenbar bis heute wirkt: Der junge Prinz Chlodio (Chlogio) heiratete eine Tochter aus einer vornehmen jüdischen Familie in Südgallien, einer Familie, die von sich behauptete, Nachkommen des jüdischen Messias Jesus zu sein. Man nannte diese Leute auch „Desposyni" („Erben des Herrn").

Diese h e u t e völlig unglaubliche Behauptung muss vor 1500 Jahren im gesamten Römischen Reich bei gewissen Bevölkerungskreisen weit verbreiteten Glauben gefunden haben. Der Leser d i e s e s Buches wird dazu in den beiden folgenden Kapitel Näheres erfahren.

Hier, im Bericht über das Schicksal des sarmatischen Reiterregiments im 5. Jahrhundert, muss zunächst einmal davon ausgegangen werden, dass diese Annahme damals weithin Glauben fand. Zahlreiche Vorgänge in den folgenden Jahrzehnten jenes Jahrhunderts wären ohne diese Annahme nicht erklärbar.

Weil keine alten Quellen dazu existieren – warum, das wird später dargestellt (siehe Kap. II. 22) - müssen Anstrengungen des eigenen Kopfes Erklärungen dafür liefern, wie es wohl zu dieser folgenschweren Hochzeit gekommen sein könnte.

In der Provinz Belgica Secunda war der sarmatische Draco zwar nicht im Zentrum Galliens angekommen, aber immerhin in einer Gegend, die in weitaus engerem Kontakt mit den „zivilisierteren" Regionen des Römischen Reiches stand als das abgelegene Kastell Vetera am Niederrhein.. Hier dürften die Anführer als

Gerücht – oder als im Untergrund verbreitete und allgemein geglaubte Information – gehört haben, dass es im südlichen Teil Galliens jüdische Adelsfamilien gab, die von sich behaupteten, Nachkommen Jesu zu sein. Sie wurden als „Fischerkönige" oder „Desposyni" bezeichnet.

Diese Eigenschaft musste zwar vor den Behörden des Römischen Reiches, den Staatsbeamten und den Bischöfen der katholischen Kirche, streng geheim gehalten werden. Schließlich war im Römischen Reich das Christentum schon seit mehr als einem Jahrhundert „Staatsreligion". Doch in Wahrheit muss man vermuten, dass die meisten Menschen in ihren Köpfen noch „Heiden" waren. Auch die Sarmaten gehörten zu diesem Personenkreis, sie hatten trotz ihres langen Kontakts mit den Römern bisher nicht daran gedacht, Christen zu werden.

Vielleicht erschien es dem damaligen Anführer des Draco, Genebaud, gerade besonders attraktiv, durch eine Einheirat in eine solche Familie für seine eigenen Nachkommen etwas von deren „Zauberkraft" zu erwerben, zusätzlich zu der, die seinem Enkel Chlodio durch die Ehe von dessen Vater Faramund mit einer sugambrischen Erbprinzessin bereits zugewachsen war (siehe S. 118 f.)

Denn um Zauberkraft und angebliche magische Fähigkeiten ging es damals wohl ausschließlich. Die komplizierten theologischen Probleme, die mit einer „Nachkommenschaft Jesu" für den christlichen Glauben verbunden waren, werden den Menschen von damals und erst recht den Sarmaten völlig unverständlich geblieben sein. Die Macht des Zaubers, die den Erben Jesu nachgesagt wurde, scheint nach dem Glauben der Zeit in deren langen, ungeschnittenen Haaren ihren Sitz gehabt zu haben. Schon Jesus soll wie einst Samson (Simson) der uralten jüdischen Gemeinschaft der Nazoräer angehört haben, in dem das Schneiden der Haupthaare verboten war (siehe dazu Kap. II.12).

144

Es ist eine Tatsache, dass Chlodio als erster der späteren mero-wingischen Königsfamilie mehrfach in alten Quellen als „rex crinitus", als „König mit dem langen Lockenhaar" bezeichnet wurde. Mehreren Männern aus dieser Familie wurden im 6. und 7. Jahrhundert die Haare geschoren, um sie für die Ausübung des Königsamtes unfähig zu machen - - woher mag dieser seltsame Brauch stammen ?

Dem jüdischen Vater der Braut, einem der „Despoyni", wird die Aussicht verlockend erschienen sein, durch die Verheiratung sei-ner Tochter mit einem „Heiden" vielleicht ein ganzes Volk zum Übertritt zu seinem Glauben gewinnen zu können, auch wenn der im längst christlich gewordenen Römischen Reich nur unter strikter Geheimhaltung praktiziert werden konnte und das „Volk" wirklich nur sehr klein war. Nach einer allerdings nicht verlässli-chen Angabe im Internet [72] soll er Boaz geheißen haben.

Hochzeiten zwischen Königs- oder hohen Adelsfamilien verschiedener Völker, die im Römischen Reich und gleich jenseits von dessen Grenzen lebten, waren zu der Zeit völlig normal, auch wenn hunderte oder tausende von Meilen Entfernung zwischen den Wohngebieten lagen. Boten und Abgesandte sorgten für die Anbahnung solcher „Fernheiraten" und den sicheren „Transport" der meist jungen Bräute. Die Sarmaten und vor allem ihre Fürstenfamilie konnten sich eine Heirat außerhalb des Adelsstandes nicht vorstellen, aber die Ehe mit einer f r e m d e n Adligen galt gewiss nicht als „Rassenschande". In diesem Fall muss man sich allerdings vorstellen, dass das Werben um eine fremde Prinzessin und die Eheschließung unter strikter Geheimhaltung vollzogen werden musste.

---

[72] http//:**wikipedia**.org/wiki/Boaz_ben_Frimutel

So dürfte sich der junge Prinz Chlodio, der Spross der ersten „heiligen Ehe" in der sicambrischen Fürstenfamilie, schon im Jahr 414 von Nordgallien aus „incognito" aufgemacht haben, um im Süden des Landes die vornehme jüdische Familie zu finden, in der angeblich eine heiratsfähige Prinzessin als „Nachfahrin des Messias Jesus" existierte. Das scheint ihm gelungen zu sein, denn nach den sonst zu ermittelnden Lebensdaten muss der Sohn Merowech aus dieser Ehe bereits im Jahr 415 geboren worden sein.

Die alten Geschichtswerke über die frühen Franken 150 oder 200 Jahre später geben dieser Geburt des Merowech einen mysteriösen Anstrich. Gregor schreibt mehr als distanziert: *„Aus seinem Stamm* (Chlodios), *behaupten einige, sei der König Merowech entsprossen, dessen Sohn Childerich war. "*

Und Fredegar erzählt wie eine Legende, Chlodios Frau sei bei beim Baden im Meer von einem „Meerungeheuer" angefallen und geschwängert worden. Die Folge sei dann der spätere König Merowech gewesen (Volltext siehe Kap. I.3, S. 15). Die Gründe für diese Zurückhaltung oder bewusste Fehlinformation bei späteren (christlichen) Historikern werden in Kapitel II. 22 näher behandelt.

Zwei weitere Söhne Chlodios, deren Namen unbekannt sind (und auch noch Töchter ?) gingen vermutlich aus dieser Ehe hervor. Die Söhne wurden wahrscheinlich Begründer von zwei merowingischen Nebenlinien in Cambrai (lat. Cameracum) und möglicherweise Arras (Atrebatum). Knapp hundert Jahre später hat König Chlodwig die Nachkommen auf sehr gewaltsame Wiese beseitigt, wie Gregor von Tours berichtete, leider ohne nähere Einzelheiten dazu [73].

Doch noch etwas mehr lässt sich beim Zusammentragen von Mosaiksteinchen über diesen Prinzen Chlodio ermitteln. Denn

---

[73]   Gregor von Tours, Buch II, Kap. 41 und 42

vermutlich war Merowech gar nicht sein erster Sohn, und die Heirat mit der jüdischen „Jesus-Erbin" Frimutel war nicht seine erste Ehe. Eine kurze Ehe mit einer germanischen Adligen „aus dem Norden" – aus Skandinavien ? – dürfte ihr vorausgegangen sein, noch während des Aufenthalts des Draco am Niederrhein. Eine gewisse „Sigse" taucht geheimnisvoll in der Völsungensage auf, und das könnte sich möglicherweise darauf beziehen. Sie könnte dem noch sehr jungen Prinzen Chlodio einen Sohn Sigimer geschenkt haben, aber bald danach gestorben sein. Jedenfalls kann eigentlich nur ein solcher Vorgang die nordisch klingenden Namen wie Sigibert, Sigismer und andere in späteren Merowinger-Generationen erklären. Dafür sprechen die Namengebungs-Traditionen des frühen Mittelalters.

Auch dieser älteste Sohn Chlodios könnte nach einer Vermutung historisch noch eine wichtige Rolle gespielt haben – in Köln (siehe dazu Kap. II.13)..

11. „Nachkommen des Messias" und die christliche Kirche

Dieses und das nächste Kapitel müssen die gewissermaßen chronologische Folge des Berichts über die sarmatische Fürstenfamilie unterbrechen, die bald zu den „Merowinger-Königen" werden sollte. Doch damit der Leser im 21. Jahrhundert versteht, was im 5. und 6. Jahrhundert nach Christi Geburt mit dieser Familie vor sich ging, ist ein kurzer Exkurs über die Entstehungsgeschichte des C h r i s t e n t u m s notwendig. Dabei geht es allerdings nicht um theologische Fragen, sondern um h i s t o r i - s c h e .

Zugleich muss die Warnung ausgesprochen werden, dass – wie so oft in diesem Buch – nur V e r m u t u n g e n vorgetragen werden können, denn anerkannte B e w e i s e fehlen. Aber für diese Vermutungen sprechen auch hier zahlreiche Indizien und logische Schlussfolgerungen.

Ausgangspunkt dieser Vermutungen ist, dass schon wenige Tage nach dem Tod Jesu am Kreuz in Jerusalem zu Ostern des Jahres 30 (?) nach seiner Geburt Auseinandersetzungen zwischen zwei verschiedenen Gruppierungen seiner Anhänger ausgebrochen sein müssen.

Eine dieser beiden Gruppen waren die von Jesus selbst ausgewählten A p o s t e l , unter denen Petrus besonders hervorragte.

Aber eine zweite Gruppe muss die F a m i l i e Jesu gewesen sein, seine Mutter und seine Geschwister. Jesu Bruder Jakob war auch einer der Apostel. Dass Jesus nicht nur eine Mutter Maria, sondern auch Geschwister hatte, geht aus den Evangelien des Neuen Testaments hervor [74].

---

[74] Matthäus Kap. 12, Vers 46

„Nur" eine Legende ist es allerdings, ob Jesus mit der in den Evangelien so oft erwähnten Maria Magdalena verheiratet gewesen war und mit ihr Kinder hatte.

Diese Betrachtung hat nicht den Zweck, in den Forschungsbereich von Theologen und Leben-Jesu-Forschern einzugreifen und in Konkurrenz zu solchen Wissenschaftlern um Beweise zu ringen, ob Maria Magdalena tatsächlich Jesu Gemahlin war. Es kann hier nur in einer Kurzdarstellung darum gehen, plausibel zu machen, dass zumindest in den ersten Jahrhunderten nach der Entstehung des Christentums ein entsprechender G l a u b e im gesamten Römischen Reich weit verbreitet war und seinen Niederschlag gefunden hat.

Zahlreiche, sich hartnäckig haltende Legenden verbinden Maria Magdalena mit Südfrankreich: Hierher sei sie mit einigen Begleitern nach Jesu Tod gekommen und habe bis zu ihrem Tod als Eremitin in einer Höhle auf einem Berg in der Nähe von Marseille gelebt. Insofern war Gallien der wichtigste Ort, wo sich der Glaube halten konnte, sie sei Jesu Gemahlin gewesen und habe seine Kinder nach Südfrankreich mitgebracht. Hier, in Südgallien, hatten sich auch schon seit der Zeit des Kaisers Augustus wohlhabende Juden niedergelassen und eine beachtliche jüdische Kolonie gebildet, fernab von den Religionsstreitigkeiten in Jerusalem.

Maria Magdalena war für die christliche Kirche ein theologisches Problem, ganz unabhängig von den Folgen, die eine Existenz von legitimen Kindern und leiblichen Erben Jesu für die Bischöfe, die Amtsnachfolger der Apostel, bedeutete. Das hat mit der Art der Verehrung des Religionsgründers zu tun, die der Apostel Paulus aus den Lehren Jesu gemacht hat. Nach Ansicht zahlreicher moderner Theologen ist Paulus der eigentliche Gründer der christlichen Kirche, wie wir sie heute kennen.

Diese theologischen Fragen können hier nur in äußerster Kürze gestreift werden, damit ein heutiger - und nicht theologisch gebildeter – Leser die Zusammenhänge versteht.

Für die Juden zu Jesu Lebzeiten war dieser ein „Messias", ein von Gott gesandter Mensch, der sie von der Not ihrer Zeit erlösen würde. Paulus machte aus Jesus den „Christus" und den Sohn Gottes, der *„zur Rechten Gottes sitzt, von dannen er kommen wird, zu richten die Lebendigen und die Toten"*. Diese Formulierung im christlichen Glaubensbekenntnis wurde allerdings erst mit dem Konzil von Nicäa 325 für alle Christen verpflichtend,

Messias (hebräisch) und Christos (griechisch) heißen zwar beide „der Gesalbte (Gottes)", haben aber in den beiden Religionen völlig verschiedene Bedeutung. Für Juden ist die Erklärung eines sterblichen Menschen zu einem Gott nichts anderes als Gotteslästerung (Blasphemie). Doch für Paulus war Jesus der Sohn Gottes, und ein solcher konnte nicht verheiratet gewesen sein und Kinder gehabt haben. Außerdem hatten nach seiner Ansicht Frauen in der Kirche nichts zu sagen. Die große geistige Rolle, die Maria Magdalena im Kreis der Apostel Jesu gespielt haben muss, widersprach also extrem den Ansichten der offiziellen christlichen Kirche, wie sie seit Paulus gelehrt wurden.

Angesichts der großen Verehrung, die Maria Magdalena noch im frühen Mittelalter in der christlichen Bevölkerung genoss, war es der offiziellen Theologie nicht möglich, sie völlig totzuschweigen. Aber bereits Papst Gregor der Große erklärte sie im Jahr 591 für die „Sünderin", die im Neuen Testament erwähnt wurde. Der Ruf einer Prostituierten hat Maria Magdalena seitdem angehangen, auch wenn die katholische Kirche sich in jüngster Zeit davon distanziert hat.

Das vorübergehende – oder lange anhaltende ? – Ringen dieser beiden Gruppierungen, der Apostel und der Familie, um ihre Rolle bei der Steuerung der zahlreichen Verehrer des in Palästina so beliebten Jesus war keine theologische oder geistliche Frage, sondern ein zutiefst menschliches Problem: eine Machtfrage.

In der jüdischen Gesellschaft zur Lebenszeit Jesu spielte das Erbrecht eine sehr wichtige Rolle. Jeder Jude gehörte durch seine Abstammung zu einem der (ursprünglich 12) alten Stämme des „Volkes Israel", und auch Jesus selbst leitete einen großen Teil seines Einflusses daraus ab, dass er *„vom Hause und Geschlechte Davids* war". Nach jüdischem Erbrecht musste ein Sohn Jesu von Maria Magdalena einst der Anführer der Menschen sein, die den Gedanken des Messias folgten, und solange er noch minderjährig war, musste Jesu Bruder Jakob diesen Rang einnehmen.

Doch das hätten die Apostel nicht hinnehmen können. Im Gegensatz zu vielen anderen Meinungsverschiedenheiten im Lager der frühen Christen muss die „Machtfrage" gleich nach Jesu Kreuzigung umkämpft gewesen sein. Sie wurde, wie man weiß, im Sinne der Apostel entschieden. Erst daraus entstand das feste Gebilde der „katholischen" (allumfassenden) Kirche. Die Apostel und später die Bischöfe als deren legitime Nachfolger konnten nicht zulassen, dass ihnen eine Menschengruppe die Macht über die entstehende Kirche aus der Hand nahm, nämlich die leiblichen Erben Jesu, die sie nicht kontrollieren konnten.

Aus einer ganz ähnliche Situation ergab sich übrigens einige Jahrhunderte später nach dem Tod Mohammeds ein erbitterter Konflikt zwischen dem Kreis der V e r t r a u t e n des Propheten und seinen leiblichen N a c h k o m m e n . Er führte zu blutigen Schlachten und zu Hass bis heute und dauernder Trennung der Anhänger des I s l a m in Sunniten und Schiiten. Auch hier geht es nicht um theologische Fragen, sondern um die „Macht".

12. Nazoräer und Desposyni

Die beiden Begriffe in der Überschrift dürften in der ersten Zeit nach Jesu Tod eine große Rolle unter seinen Anhängern (und auch Gegnern) gespielt haben. Heute sind sie praktisch unbekannt.

Der Begriff „Nazoräer" hat drei Bedeutungen, die zwar alle irgendwie mit Jesus zu tun haben, sich aber nach den Vokalen unterscheiden, die zwischen den Konsonanten N – z – r eingesetzt werden können. Das ist eine Folge der Eigenart der hebräischen S c h r i f t , in der Vokale nicht geschrieben werden, sondern je nach Zusammenhang zwischen den Konsonanten gesprochen werden müssen.

„N a z i r" war schon zu Moses Zeiten ein besonders frommer Jude, der sich durch einen besonderen Eid Gott geweiht hatte. Ihm waren dann der Genuss von Rauschmitteln verboten sowie das Abschneiden von Haupt- und Barthaaren [75]. Der berühmte altisraelische Held Samson (Simson) gehörte dazu, aber auch Jesus [76]. Offenbar gab es so etwas wie einen jüdischen „Orden" mit diesem Namen.

Es gibt sogar – dies sei mehr der Kuriosität halber erwähnt – h e u t e eine Sekte, die sich „Gesellschaft für nazoräisches Urchristentum" nennt und ihren Sitz in Stuttgart-Möhringen hat. Sie behauptet, Jesus sei verfolgt und hingerichtet worden, w e i l

---

[75] Erwähnt wird dies im Alten Testament, Buch Numeri (IV. Buch Mose), Kap. 6, Vers 1 - 21

[76] Auch Luther nahm das an, nach einer Randglosse zum IV. Buch Mose, Kap. 6, In: Die ganze heilige Schrifft Deutsch, Wittenberg 1545, Ausgabe München 1972.

er ein Nazoräer war, und die heutigen Angehörigen der Sekte seien die wahren Nachfolger Jesu.

Die langen, ungeschnittenen Haare der Nazoräer (Mehrzahl von „Nazir") waren offenbar ein wichtiger Teil ihres Geheimnisses und Sitz ihrer magischen Kraft. Dem altjüdischen Helden Samson schoren seine Feinde, die Philister, die langen Haare, um ihn seiner Kraft zu berauben, als sie ihn gefangen hatten. Jesus wird auf allen Abbildungen mit langen Haaren dargestellt. Und offenbar war die Mitgliedschaft in diesem Orden der Nazoräer erblich, und damit auch die Verpflichtung, sich die Haare nicht schneiden zu lassen.

„N a z a r e n e r" oder „der Mann aus Nazareth", so heißt Jesus im Neuen Testament, allerdings nur in der katholischen Version. Dabei entstand der Ort Nazareth in Galiläa, woher Jesus angeblich stammen solle, nach Forschungen von Archäologen in jüngerer Zeit erst im 1. oder 2. Jahrhundert n a c h Christi Geburt.

„N a z o r ä e r" war aber offenbar auch der erste Name der Anhänger Jesu, ehe der Name Christen dafür aufkam [77]. Als dann die neue Religion d i e s e n Namen erhielt, hatte sich der Gegensatz zwischen den Gefolgsleuten der Desposyni und den „Christen" (nach den Lehren des Paulus) schon so verschärft, dass die ersteren eine eigene Bezeichnung brauchten. So scheint der Begriff Nazoräer auf diese übergegangen zu sein [78].

Eine Sekte des Christentums waren diese Nazoräer gewiss nicht, eher eine solche des J u d e n t u m s. Doch dürfte auch diese Sonderentwicklung von den offiziellen Instanzen der jüdischen Religion bald verfolgt worden sein. Angesichts der rigoro-

---

[77] Johannes Lehmann, *Das Geheimnis des Rabbi J. – Was die Urchristen versteckten, verfälschten und vertuschten.* Hamburg/Zürich 1995, S. 282 ff.-

[78] Weddig Fricke, - *Person und Prozess des Jesus von Galiläa,* Reinbek b. Hamburg 1988, S. 101

sen Vernichtung fast aller Informationen darüber durch die katholische Kirche (dazu siehe gleich) lässt sich nur wenig vermuten, wie die praktizierte Religion dieser Glaubensrichtung ausgesehen haben mag. Einige menschenfreundliche Lehren des Messias Jesus wurden vielleicht in Predigten verkündet, wie sie etwa in der Bergpredigt des Neuen Testaments ihren Niederschlag gefunden haben. Ferner ist es denkbar, dass ein gemeinsames Mahl zum Gedächtnis des Todes dieses heiligen Mannes gefeiert wurde, der aber auf keinen Fall „Gottes Sohn" geworden war.

Die „geborenen" Anführer dieser jüdischen Sekte waren die Menschen, die von sich behaupteten, legitime N a c h k o m - m e n des Messias Jesus zu sein. In der griechischen Umgangssprache im Osten des Römerreiches nannte man sie „Desposyni" („Erben des Herrn") oder auch „Fischerkönige". In der Spätantike und im Frühmittelalter hatten sie möglicherweise gar nicht so wenige Anhänger. Insbesondere als sich zeigte, dass die Erlösung der Menschen von allen Übeln, wie sie die Priester des C h r i s t e n t u m s verkündeten, erst irgendwann nach dem Tod stattfinden werde, werden manche „Christen" zu den Nazoräern übergewechselt sein.

Selbstverständlich war, dass diese Religion nur im Untergrund und unter striktester Geheimhaltung praktiziert werden konnte. In Gallien, insbesondere im Süden des Landes mit seiner recht großen jüdischen Bevölkerungsgruppe, dürfte diese Sekte der Nazoräer jedoch recht weit verbreitet gewesen sein.

Menschen, die sich als „Desposyni" fühlten, wurden zu Anfang des Römischen Kaiserreichs ebenso verfolgt wie die Christen. Später, seit der Zeit Konstantins des Großen, wurden sie erst recht verfolgt, weil, wie erwähnt, ihre Existenz die Grundlagen der nun offiziell gewordenen christlichen Kirche bedrohte.

Die Kirche in Form ihrer Bischöfe musste auch alles tun, um jede schriftliche Erwähnung dieser gefährlichen Menschen zu unterdrücken. Bei einer späteren Abspaltung, dem sogenannten

„Arianismus" (benannt nach einem Bischof Arius, etwa ab 318) ist es der Kirche gelungen, diese völlig auszurotten, allerdings erst nach einem Kampf über mehrere Jahrhunderte, und auch alle schriftlichen Erinnerungen daran zu vernichten. Dabei haben einst s ä m t l i c h e   germanischen Könige, die in der Völkerwanderungszeit Herren im einstigen Römischen Reich waren, dieser christlichen Glaubensrichtung angehört, und die arianischen Bischöfe haben sicher auch viel Schriftliches hinterlassen gehabt. Doch nur der Name wurde noch erinnert.

Die N a z o r ä e r und ihre Oberhäupter, die Desposyni, waren für die offizielle christliche Kirche, die „katholische", noch gefährlicher. Hier ist es offenbar der Kirche gelungen, jede Andeutung dazu in schriftlicher Form, sei es in den Evangelien des Neuen Testaments, sei es in späterem Schrifttum, zu löschen und auch den Namen (fast völlig) vergessen zu machen.

Dennoch ist die Existenz von Desposyni wenigstens in den ersten Jahrhunderten nach Christus durch verschiedene alte Zeugnisse nachgewiesen. Sie werden sich im Laufe der Zeit in viele Familien aufgeteilt und über das Gebiet des einstigen Römischen Reiches verstreut haben. Für Gallien lässt sch vermuten, dass es solche Desposyni-Familien unter den zahlreichen Juden gab, die sich im Süden (Provence) seit langer Zeit niedergelassen hatten. Hier sollte ja auch Maria Magdalena bis zu ihrem Tod gelebt haben.

Bischof Eusebius von Caesarea (ca. 280 – 340) zitiert in seinem Werk „*Historia ecclesiae"* einige frühe christliche Autoren, wonach es in den ersten Jahrhunderten nach der Zeitenwende Menschen gegeben haben muss, die den Anspruch erhoben, von Jesus abzustammen.

So erwähnt Eusebius u.a. aus einer Chronik eines Julius Africanus (3. Jahrhundert), die Nachkommen Jesu hätten sich bitter über die Diener des Herodes beklagt (es ist nicht klar, welcher der verschiedenen Könige dieses Namens gemeint ist, sie waren

Herren über Teile Palästinas vom Roms Gnaden). Diese hätten nämlich sämtliche Genealogien des jüdischen Adels und damit alle Beweise vernichtet, mit denen sie, die Nachkommen Jesu, ihre (theoretischen) Ansprüche auf den Thron in Jerusalem hätten untermauern können. Dieses Zitat muss sich auf eine Zeit kurz nach der Mitte des 1. Jahrhunderts beziehen, die Kreuzigung wird allgemein auf die Zeit um 30 n. Chr. angesetzt., Nach dem großen Aufstand der Juden gegen Rom (66 – 70) seien dennoch Nachkommen „durch die Welt gezogen" und hätten Stammtafeln im Gepäck gehabt, die der Vernichtung entgangen seien.. Diese Nachkommen hätten den Namen „Desposyni" getragen.

Ein weiteres Zitat stammt aus einem modernen Buch [79] über die Geschichte der Kirche, von einem irischen Jesuiten Malachi Martin (1921 – 1999), der u. a. Sekretär des Kurienkardinals Bea und Professor am Päpstlichen Bibelinstitut in Rom war, aber 1965 mit päpstlichem Dispens aus dem Jesuitenorden ausschied und zahlreiche Bücher geschrieben hat, die manche offizielle Lehren der Kirche in Frage stellen. Er wurde daher zu Lebzeiten von kirchlicher Seite befehdet. Dennoch ist nicht anzunehmen, dass der Theologe und ausgewiesene Kenner der Kirchengeschichte diese Erwähnung frei erfunden hat. Allerdings erwähnt er keine Quelle dafür.

Im Jahr 318 habe ein Gespräch zwischen dem damaligen Bischof von Rom, Sylvester (I.) und einer Abordnung von Judenchristen stattgefunden, die sich als Erben von Jesu Blut bezeichneten und sich Desposyni nannten. Sie setzten sich dafür ein, dass die christliche Kirche ihren Hauptsitz in Jerusalem haben müsse und nicht in Rom. Unter anderem forderten sie, die Bischöfe (Patriarchen) in Jerusalem, Antiochia, Ephesus und Alexandria müssten Abkömmlinge Jesu sein. Doch der Bischof von Rom – noch nicht „Papst" – wusste sich der Unterstützung durch den

---

[79] Malachi Martin, „ *The Decline and Fall of the Roman Church* ", 1981

Kaiser Konstantin sicher und lehnte ihre Forderungen rundheraus ab. Der Kaiser ließ sich zwar erst auf dem Totenbett als Christ taufen, aber schon lange vorher hatte er die neue Religion in eine Richtung gezwungen, die i h m passte - - mit Wirkungen bis heute.

So ist die Behauptung wohl gar nicht mehr so völlig „unglaublich", im Jahr 414 nach der Geburt Christi habe ein sarmatischer Fürstensohn namens Chlodio eine Tochter aus einem vornehmen jüdischen Geschlecht aus dem Kreis der Desposyni in Südgallien geheiratet und damit seine eigenen Kinder aus dieser Ehe zu leiblichen Erben Jesu – aber nicht des „Christus" !! – gemacht.

13. Chlodio, der „Rex crinitus"

Etwa um das Jahr 426 könnte Fürst Faramund im Kastell Fanum Martis gestorben sein. Innerhalb der Organisation des römischen Heeres war er nichts anderes als der adlige Befehlshaber eines Regiments (Draco) der sarmatischen Panzerreiter gewesen. Allerdings hatte er durch seine Heirat mit der Erbtochter Argotta aus der Häuptlingsfamilie der Sugambrer am fernen Niederrhein seinem Sohn Chlodio die H e i l i g k e i t dieser außergewöhnlichen Familie zubringen können, und auch das äußere Zeichen dieser Heiligkeit, die „Eberborsten" des Gottes Frô (siehe Kapitel II.6, S. 120).

Dieser Prinz Chlodio, der nun die Herrschaft über das kleine „Volk" aus dem Sarmaten-Stamm der Roxolanen antrat, hatte durch die zweite „nützliche Heirat" in seiner Familie eine weitere „heilige Zauberkraft" erworben, die sich natürlich erst bei seinen Kindern (aus zweiter Ehe) zeigen konnte.

Zwar musste die Ursache dieser Zauberkraft, nämlich die Eigenschaft als Bluterben des jüdischen Messias Jesus, vor den römischen Behörden und vor allen den Bischöfen der christlichen Kirche streng geheim gehalten werden. Aber unter den Menschen der kleinen sarmatischen Volksgruppe in und um Fanum Martis und auch bei vielen „kleinen Leuten" in der römischen Umgebung wird der Glaube an die Zauberkraft der Chlodio-Söhne schon recht groß gewesen sein.

Diese Zauberkraft hatte nach dem Glauben der Zeit ihren Sitz in dem langen Haupthaar dieser Söhne, das nie geschoren werden durfte. Wahrscheinlich hatte bereits der Vater Chlodio eine Pracht langen lockigen Haares, und das mag die Heirat mit der jüdischen „Prinzessin" Frimutel aus einer Desposyni-Familie in der

Provence sehr erleichert haben. Näheres zu dieser „Zauberkraft" wird im Kapitel II.14 erklärt werden.

Jedenfalls wird dieser Chlodio von zwei der frühmittelalterlichen Quellen zur „fränkischen" Frühgeschichte übereinstimmend als „rex crinitus" bezeichnet. „Crinitus" bedeutet „langhaarig, gelockt". Der Titel „Rex" allerdings dürfte in Bezug auf Chlodio falsch sein. Er hatte zunächst noch keineswegs ein eigenes „Reich", sondern war nur Befehlshaber einer Soldateneinheit als römische „foederati". Erst sein Sohn Merowech dürfte den Titel König angenommen haben – warum, wird in Kapitel II.14 begründet.

Es muss ein langweiliger und ereignisloser Wachtdienst gewesen sein, den die Krieger der Sicambrier in Fanum Martis zu leisten hatten. Ihre Zusammenarbeit mit dem römischen Dux, dem Militärbefehlshaber in der Provinz Belgica II, scheint ungetrübt gewesen zu sein, solange es diesen noch gab. Darauf deuten archäologische Funde ab dem zweiten Drittel des 5. Jahrhunderts bei den fränkischen, also germanischen, Kriegern in dieser Provinz und entlang des neuen „Limes" an der Straße Köln-Bavai. Man hat sie aber natürlich nie mit dem Eintreffen der sarmatischen Krieger dort in Verbindung bringen können, denn niemand wusste ja bisher etwas davon.

In zahlreichen germanischen Kriegergräbern in Belgien und Nordfrankreich ab dieser Zeit – aber nirgend anderswo im Gebiet der Germanen ! – fanden moderne Archäologen kaum noch Schwerter, aber plötzlich eine Waffe, die es vorher bei den Germanen nicht gegeben hatte: die sogenannte „Franziska" [80].

Das war eine Axt besonderer Form, die sowohl zum Zweikampf wie zum Wurf geeignet war. Sie galt später als die typische Waffe

---

[80] Reallexikon der germanischen Altertumskunde. Bd. 9 (1990), Stichwort Franziska.

der Krieger im frühen Reich der fränkischen Könige und erhielt daher ihren Namen, diesen allerdings erst spät im 8. Jahrhundert [81]. In Form und Anwendung ähnelte sie dem Tomahawk der amerikanischen Prärieindianer. Sie muss ursprünglich eine typische Waffe für Reiterkrieger gewesen sein [82]. Genau das waren die Indianer in Nordamerika geworden, nachdem sie die verwilderten spanischen Pferde (Mustangs) zu reiten gelernt hatten.

Wenn man „eins und eins zusammenzählt", liegt der Gedanke nahe, dass hier auf Anregung der Sarmaten, die diese Waffe aus ihrer Steppenheimat mitgebracht hatten, diese Äxte als praktische Waffe bei den germanischen Söldnern von der römischen Armeeverwaltung eingeführt worden ist.

Dem könnte eine volkswirtschaftliche Überlegung zugrunde gelegen haben. Die Ausrüstung der fremden Hilfstruppen mit Waffen, Rüstungen usw. wurde im allgemeinen von den Römern geliefert und in eigenen „Fabricae", u.a. in Tournai und Amiens, hergestellt. Die Schwerter für die einfachen Soldaten waren nicht besonders haltbar und verbogen sich leicht, verbrauchten aber eine erhebliche Menge an Roheisen zu ihrer Herstellung. Billiger und vielleicht effektiver waren da die Wurfäxte, für deren Herstellung viel weniger Eisen benötigt wurde. Haben sarmatische Schmiede die „fabricae" der Römer bei der Herstellung der neuen Waffe beraten und sarmatische Ausbilder den „fränkischen" Kriegern gezeigt, wie man sie anwenden musste ?

Als Soldaten Roms werden die sarmatischen Reiter im Kastell Fanum Martis während Chlodios Befehl nur wenig in Anspruch

---

[81]   L. Musset, *Les invasions*: Les vagues germaniques, Paris 1965, S. 209

[82]   Arrian, *Taktika 4, 3;* der griechische Schriftsteller (2. Jh. n. Chr.) beschreibt eine frühe Schlacht der Alanen gegen die Römer, (136 n. Chr.) bei der sie im Reiterkampf derartige Wurfbeile einsetzten.

genommen worden sein. Zur Information der Leser ist ein kurzer Überblick über die politische und militärische Lage im römisch beherrschten Westteil des Reiches nötig.

Das 5. Jahrhundert sah in Gallien, vor allem in Norden, die allmähliche Auflösung der römischen Herrschaft. Nach verschiedenen kurzzeitigen Versuchen römischer Machthaber, sich zu Kaisern auszurufen, hatten zwar die legitimen Kaiser in Ravenna ab 413 formal wieder die Oberhoheit über diesen so wichtigen Reichsteil. Aber die Macht entglitt ihnen mehr und mehr.

Ab 412 zogen von Italien her die Westgoten mit vielen Kriegern in Südfrankreich, der Provence, ein, verlagerten kurzzeitig danach ihr „Reich" nach Nordspanien und kehrten wieder zurück, um faktisch den ganzen Westen Südfrankreichs bis zur Loire zu beherrschen, zuletzt als offizielle Verbündete des Römischen Reiches, meist aber in politischem Gegensatz zu diesem.

Ab der Mitte des Jahrhunderts gelang es den Burgundern, im südöstlichen Gallien zwischen Alpen und Rhone ein eigenes, kräftiges Reich zu errichten. Sie waren erst ab 442 dorthin von den Römern umgesiedelt worden. Auch sie standen teils im offiziellen Bündnis mit den römischen Kaisern, praktisch aber meist in. militärischen oder politischen Differenzen zu ihnen. In beiden germanischen Königreichen hingen die Königsdynastie und die führenden Adligen der arianischen Form des Christentums an und galten für die katholischen Bischöfe und die große Mehrheit der Bevölkerung daher als Ketzer.

Aremorica (Bretagne und Normandie), immer mehr von aus Britannien geflüchteten Kelten besiedelt, erklärte sich unabhängig von Rom und hielt diese Unabhängigkeit auch gegenüber den späteren Königen der Franken durch. Der Rhein-Limes und die dort liegenden römischen Städte waren militärisch und politisch aufgegeben, obwohl das nie von einem Kaiser oder Militärbefehlshaber offiziell eingestanden wurde.

Lediglich ein Streifen im nördlichen Gallien zwischen Loire und Ärmelkanal – gekennzeichnet durch die Städte Tours, Orleans, Paris, Reims – hielt noch halbwegs treu zur römischen Herrschaft. Doch wurde diese in den dreißiger Jahren des Jahrhunderts durch einen so genannten „Bagaudenaufstand" schwer bedroht, zu dem sich tausende ehemaliger Sklaven und kleine Leute zusammengeschlossen hatten, die durch die römische Steuer verarmt und zur Verzweiflung getrieben worden waren. Er konnte noch einmal militärisch niedergeworfen werden.

Zwar kamen in diesen Jahrzehnten offenbar keine „wilden Franken" mehr als Eroberer von jenseits des Rheins ins Römerreich, wogegen die sarmatischen Panzerreiter ja als Abwehr bestimmt waren. Aber Stück für Stück muss die römische Verwaltung dort oben im Norden immer mehr in diesen Jahrzehnten zusammengebrochen sein.

Erst verließen die reichen Römer, die Herren der „villae rusticae" oder der „fabricae", der Bergwerke oder der Waldungen, einer nach dem anderen still und unauffällig das Land, das ihnen wegen der Nähe zur Grenze immer unsicherer wurde. Sie zogen sich auf ihre Güter im Süden Galliens, nach Spanien oder sonst wohin zurück, wo die Verhältnisse sicherer schienen. Mit ihren Familien, ihren wertvollen Möbeln und vor allem mit ihrem Geldvermögen in Form von zahlreichen Gold- und Silbermünzen rückten sie einer nach dem anderen ab. Ihre Bauern oder Arbeiter und die Kleinhandwerker in den Städten mussten zurückbleiben. Für sie wurde das bald zur Katastrophe.

Die Volkswirtschaft des Römerreiches war bewundernswert entwickelt. Durch den Umlauf ungezählter Münzen verschiedener Wertstufen – jeder Kaiser gab neue aus, aber die alten wurden deswegen nicht ungültig – war ein blühender Handel möglich, vom Euphrat im Osten bis zum Atlantik im Westen. Was für eine moderne Volkswirtschaft fehlte, war die Existenz von Banken und von „Giralgeld". Nur dies macht Geld auch ohne Münzen

„beweglich". Wenn in einer Region keine Münzen mehr vorhanden waren, mussten die dort noch lebenden Menschen wieder auf den alten Tauschhandeln übergehen. Doch darauf war eigentlich die so entwickelte römische Wirtschaft gar nicht mehr eingerichtet.

Den reichen Handelsherren und Senatoren, die aus der Provinz Belgiac Secunda abzogen – hier war etwa der Fluss Somme die Südgrenze für diese Entwicklung - folgten sehr bald die Priester und Bischöfe der christlichen Kirche, die es dort wahrscheinlich durchaus schon gegeben hatte. Auch ihnen wurden die Verhältnisse zu unsicher. Als letzte zogen dann die Verwaltungsbeamten in den Provinzhauptstädten ab, weil für sie ja auch kein Geld mehr ankam. Denn die Steuereintreiber in ihrer Provinz konnten bei den kleinen Bauern und Gewerbetreibenden keine Münzen mehr herausprügeln (im wahren Sinn des Wortes !), weil eben in der Region keine mehr vorhanden waren.

Die wenigen Historiker der Neuzeit, die sich mit so profanen Dingen wie dem Wirtschaftsleben des Römischen Reiches befasst haben, übersahen diese Mängel großzügig, weil diese extreme Lage nur in den äußersten Grenzgebieten auftrat und z.B. im reichen Südgallien unbekannt war [83].

Aber für die allmähliche Verwandlung des sarmatischen Reiterregiments in Fanum Martis in eine quasi „römische Behörde" hatte sie ungeahnte Folgen. Die Entwicklung ging nicht plötzlich vor sich, sondern brauchte Jahrzehnte, um sich voll zu entfalten. Doch während der Befehlshaberschaft des Fürsten Chlodio über seinen Draco muss dieser Prozess bereits deutlich begonnen haben. Am Ende seines Lebens dürfte er ungewollt die „Herrschaft" über Gallien von der Somme bis zur Nordsee haben

---

[83] Z. B. Brian Ward-Perkins, *Der Untergang des Römischen Reiches,* Stuttgart 2007 (engl. Erstfassung 2006)

ausüben müssen. Im Kapitel II.14 über König Merowech wird das noch näher ausgeführt.

Für die im Folgenden dargestellten Vermutungen zu Vorgängen in der Familie Chlodios gibt es wie üblich keine schriftlichen „Beweise", aber durchaus logische Schlussfolgerungen als Grundlage.

Als die Söhne Chlodios älter und sich ihrer besonderen Eigenschaften bewusst wurden, m u s s unter ihnen ein erbitterter Streit über ihren Rang ausgebrochen sein. An sich sollte ein solcher Streit in sarmatischen Adelsfamilien nicht vorkommen. Denn normalerweise erbte der älteste Sohn die Würde und die Aufgaben seines Vaters, etwaige jüngere Söhne mussten sich damit abfinden, eben „Nachgeborene" zu sein. Doch hier, bei Chlodios Söhnen, herrschten ja ganz andere, ungewöhnliche Verhältnisse. Diese Erbstreitigkeiten werden sich mit dem Älterwerden der Söhne immer mehr hochgeschaukelt haben. Sie werden sich sicher in einer immer gespannteren Atmosphäre innerhalb von Chlodios Familie gezeigt haben.

Der älteste Sohn, der möglicherweise Sigimer hieß, hatte durch das Blut seines Vaters und seiner Großmutter Argotta aus der Fürstenfamilie der Sigambrer am Niederrhein den „Götterzauber" des germanischen Gottes Frô in sich. Aber Merowech, erster Sohn Chlodios aus dessen zweiter Ehe mit der jüdischen „Erbin Jesu", war „mit doppeltem Heil begabt" - zumindest nach dem Zauberglauben seiner Zeit.

Sigimer dürfte auf sein Nachfolgerecht als Erstgeborener gepocht haben, das ihm aber von den jüngeren Brüdern nachdrücklich bestritten wurde, hatten sie ihm doch das „doppelte Heil" voraus. Merowech wiederum als der älteste dieser so ausgezeichneten Söhne sah sich selbst als den einzig denkbaren Nachfolger seines Vaters. Chlodios jüdische Frau wird bei diesem Familienstreit wahrscheinlich nachdrücklich für Merowech, i h r e n Erstgeborenen, eingetreten sein.

Möglicherweise hat Chlodio erst kurz vor seinem Tod eine folgenschwere Entscheidung bezüglich seiner Nachfolge treffen müssen. Die Streitigkeiten zwischen seinen Söhnen waren der eine Grund dafür, doch die unbeabsichtigte Ausdehnung seines „Reiches" war der zweite.

Wie schrieb Gregor von Tours (siehe S. 7): *„Chlodio schickte Kundschafter aus nach der Stadt Cambrai, und als sie alles erforscht, folgte er ihnen nach, überwand die Römer und nahm die Stadt ein. Kurze Zeit hielt er sich hier auf und eroberte dann das Land bis zur Somme."* War diese Übernahme der Stadt (und Region) Cambrai vielleicht gar keine Eroberung, sondern eine Folge des Verschwindens wieder einer weiteren römischen Stadtverwaltung ? Ganz ohne Herrschaft mochte Chlodio als Befehlshaber der letzten römischen Militäreinheit im Lande diese Stadt nicht lassen – und wahrscheinlich zahlreiche andere kleine Städte im Norden der Provinz Belgica II auch nicht !

Es gibt Hinweise darauf, dass Chlodios ältester Sohn Sigimer etwa bereits um 445 mit einer kleinen Gefolgschaft seinen Vater im Zorn verlassen hat und nach Osten gezogen ist. In der alten, einst großen römischen Stadt CCAA (Köln) am Rhein hat er wahrscheinlich ohne jede Gewalt und Blutvergießen die von den römischen Behörden stillschweigend aufgegebene Macht übernommen – durchaus noch im Namen des römischen Kaisers ! – und sich dort ein kleines, aber praktisch unabhängiges Reich geschaffen. Denn dort gab es ja immer noch Menschen, die sich auch als Römer fühlten, wenn auch inzwischen weder Soldaten noch irgendwelche Behörden das Römische Reich vertraten. Sigimers Sohn und sein Enkel sollten später noch einmal in der Geschichte auftauchen. (S. dazu Kap. II. 23).

Merowechs jüngere Brüder wurden vom Vater wahrscheinlich mit je einem kleineren eigenen Machtbereich in Cameracum (Cambrai) und Atrebatum (Arras) ausgestattet. So weit scheint sich das ja eigentlich gar nicht angestrebte „Reich" Chlodios bereits ausgedehnt zu haben. Außerdem diente diese Aufteilung dazu, den ständigen Streit zwischen den Brüdern auszuschalten. Merowech wurde als Haupterbe die Herrschaft im Rest des vom Draco der Sicambrier beherrschten Gebiets übertragen sowie die Würde als Fürst seines Volkskörpers, als offizieller Nachfolger seines Vaters Chlodio. Möglicherweise hat schon Chlodio den von den römischen Behörden aufgegebenen Statthalter-Palast in Tournai (Belgien) in den letzten Jahren als „Regierungssitz" benutzt

Die vier Söhne Chlodios mussten vermutlich einen heiligen Eid schwören, sich in dem Fall gegenseitig zu helfen, wenn einer von ihnen von einem auswärtigen Feind bedroht wurde. Aber innerhalb ihrer kleinen Befehlsbereiche sollten sie unabhängig voneinander sein und ihre Herrschaft auch weiter vererben können. Auf ähnliche Weise und vielleicht auch aus ähnlichen Ursachen waren wahrscheinlich Jahrhunderte früher die verschiedenen Teilstämme des Volks der Sarmaten entstanden.

14. Merowech, Namengeber und erster König

Es erscheint verwegen, ein Psychogramm für einen Mann zu erstellen, der vor 1600 Jahren lebte und von dem man gerade einmal den Namen kennt. Gregor von Tours erwähnt ihn - zweifelnd ! – in einer Zeile. Und der moderne Historiker Hans K. Schulze widmet ihm nicht mehr als sechs Worte: *„... der doch eher mythische Spitzenahn Merowech...“* [84].

Merowechs Lebensdaten lassen sich mit (ungefähr) 415 bis 456 n. Chr. errechnen. Aus den im vorigen Kapitel angeführten plausiblen und mit zahlreichen Indizien „unterfütterten“ Vermutungen lässt sich aber erschließen, dass Merowech ein zutiefst von seiner besonderen Rolle und Würde überzeugter Fürst gewesen sein muss.

Möglicherweise fehlte ihm der kriegerische Geist, der dann vor allem seinen Sohn Childerich und seinen Enkel Chlodwig auszeichnen sollte. Merowech hatte ja auch in seiner „Regierungszeit“ offenbar keine Kriege zu führen, bis auf den kurzen Einsatz seines Draco im Kampf gegen Attila (siehe hierzu S. 170 f.), weitab von Fanum Martis und Nordbelgien. Und da hat wahrscheinlich nicht Merowech selbst, sondern sein junger Sohn Childerich das sarmatische Kontingent angeführt.

Aber der Fürst Merowech dürfte überzeugt gewesen sein, dass er als Verkörperung einer „doppelten Heiligkeit“ wundertätige Zauberkräfte besaß - - und die Angehörigen seines „Volkes“ und viele der armen Leute in seinem „Reich“ glaubten das inzwischen auch. Wie schon in Kap. II. 13 angedeutet, sah man den Sitz

---

[84] Hans K. Schulze, *Vom Reich der Franken zum Land der Deutschen"*, Berlin 1984, S. 25 (Band 1 der Reihe *„Das Reich und die Deutschen"*)

dieser „Zauberkraft" in seinen langen, ungeschorenen Haaren. Und offenbar meinten seine Zeitgenossen, dieser Fürst könne durch das Auflegen seiner Hände auf einen Menschen mancherlei Krankheiten heilen. Mindestens solange es Könige auf dem Thron des Frankenreiches gab, die noch Merowechs leibliche Nachkommen waren, scheint dieser Glaube unausrottbar gewesen zu sein.

Später im Mittelalter waren es dann die Könige aus den Familien Hugo Kapets und der Bourbonen auf dem f r a n z ö s i - s c h e n Thron, denen die Fähigkeit nachgesagt wurde, durch Handauflegen die damals häufige Krankheit Skrofulose heilen zu können. Dieser Glaube hielt bis in die Neuzeit an. Noch der „Sonnenkönig" Ludwig XIV. am Ende des 17. Jahrhunderts ließ sich gelegentlich dazu herab, an versammelten Menschen mit dieser Krankheit vorüberzugehen und ihnen kurz die Hand auf den Hals zu legen. Die Krankheit war eine früher häufige Abart der Tuberkulose, die Drüsenschwellungen am Hals hervorrief.

Alle französischen Könige, außer den Karolingern, haben Wert darauf gelegt, vom Geschlecht der Merowinger abzustammen. Dasselbe galt für die Könige Schottlands im Mittelalter und in der frühen Neuzeit aus dem Geschlecht der Stuarts, die mehrere Generationen lang auch Könige Englands waren. Auch sie fühlten sich als Bluterben der Merowinger, mit deren Königen mehrere Prinzessinnen aus ihrer Vorfahrenschaft angeblich Ehen geschlossen hätten. Ob diese Verwandtschaft historisch nachweisbar ist, spielt keine Rolle. Denn auch diese Könige galten zu ihrer Lebenszeit als „wundertätig".

Der moderne französische Historiker Marc Bloch hat eine sorgfältige Untersuchung über diese angebliche wunderbare Fähigkeit französischer und schottischer Könige veröffentlicht [85]. Er hat

---

[85]   Marc Bloch, *Die wundertätigen Könige,* München 1996

darin aus dem Mittelalter und der Neuzeit zahlreiche historische Quellen für diese angebliche Wunderkraft aufgefunden. Doch über die vermutlich gleiche Kraft der Merowinger verliert er kein Wort, weil er keine schriftlichen Quellen dazu gefunden hat. Als typischer Historiker machte er sich offenbar auch keine Gedanken über die G r ü n d e für dieses Schweigen. In d i e s e m Buch werden sie im Kapitel II. 22 näher erklärt.

Unvorbelastete Leser von Standard-Geschichtswerken der letzten Jahrzehnte über das frühe Mittelalter in Europa oder speziell über die Franken dürften kaum auf den Gedanken kommen, dass den Königen aus der Merowinger-Dynastie ein ganz besonderer Ruf der Heiligkeit anhaftete. Man erfährt wohl von ihren unerhörten Erfolgen bei der Eroberung neuer Gebiete und der Ablösung der römischen Ordnung in Mitteleuropa und später von der Kraftlosigkeit der Glieder dieser Sippe, aber nichts von ihrer „Heiligkeit".

Doch diese besondere Eigenschaft der Merowingerkönige galt den Zeitgenossen als so mächtig, dass der Hausmeier Pippin III. aus dem Geschlecht der Karolinger, längst der „starke Mann" im Frankenreich, sich nicht traute, den seit Generationen zur Marionette gewordenen merowingischen König einfach abzusetzen oder umzubringen, sondern sich ein ausdrückliches Votum des Papstes dazu holte (im Jahr 751). Bei all den vielen gewaltsamen Wechseln von Königsdynastien in Europa und Vorderasien im Mittelalter ist dies das einzige Beispiel !

Mindestens so lange Könige aus diesem Geschlecht noch offiziell auf dem Thron saßen, war diese Heiligkeit offenbar untrennbar mit dem langen Haupthaar verbunden, das diese Könige trugen. In den drei Quellentexte zur frühen fränkischen Geschichte erfährt man nur ganz beiläufig und ohne e i n Wort mehr darüber, es habe „langhaarige Könige" gegeben („reges criniti") oder man habe dem einen oder anderen Angehörigen der Königssippe die Haare geschoren, um ihm dadurch die Ausübung des Königsamtes unmöglich zu machen. Das besondere Kennzeichen der Merowinger war eine stets geheimnisvoll gebliebene Mischung aus Magie und Übernatürlichem !

Wem diese offenbar bewusste „Einsilbigkeit" auffällt, der muss den Verdacht schöpfen, dass hier bereits seit dem Frühmittelalter eine Geschichtsfälschung wirkt, die so geschickt war, dass sie bis jetzt so gut wie niemand bemerkt hat. Der Grund dafür wird im Kapitel II. 22 näher erklärt.

In seiner Eigenschaft als Befehlshaber eines sarmatischen Draco fühlte sich Merowech offenbar immer noch durch die Bündnisschwüre gegenüber den römischen Duces und den römischen Kaisern gebunden, die bereits seine Vorfahren geleistet hatten, und die auch von römischer Seite nie gebrochen worden waren. Die Sarmaten vom Draco der Sicambrier waren keine Feinde des römischen Kaiserreichs, zumindest in den Jahrzehnten seit ihrer Flucht aus Thüringen. Sie mussten nur feststellen, dass ihre römischen Oberherren und Schwurpartner immer mehr aus ihrer Gegenwart verschwanden.

Nur einmal noch musste der Draco ausrücken und sich in das Heer des Magister militum Aëtius des Weströmischen Kaiserreichs einreihen, das gegen die Invasion der Hunnen unter König Attila nach Gallien im Jahr 451 aufgeboten wurde. Es würde zu weit führen, in diesem Buch den Verlauf dieses Krieges näher zu schildern. Auf das Schicksal der sarmatischen Soldaten im abgelegenen Fanum Martis hatte er auch kaum Auswirkungen.

Als eines der vielen Kontingente meist germanischer Krieger, die Aëtius unter den römischen Adler-Zeichen gegen die Hunnen gesammelt hatte, müssen laut dem Zeugnis des Jordanis [86] auch „Sarmaten" in der berühmten „Schlacht auf den katalaunischen

---

[86]   Jordanis, *Gotengeschichte* , übersetzt von Dr. Wilhelm Martens, Kap. XXXVI.

170

Feldern" gekämpft haben. Wo sonst als in Fanum Martis gab es um diese Zeit noch eine einsatzfähige sarmatische Truppe ?

Es ist nur eine Vermutung, dass nicht Merowech selbst die sarmatischen Kataphrakten in dieser Schlacht anführte, sondern sein (vermutlich im Jahr 432 geborener) Sohn Childerich. Immerhin war der „Kronprinz" damals schon 19 Jahre alt und damit im besten Alter, um in einer Schlacht seine Soldaten zu kommandieren.

Diese Schlacht muss eine der bedeutendsten der Spätantike gewesen sein. Entsprechend neueren Forschungen hat sie sich nicht, wie seit Jahrhunderten angenommen, in Frankreich, in der Champagne, abgespielt, sondern an der heutigen Grenze zwischen Frankreich und Deutschland, etwa 10 Kilometer westlich von Merzig im Saarland [87]. Attila und seine Hunnen wurden zwar nicht vernichtend geschlagen, aber sie mussten sich zurückziehen und verloren so nach Ansicht ihrer Zeitgenossen ihr „Heil". Zwei Jahre später war Attila tot und noch ein Jahr später der „Hunnenspuk" in Europa vorbei.

Auch die folgenden Ausführungen sind nur Vermutungen, die sich aber auf die historischen Verhältnisse im westlichen Römerreich nach den einschneidenden Ereignissen in der Mitte des sechsten Jahrzehnts des 5. Jahrhunderts stützen. Kurz nach dem Sieg über die Hunnen und Attilas Tod ließ Kaiser Valentinian III. seinen Heermeister Aëtius ermorden, der ihm wohl zu mächtig geworden war. Aus Rache dafür brachte ein ehemaliger Leibwächter des Aëtius den Kaiser um (455). Das muss tiefen Eindruck auf die kleinen Zirkel gemacht haben, die damals über politische Vorgänge im Römerreich informiert waren. Das hat sicher auch für Fürst Merowech zugetroffen, obwohl er mit großer Wahrscheinlichkeit nicht lesen und schreiben konnte.

---

[87] Volker Friedrich, *Zur Geographie der Hunnenschlacht,* in: Beiträge zur Geschichte des Bitburger Landes Nr. 16 (2006)

171

Auf die legitimen Kaiser, seit Jahrhunderten gottgleich und auch durch die neue offizielle Religion der Christen so „geheiligt", hatten die sarmatischen Anführer seit Generationen ihre Eide geleistet, wahrscheinlich jeweils nach dem Amtsantritt eines neuen Kaisers einen neuen. Denn wie auch die Germanen zu jener Zeit konnten sich ziemlich sicher die Sarmaten unter einem unpersönlichen „ewigen Staat", der „res publica Romana", nichts vorstellen.

Nun war der letzte „geheiligte" Kaiser in der Hauptstadt Rom tot, umgebracht wegen des ruchlosen Mordes an seinem einstigen Vertrauten Aëtius. Dem Fürsten Merowech dürfte das als der endgültige Wegfall seines Schwurpartners auf römischer Seite erschienen sein, nachdem schon in seiner Provinz Belgica Secunda deren örtliche Vertreter praktisch verschwunden waren. Dass danach noch weitere Anwärter sich im fernen Rom um den Kaisertitel stritten, wird im faktisch „romfreien" Norden der Belgica Secunda höchstens mit langer Verspätung angekommen sein.

So ist die Annahme plausibel, der sarmatische Fürst Merowech habe kurz vor seinem Tod noch den Titel eines Königs angenommen. Wie auch immer Sprachwissenschaftler und Historiker die Entstehung des Königstitels bei germanischen und anderen Völkern erklären mögen: ein K ö n i g war ein Herrscher seines Volkes, der n i c h t – etwa durch einen ewigen Gefolgschafts- oder regelmäßig erneuerten Bündniseid – einem Anderen, noch höher Stehenden verpflichtet war.

Die Annahme des Königstitels war vermutlich der für alle Untertanen fassbare Ausdruck für eine endgültige Unabhängigkeitserklärung. Sehr wahrscheinlich haben Merowechs Brüder in ihren Kleinreichen diese „Rangerhöhung" gerne und bald mitgemacht.

Gregor von Tours hat in seinen „Zehn Büchern Geschichte" nach dem Ursprung des fränkischen Königstitels geforscht. Hier, in der Zeit 130 Jahre vor ihm, hätte er ihn finden können. Doch waren solche Vorgänge ja niemals schriftlich aufgezeichnet worden, und Gregor, der allein auf Schriftliches vertraute, vermochte auch in den bewusst durch König Chlodwig und die Bischöfe seiner Zeit verwirrten mündlichen Überlieferungen nichts dazu zu finden.

Ganz sicher hat sich der Fürst Merowech n i c h t „König der F r a n k e n" genannt. Für ihn dürfte dieser Name eher wie ein Schimpfname geklungen haben, wie er im Munde der R ö - m e r im Land gemeint war (siehe dazu S. 109 f.).

Noch ein Irrtum muss in diesem Zusammenhang geklärt werden. Nahezu alle modernen deutschen Historiker gehen als selbstverständlich davon aus, dass die Merowinger nicht nur „Franken" waren, sondern aus dem angeblich fränkischen Teilstamm der „Salier" kamen, so ja auch Professor Schulze (siehe S. 167). Aber wo steht das in den alten Texten, bei Gregor von Tours, Fredegar oder dem „Liber historiae Francorum" ? Nirgends, wenn man einmal sich die Mühe macht, dort nachzuschauen.

Nur die unbestrittene Tatsache, dass das frühe Gesetzbuch des merowingischen Frankenreichs „Lex Salica" hieß, hat erst die moderne Geschichtswissenschaft zu der Überzeugung verführt, die Merowinger entstammten einem germanischen Stamm namens „Salier". Doch neueste Forschungen eines deutschen Rechtshistorikers machen es wahrscheinlich, dass der Begriff „Salier" im Sprachgebrauch der Entstehungszeit dieses ersten schriftlichen Gesetzbuches nichts anderes als „Genossen" oder „Rechtsgenossen" bedeutete [88]

Nach dem Einfall der hunnischen Koalitionsarmee im Jahr 451 nach Gallien und ihrem Rückzug war an Rhein, Maas und Schelde auch der letzte Rest an römischen Institutionen verschwunden,

---

[88] Mathias Schmoeckel, *Auf der Suche nach der verlorenen Ordnung – 2000 Jahre Recht in Europa.* Köln 2005, S. 59

den es bis dahin noch gegeben haben sollte. Nur die „Foederaten" der Römer, die Soldaten des sarmatischen Draco der Sicambrier in Fanum Martis, waren immer noch vor Ort.

Diese „Verbündeten" waren von dem im Kapitel II.13 beschriebenen Wandel am wenigsten betroffen. Sie bauten die landwirtschaftlichen Erzeugnisse, die sie benötigten, in der weiteren Umgebung ihres Kastells selbst an und züchteten weiter Rinder, Pferde und Schafe. Sold in römischen Münzen erhielten sie vermutlich nicht mehr, waren dafür aber auch nicht steuerpflichtig, was ein beachtlicher geldwerter Vorteil war. Sie konnten immer schon Waren gegen Überschüsse ihrer Herden tauschen.

Ebenso ging es offenbar auch den zahlreichen Germanen aus den verschiedensten Stämmen jenseits des Rheins (im Munde der Römer waren das alles „Franken"), die seit mehreren Generationen ins Land gekommen waren und treu die kleinen Burgi (Kleinkastelle) im ganzen Norden Galliens bewachten. Sie hatten keinen Grund, das ihnen von den Römern zugewiesene Land zu verlassen, das sie schließlich ernährte.

Auch hier wieder ist gegenüber kritischen Historikern zu betonen, dass solche Zustände vermutlich schon lange „an der Grenze" herrschten. Im friedlicheren und noch weitgehend „römischen"– und daher noch ausreichend mit Münzgeld versorgten — südlichen Teil Galliens galt wohl auch damals noch das Prinzip der Drittel-Teilung des Landes und der Steuern: die fremden „Foederaten" erhielten zwangsweise ein Drittel des Landes und der Einkünfte zugeteilt, um sie unterhalten und besolden zu können.

Was sollten die Fürsten Chlodio und Merowech tun ? Sollten sie ebenfalls das Gebiet verlassen, in das einst ein römischer Befehl sie versetzt hatte ? Eine sinnvolle militärische Aufgabe schienen sie d o r t nicht mehr zu haben; es kamen ja keine Feinde über die Grenze ins Land. Andererseits hatten sie den römischen Kaisern seit Generationen Treueide geschworen, Fanum Martis

174

und die umgebende Region zu verteidigen. Diese Verpflichtung, die für sie von hoher religiöser Bedeutung war, wollten sie nicht brechen, und sie hatten auch keinen Anlass, irgendwelche Römer zu beschuldigen, dass diese i h r e Verpflichtungen gegenüber dem Draco gebrochen hätten.

Sicher sprachen alle Sarmaten im sicambrischen Draco längst das barbarische „Militär-Latein" wie alle Soldaten in der römischern Armee. Sie fühlten sich kulturell nicht als Römer, anders als zahlreiche Offiziere germanischer Herkunft, die es ja bekanntlich vielfach zu hohen Stellungen in der römischen Armee und im Reich gebracht hatten. Aber sie waren auch keine Gegner Roms. Warum sollten sie die Äcker und Viehweiden verlassen, die sie seit Jahrzehnten friedlich benutzten und die es ihnen ermöglichten, weiter so zu leben, wie sie es gewohnt waren ?

Natürlich haben die sicambrischen Fürsten die allmählichen Veränderungen bemerkt, die um sie herum eintraten. Zunehmend fühlten sich die Angehörigen des sicambrischen Draco auch selbst gefährdet, obwohl sie das alles eigentlich nichts anging. War es da ein Wunder, wenn die Sicambrier allmählich die Zügel in die Hand nahmen, die die Römer hier weggeworfen hatten? Sie waren ja die letzte im Land verbliebene Ordnungsmacht.

In der kleinen Stadt Turnacum (Tournai), 30 Kilometer nördlich von Fanum Martis, richtete sich wahrscheinlich schon Chlodio, ziemlich sicher aber Merowech, seinen neuen Wohnsitz ein, im Palast des einstigen Provinzgouverneurs, seit die Provinzver-waltung ins sicherere Durocortorum (Reims) umgezogen war.

Die sarmatischen Adligen waren nicht bereit, sich durch Ehen biologisch mit Angehörigen der anderen Volksschichten zu ver-mischen. Aber sie empfanden auch nicht die heimliche Verach-tung der reichen Römer gegenüber den „Proletes", den „Mino-es". Wenn diese „kleinen Leute" bereit waren, sich in einer Schwurgemeinschaft an die Adligen der Sicambrier zu binden, wie die Angehörigen ihres eigenen kleinen Volkes, dann gehörte es auch zur Ethik dieser Adligen, sich verantwortungsvoll um das Wohlergehen dieser Menschen zu kümmern.

Die sarmatischen Panzerreiter wurden so, wie man sich vorstellen muss, immer mehr zu Ordnungs- und Polizeiaufgaben in den Kleinstädten und auf dem Land rund um Fanum Martis benötigt, sie hatten keine Zeit mehr, sich um die Beaufsichtigung ihrer Herden und die landwirtschaftliche Erzeugung zu kümmern, wie das vorher noch gegangen war.

So sollte, wie vorher bei den Römern, die einheimische Bevölkerung durch eine Steuer zum Unterhalt dieser „Ordnungsmacht wider Willen" beitragen. Weil aber eine Steuer in Geld – und das heißt in baren Münzen – in der ganzen Region nicht mehr eingetrieben werden konnte, könnten es die Fürsten aus dem sicambrischen Draco gewesen sein, die die Naturalabgabe für Bauern in Form des „Zehnten" erfanden. Sie war für alle im Normalfall gut aufzubringen, recht einfach zu handhaben - - und sie hat in Europa durch das ganze Mittelalter bis weit in die Neuzeit hinein die hauptsächliche Abgabenform für Bauern dargestellt.

Diese Sicht auf die Zustände in Nordgallien im 5. Jahrhundert ist ganz sicher geradezu revolutionär. Sie hat nicht einmal mit den so „anstößigen" Behauptungen über eine angebliche Blutsverwandtschaft der Fürstenfamilie mit Jesus zu tun, sondern nur mit einem genauen Durchdenken der Lebenssituation für die Menschen im nördlichsten Gallien, dort, wo die sarmatischen Söldner ihren Sitz hatten.

Keine Eroberungen raublustiger Franken, die plündernd eine Stadt nach der anderen einnahmen ! Kein machtlüsterner Barbar, der gierig auf die nächste Gelegenheit lauerte, neues Land in seine Gewalt zu bekommen. Stattdessen eine Gruppe sarmatischer Soldaten, die den römischen Kaisern bis (fast) zuletzt die Treue gehalten hatten, die aber im fernen Italien längst völlig vergessen waren, Soldaten, die unversehens in die Rolle von Landesverwaltern hineinwachsen mussten.

176

15. König Childerich und sein Freund Ägidius

Auch wenn über das Leben König Childerichs, Merowechs Sohn, bereits erheblich mehr bekannt ist als über den Vater, verfolgt dieses Buch nicht das Ziel einer „Geschichte der merowingischen Könige". Die unzusammenhängenden und teilweise aus Legenden bestehenden Berichte Gregors von Tours über Childerich lassen sich auch ohne eine sehr ausführliche Darstellung gar nicht hinreichend erklären. Daher hier nur wenige Angaben über diesen König.

Vermutlich im Jahr 457 übernahm Childerich das Szepter des Anführers der Sicambrier, als sein Vater Merowech gestorben war. Das Wort Szepter - als Ausdruck für einen besonderen Stab, der die Würde des Fürsten oder Königs repräsentierte – ist hier mit Bedacht gewählt. Denn gerade ein solcher Stab scheint bei sarmatischen Herrschern das bedeutet zu haben, was bei anderen Völkern eine Krone war [89].

Wie schon angedeutet, dürfte Childerich eine Schwäche für das Militärhandwerk und die Kriegführung gehabt haben, ganz anders als wohl sein Vater. Da der sarmatische Draco in Fanum Martis keine Gelegenheit für Kämpfe bekam, musste er sie anderswo suchen.

Vermutlich hatte Childerich schon als ganz junger Mann sein Regiment in dem Feldzug des Jahres 451 gegen Attila und das hunnische Heer kommandiert. Aus dieser Zeit kannte er wahrscheinlich Aëtius und den römischen General Ägidius, die er als fähige Militärs und würdige Vertreter des römischen Staates achtete. Ägidius wurde bald nach dem Tod des Kaisers Valentinian

---

[89] J. Lebedynsky, *Les Sarmates...*, S. 193 . – In Childerichs Grab wurde eine große Kristallkugel gefunden, die wohl die Spitze eines solchen Stabes geziert hatte.

III. (455) vom neuen kurzfristigen Kaiser Majorian zum Heermeister für die Reichsdiözese Gallien ernannt.

Diese „Diözese" umfasste theoretisch die ganze Pyrenäen-Halbinsel, das heutige Frankreich und Britannien. Doch davon war nicht mehr viel übrig geblieben. Auf der Insel Britannien standen schon seit 407 keine römischen Truppen mehr, Spanien war weitgehend von germanischen Vandalen und Sueben besetzt, und in Frankreich hatten sich die Kelten in „Aremorica" (Bretagne und Normandie) für unabhängig erklärt. Ganz Südfrankreich war zwischen den germanischen Königreichen der Westgoten und der Burgunder aufgeteilt, die zwar theoretisch mit Rom verbündet waren, aber oft genug sich gegen den Kaiser stellten. Wirklich „zuständig" war der Magister Militum Ägidius nur für den schon im Kapitel II.13, S. 162 beschriebenen schmalen Streifen im Norden Frankreichs zwischen Tours und Reims.

Seit dem Jahr 458 scheint ein Bündnis zwischen diesem Ägidius und Childerich bestanden zu haben, das wohl auch zu einer persönlichen Freundschaft der beiden Soldaten führte. Ägidius bat den jungen König Childerich, ihm bei der Belagerung der Stadt Lugdunum (Lyon) zu helfen, die einen Aufstand gegen den Kaiser (Majorian) unternommen hatte und sich dabei burgundische Krieger aus der Nähe als Bundesgenossen geholt hatte.

Diese Hilfe der sarmatischen Soldaten sollte nun nicht mehr durch einen immerwährenden Gefolgschaftseid gesichert werden; den hatte ja schon Merowech als hinfällig erachtet und deshalb den Königstitel angenommen. Sondern es handelte sich um einen zeitlich begrenzten und mit guten römischen Münzen bezahlten Beistand für einen bestimmten Zweck mit einer bestimmten Anzahl der berühmten sarmatischen Panzerreiter. Das war ein Angebot, das den begeisterten Soldaten Childerich sehr reizen musste.

So muss man sich wohl die Zusammenarbeit der beiden Offiziere vorstellen. Sie sollte zu einem ganz eigenartigen Militärbündnis zweier benachbarter, aber eigentlich voneinander unabhängiger „Länder" führen, fast 30 Jahre lang und über die Lebenszeit der beiden Gründer dieses Bündnisses hinaus.

Im Jahr 461 erklärte Ägidius die von ihm noch verwaltete Region Galliens für unabhängig, als der übergeordnete Heermeister des weströmischen Reiches, Ricimer, ihn absetzen wollte, offenbar aus Eifersucht über den recht erfolgreichen General. Es handelte sich um das eben beschriebene Gebiet nördlich der Königreiche der Westgoten und der Burgunder und südlich des „Königreichs des Childerich". (siehe die Karte auf S. 183).

In den folgenden Jahren war Childerich offenbar mit seinem Reiterregiment in jedem Sommer unterwegs, um zusammen mit Ägidius und einigen von diesem angeworbenen Truppen für Ruhe und Ordnung in diesem Restgebiet der „Romanitas" zu sorgen. Immer wieder machten Westgoten oder Burgunder Einfälle, „sächsische" Seeräuber hatten sich auf Inseln in der Loire-Mündung festgesetzt und plünderten die alten Städte, Alemannen kamen über den Rhein und versuchten sich im Osten Galliens anzusiedeln - - es gab keine Ruhe für die letzten Soldaten „Roms".

Einmal, 460, scheint Ägidius auch seinem Freund Childerich durch einen Kriegszug geholfen zu haben. Wahrscheinlich hatte sein Onkel Sigimer oder dessen Sohn Sigibert einen Hilferuf an das königliche Familienoberhaupt gesandt, weil das von ihnen beherrschte Köln von germanischen Horden bedrängt wurde. Nach dem alten Pakt zwischen den vier Söhnen Chlodios war Childerich eigentlich zur Hilfe verpflichtet, aber vielleicht nahm ihm Ägidius den Kriegszug ab, um mit „römischen" Soldaten die alte Stadt am Rhein wieder römischer Herrschaft unterstellen zu können. Nach Andeutungen in alten Quellen scheint ihm das auch gelungen zu sein: die Germanen wurden vertrieben und die

Merowech-Verwandten konnten weiter „im Namen Roms", aber praktisch völlig unabhängig, die Stadt beherrschen.

Acht Jahre lang blieb König Childerich mit seinem Freund Ägidius verbündet, der in Reims, später in Soissons residierte. 465 starb dieser und sein Sohn Syagrius trat in die Fußstapfen des Vaters. Childerich unterstützte weiter diesen Sohn seines Freundes.

Möglicherweise haben die acht Jahre, in denen Childerich mit und für seinen Freund Ägidius stritt und dazu jeden Sommer außer Landes war, später zu der Legende geführt, der König habe „im Exil gelebt" und eigentlich sei Ägidius der König gewesen.

Diese „Zeit des Exils" hängt sehr eng mit der Legende zusammen, wie König Childerich zu seiner Frau gekommen sei. Dies wird etwas ausführlicher im nächsten Kapitel erklärt.

Ein Feldzug und zugleich eine Niederlage Childerichs lässt sich aus Andeutungen in einem Gedicht des gallischen Dichters und Bischofs Sidonius Apollinaris entnehmen. Diesmal auf eigene Faust, aber offenbar mit Unterstützung von Kriegern des Königs von Cambrai, des Reichs seines Vetters, dürfte er versucht haben, die kleinen germanischen Stämme an der belgischen und holländischen Nordseeküste zu einem Bündnis zu bringen oder seiner Befehlsgewalt zu unterstellen. Doch statt wie gewohnt zu siegen, scheinen die Truppen Childerichs eine demütigende Niederlage erlitten zu haben. Schiffe der westgotischen Feinde aus Bordeaux sollen dabei die Hand im Spiel gehabt haben. Der König aus Cambrai wurde dabei gefangen genommen. Man brachte ihn nach Bordeaux und schor ihm die Haare; jedenfalls berichtet Sidonius Apollinaris von dort von dem „greisen Sygambrer" mit „geschorenem Haar" [90].

---

[90] Sidonius Apollinaris, Poemes, Tome I (französ. Übers., Paris 1960) Epist. VIII, 4, IX 5, Vers 28-29,.

Dieses Ereignis hat offenbar das Interesse Childerichs und seiner Nachkommen an den Gegenden nördlich seines kleinen Reiches gründlich zerstört. Erst mehr als ein Jahrhundert später begann sich das Frankenreich auch nach Norden auszudehnen, so nachdrücklich es auch seine Macht im Westen und Süden Galliens erweiterte. Das Ergebnis dieser erzwungenen Zurückhaltung kann man heute noch erkennen: die uralte Sprachgrenze zwischen Flämisch/Germanisch und Wallonisch/Französisch/ Romanisch, die heute Belgien mehr denn je teilt, folgt offenbar ziemlich genau der einstigen Grenze des frühen Merowinger-Reiches im Norden [91].

Gegen Ende seines Lebens empfing König Childerich eine unerwartete Ehrung durch Zeno, den Kaiser des Römischen Reiches in Konstantinopel. Etwa im Jahr 477 dürfte ihm ein Gesandter dieses Kaisers feierlich ein Paludamentum, einen Prunkmantel für römische Generäle, sowie eine ansehnliche Menge römischer Goldmünzen überreicht haben.

Das W e s t römische Kaiserreich war inzwischen durch den germanischen Söldnerführer Odoaker beendet worden. Der hatte dessen Hauptstadt Ravenna erobert und den letzten Kaiser, den minderjährigen Romulus Augustulus, abgesetzt (476). Nun hatte das Reich nach fast 200 Jahren wieder nur e i n e n Kaiser. Doch im Westen des Riesenreiches hatte der praktisch kaum noch etwas zu sagen. Immerhin, er konnte den wenigen dort verbliebenen Kämpfern für Rom zur Ermunterung Orden schicken, wie man den Vorgang heute nennen würde.

König Childerich hatte in seinem langen kriegerischen Leben nie gegen R ö m e r gekämpft, immer nur gegen deren Feinde. Auch wenn er nicht mehr durch einen heiligen Schwur an einen

---

[91] Henri Pirenne, *Histoire de Belgique*, Brüssel 1949, S. 23, weist auf die Tatsache hin, dass keinerlei Exklaven oder fremde Sprachinseln existieren, die Abgrenzung sei absolut sauber.

Kaiser gebunden war, so empfand er keinen Groll gegen die geheiligte Spitze eines Staates, dem seine Vorfahren gedient hatten, so lange sie zurückdenken konnten. Das schloss sicher nicht aus, dass er Verachtung und Abscheu empfand gegenüber vielen korrupten und verblendeten Repräsentanten dieses Staates. Gewiss hat sich Childerich über diese Ehrung durch den fernen Kaiser sehr gefreut.

Als König Childerich einige Jahre später in hohem Alter starb (vermutlich im Frühjahr 482), legte man ihn bekleidet mit diesem römischen Paludamentum in den Holzsarg, und die Beutel mit den vom Kaiser empfangenen Goldmünzen stellte man dazu. Auch alle seine Prunkwaffen fügte man bei, Schwert, Lanze, die Wurfaxt. Am Finger trug der tote König den Siegelring, den ihm ein römischer Goldschmied angefertigt hatte, mit dem er, der Analphabet, diktierte Briefe oder königliche Befehle bestätigen konnte. Der Ring zeigte wie bei einem römischen Kaiser das Gesicht des Königs und die Inschrift „Childerici regis".

Das alles war, wenn man so will, römischer oder auch germanischer Brauch für die Beisetzung vornehmer Toter. Aber das andere war s a r m a t i s c h : die 21 rituell geopferten und rund um den Sarg des Toten beigesetzten Pferde und der hohe Erdhügel, der die Grabstätte überwölbte. Sarmatisch war auch der Goldschmuck, der in Childerichs Grab gefunden wurde: Bienen in stilisierter Form..

Weil dieses Grab Childerichs so überzeugende „Beweise" für die Abstammung der merowingischen Könige liefert, müssen diese im nächsten Kapitel ausführlicher beschrieben werden. Sie stehen im engen Zusammenhang mit dem „Königreich der Thüringer", das etwa seit dem Jahr 460 von ausgewanderten Sarmaten vom Stamm der Roxolanen gegründet worden war. Denn aus dem gleichen Stamm kamen ja auch die Adligen, die seit dem Kastell Sicambria an der Donau ihren Fürsten bis nach Nordfrankreich gefolgt waren.

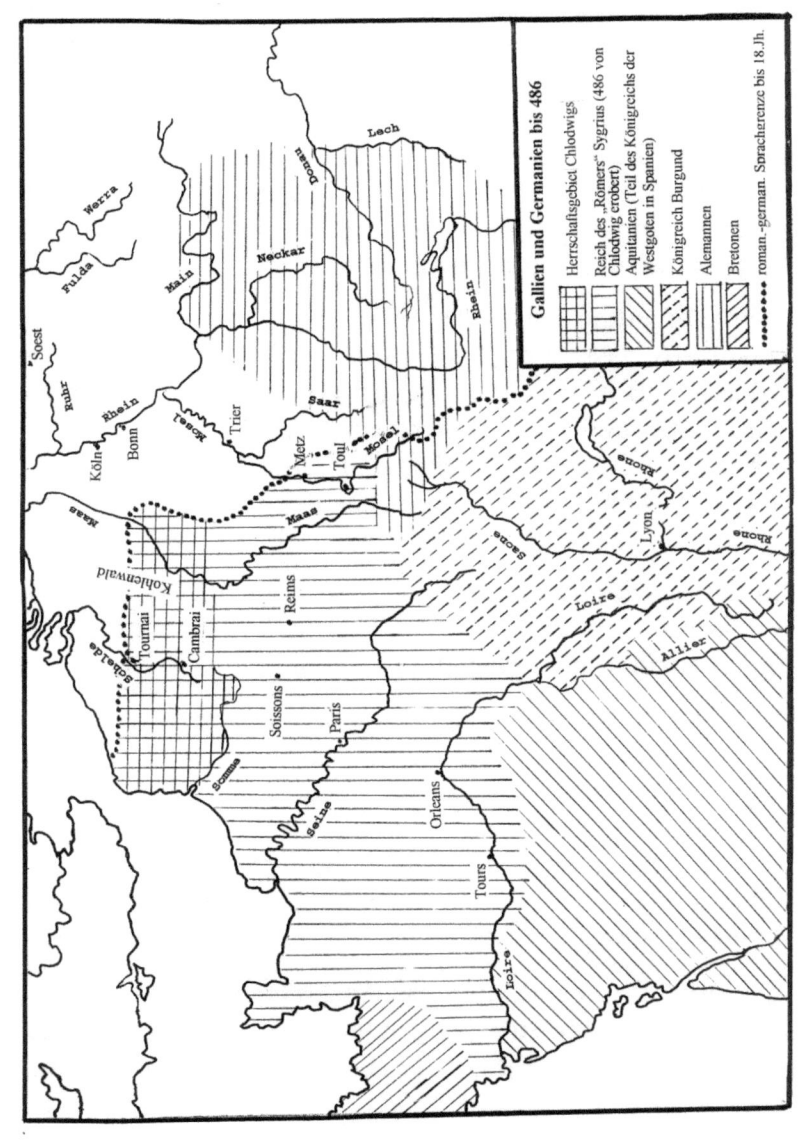

Gallien und Germanien bis 486

- Herrschaftsgebiet Chlodwigs
- Reich des „Römers" Sygrius (486 von Chlodwig erobert)
- Aquitanien (Teil des Königreichs der Westgoten in Spanien)
- Königreich Burgund
- Alemannen
- Bretonen
- roman.-german. Sprachgrenze bis 18. Jh.

183

16. Die thüringische Heirat und der Brauch der Pferdeopfer – Beweise in der Erde

In diesem Buch ist mehrfach bctont worden, dass es für die hier vertretenen Theorien nur wenige Beweise der Art gibt, die offenbar von den meisten „gelernten" Historikern allein akzeptiert wird: entsprechende Zitate aus alten S c h r i f t e n.

Aber eigentlich müsste auch ein „berufener" Historiker anerkennen, dass a r c h ä o l o g i s c h e F u n d e ebenfalls eindeutige B e w e i s e liefern können. Allerdings muss man dafür „eins und eins zusammenzählen" oder manchmal eine Gleichung mit zwei Unbekannten auflösen. Man muss in der Lage sein, Ähnliches oder Gleiches bei Funden zu erkennen, die in ganz verschiedenen Gegenden gemacht wurden.

In der Beschreibung des Lebens König Childerichs wurde alles ausgelassen, was mit seiner Hochzeit zu tun hat, um es in diesem Kapitel ausführlicher darstellen zu können.

Gregor von Tours [92] erzählt, König Childerich sei wegen *„seines ausschweifenden Lebenswandels"* von seinem Volk gezwungen worden, ins Exil zu gehen. Acht Jahre lang habe er bei den Thüringern gelebt. Nach seiner Rückkehr an die Schelde sei ihm die thüringische Königin Basina nachgereist, um Childerich zu heiraten. Sie wurde die Mutter des berühmten Königs Chlodwig.

Der gute Kenner der fränkischen Frühgeschichte, Eugen Ewig, hat diese Story für eine „Legende" erklärt [93]. Das war sie auch, aber wohl in einer völlig anderen Weise, als der deutsche Historiker vermutete.

---

[92] Gregor von Tours, Buch II, Kap. 23
[93] Eugen Ewig, *Die Franken und Rom,* in: Rheinische Vierteljahresblätter Jg. 71 (2006), S. 17

Hier muss eine kurze Erklärung zu den historischen Vorgängen in den Jahren 455 bis 465 - also der ersten Hälfte der Herrschaft König Childerichs - im fernen Thüringen eingefügt werden. Denn dort dürften in dieser Zeit aus Pannonien eingewanderte S a r - m a t e n die Herrschaft übernommen haben. Näher wird das beschrieben im Band 4 dieser Reihe: **„Thüringen war einmal ein Königreich – und die Könige kamen aus der Fremde".**

Zutiefst verstört durch die unaufhörlichen Kriege zwischen den verschiedenen germanischen Stämmen im Nordteil der Balkanhalbinsel nach dem Ende der hunnischen Zwangsherrschaft (im Jahr 454) wanderten damals praktisch alle S a r m a t e n aus dieser Gegend aus, um sich in ruhigeren Gegenden Europas Wiedeplätze für ihr Vieh und Lebensraum für ihr Volk zu suchen. So kamen in diesen Jahrzehnten sarmatische Dracones nach Polen, Mähren, Tschechien, Kroatien und andere Regionen Osteuropas (siehe dazu Band 1 der Reihe: **„Sarmaten: Unbekannte Väter Europas"**). Aber auch nach Mitteleuropa gelangten verschiedene Teile dieses Volkes: nach Westfalen – und von da aus später nach Niedersachsen -, nach T h ü r i n g e n und etwas später nach Schwaben. Diese Vorgänge werden in den Bänden 2, 3, 4 und 5 der Reihe näher beschrieben und begründet.

In Thüringen waren es Teile, vielleicht letzte Überreste des alten Sarmaten-Stammes der Roxolanen, die dort um das Jahr 458 oder nur wenig später mit ihren Viehherden hinzogen. Anders als ihre Vorgänger und entfernten Verwandten 100 Jahre vorher – das waren die Leute aus dem Kastell Sicambria gewesen – kamen sie in so großer Anzahl, dass die germanischen Thüringer den Einwanderern eindeutig unterlegen waren und bald deren Herrschaft akzeptieren mussten.

Diese „Zeitung" (mittelhochdeutsch: „Nachricht") wird sicher bald durch reisende Kaufleute auch im fernen Westen König Childerich in Turnacum (Tournai) bekannt geworden sein. Vermutlich erfuhr er auch, dass ein Verwandter aus seiner eigenen

Fürstenfamilie namens Bisin beim heutigen Erfurt seinen Wohnsitz genommen hatte. Die Verwandtschaft war allerdings sehr weitläufig und ging „um sieben Ecken herum" und mehr als hundert Jahre zurück.

Die folgenden Vermutungen sind eine – zugegeben spekulative – Auslegung der von Gregor von Tours überlieferten Version der Legende unter Benutzung der (einigermaßen) feststehenden historischen Fakten.

König Childerich in seinem inzwischen völlig unabhängigen Reich in Nordgallien war zwar militärisch ziemlich erfolgreich, aber er hatte mangels einer standesgemäßen Ehe noch keinen Nachfolger. Denn bisher hatte er noch keine passende Ehepartnerin gefunden. Als König war für ihn nur eine Prinzessin aus einem anderen Königshaus akzeptabel. Doch mit den germanischen Königshäusern der Westgoten und der Burgunder in Südfrankreich war Childerich so verfeindet, dass eine Verschwägerung mit ihnen nicht in Frage kam.

So war vielleicht die Nachricht aus dem fernen Germanien hochwillkommen , dass eine entfernt verwandte Familie es zum Rang eines Fürsten gebracht habe. Warum soll nicht Childerich einen Vertrauten namens Wiomad nach Thüringen geschickt haben ? Der brachte dem Fürsten Bisin die Glückwünsche des Königs aus Gallien und schlug ihm gleichzeitig vor, sich doch selbst auch zum König machen zu lassen. Außerdem bat Childerich um die Hand der Schwester Bisins, Basina.

Der Bote Wiomad wird vom Historiker Fredegar an passender Stelle erwähnt; er gibt die von Gregor festgehaltene Legende wieder, ergänzt sie aber um die Mitteilung, dieser Wiomad habe den im Exil weilenden Childerich zur Rückkehr aufgefordert. Woher wusste Fredegar diesen Namen, der absolut kein germanischer, eher ein sarmatischer Name ist ?

Für Childerich war die Ehe mit einer entfernten sarmatischen K ö n i g s schwester bestimmt ein Ausweg aus seinem Eheproblem, und für Bisin die ihm vorgeschlagene Rangerhöhung hoch willkommen. Beide Seiten hatten also von diesem „Deal" viel zu gewinnen, das macht seine Wahrscheinlichkeit groß. Gleichzeitig hatten aber beide Seiten kein Interesse, dass die wahren Hintergründe bekannt wurden. Also wurde eine Legende gestrickt, deren mündliche Nachklänge Gregor von Tours ein Jahrhundert später bereits etwas verwirrt erzählt wurden.

Die im Folgenden dargestellte Indizienkette ähnelt zwar etwas einer Gleichung mit zwei oder drei Unbekannten, doch ist ihr Lösungsgang sehr eindeutig im Band 4 dieser Buchreihe erläutert.

Die Verwandtschaft der Könige aus dem Merowinger-Geschlecht mit dem thüringischen Königshaus ist historisch; daraus ergab sich ja die Eroberung Thüringen durch Söhne Chlodwigs im Jahr 531. Doch das gehört nicht in dieses Buch.

Woher wusste aber ein Wappenmaler im Jahr 1542 von der Verwandtschaft des Herzogshauses der Bourbonen in Frankreich mit dem längst untergegangenen thüringischen Königen ? Im Internet [94] ist ein Wappen abgebildet, das exakt dem französischen Lilienwappen gleicht: auf dunkelblauem Feld sechs goldene Lilien ! Es sollte angeblich das Wappen des Königreichs Thüringen darstellen. Doch gab es zu dessen Zeit noch keine Wappen nach hochmittelalterlicher und neuzeitlicher Form. Und das Herzogshaus der Bourbonen hatte im Jahr 1542 auch noch nicht den Königsthron Frankreichs bestiegen, das dauerte noch ein halbes Jahrhundert.

---

[94] Wikipedia, Stichwort Thüringen - Geschichte (2015)

Andererseits haben die französischen Adelshäuser der Kapetinger und der Bourbonen, die ab dem 10. Jahrhundert die französischen Könige stellten, immer Wert darauf gelegt, Nachfahren der Merowinger zu sein. Wenigstens in Adelskreisen Thüringen müssen noch in der frühen Neuzeit einige von den Verwandtschaftsverhältnissen der alten Könige gewusst haben.

Ebenfalls in Band 4 ist eine Besonderheit der Adligen aus dem Volk der Sarmaten näher beschrieben worden. Sie trugen im Kampf zu Pferd über ihrer Eisenrüstung einen Wollmantel, der ihnen beim schnellen Ritt wie eine Fahne hinterher wehte. Als Fahne im Kampfgetümmel sollten diese Mäntel auch dienen. Sie unterschieden sich in Farbe und Muster je nach dem S t a m m, zu dem die Adligen gehörten. Bei den Roxolanen war der Mantel dunkelblau, bei den Jazygen rot-weiß kariert, usw. Beim Stamm der Roxolanen galt darüber hinaus die Besonderheit, dass der F ü r s t (oder Oberste eines Draco) auf dem dunkelblauen Mantel noch kleine goldene Bienen trug.

Genau solche Schmuckstücke sind im Grab Childerichs in großer Zahl gefunden worden. Schon früh wurde vermutet, u.a. von Chifflet [95] und in der Neuzeit von Wenskus [96], dass sie auf dem Mantel des Toten befestigt gewesen waren, der natürlich nach 1100 Jahren in der Erde vollständig vergangen war. Auf dem Weg der blauen Farbe und den goldenen Zeichen darauf bis in das hochmittelalterliche Wappen der französischen Könige haben dann geschickte Goldschmiede die „heidnischen" Bienen in äußerlich sehr ähnliche, „gut christliche" Lilien verwandelt.

Die Darstellung muss noch einmal etwas ausführlicher auf das Grab Childerichs zurückkommen, weil noch ein anderer B e -

---

[95] siehe dazu S. 187

[96] Reinhard Wenskus, *Religion abatardie – Materialien zum Synkretismus in der vorchristlichen politischen Theologie der Franken;* S. 219, In: Iconologia sacra, Festschrift für Karl Hauck, . Berlin-New York 1994*i*

w e i s für die sarmatische Abstammung des dort Beigesetzten zu finden ist. Das ist der Brauch der Pferdeopfer.

In der Stadt Tournai (flämisch Doornik in der Provinz West-flandern im heutigen Belgien) wurde schon im Jahr 1653 ein monumentales Königsgrab gefunden, das eindeutig dem historischen König Childerich zuzuordnen ist. Denn man fand am Skelett des Toten einen goldenen Ring mit einem „Porträt" und der Inschrift „Childerici regis".

Dieser sehr frühe archäologische Fund war ein Glücksfall für die Geschichtsforschung, denn wohl zum ersten Mal wurden die im Grab gefundenen Wertgegenstände nicht geraubt oder einge-schmolzen, sondern sorgfältig geborgen, registriert und aufbe-wahrt. Vor allem wurden sie in einem Buch beschrieben und in genauen Zeichnungen dargestellt, soweit das im 17. Jahrhundert möglich war [97]. Es war zwar ein Verlust, als 1831 die in einem Pariser Museum verwahrten Schätze größtenteils gestohlen wur-den und unwiederbringlich verschwanden. Aber der gedruckte Buchtext und vor allem die Abbildungen darin konnten doch die meisten Schätze dem späteren Andenken bewahren. Eine genaue Nachuntersuchung durch französische Archäologen in den 80er Jahren des 20. Jahrhunderts ergab zudem zahlreiche weitere wichtige Details [98].

So konnten die Archäologen Perrin und Kazanski feststellen, dass nach der Beisetzung Childerichs im Jahr 481 (oder 482 ?) ein riesiger Grabhügel von 20 – 40 Meter Durchmesser das Grab überragte, *„bei den Germanen während der spätrömischen Zeit nicht bekannt"* [99]. In dem Grabungsbericht heißt es weiter: *„Man kann natürlich an einen östlichen Einfluss denken, der mit den*

---

[97] Jean Jacques Chifflet, gedruckt 1655
[98] P. Perrin, M. Kazanski, *Das Grab Childerichs I.* ,in: Die Franken – Wegbereiter Europas, Katalog zur Ausstellung Mannheim 1996, Bd. I., S. 173
[99] a.a. O.

Hunnen oder Alanen im 5. Jahrhundert aus der Steppe gekommen ist ... Im Umkreis dieses angenommenen Grabhügels wurden drei Gruben, die insgesamt 21 geopferte Pferde enthielten, freigelegt. Es ist möglich, dass in der Grabkammer auch eine Frau und ein Reitpferd begraben worden sind."

Der Archäologe Alfried Wieczorek stützte sich auf dieselben Forschungen: *"Bemerkenswert in Childerichs Grab ist das beigegebene Pferd, an dessen Schädel ein goldener Stierkopf-Anhänger prangte"* [100]. Der Autor kommentiert diese so: *"Amts- und Würdezeichen des Römischen Reiches, eine kostbare Rüstung und Ausrüstung aus mediterranen Werkstätten und ein heidnisch-thüringischer (!!) Bestattungsbrauch und Grabbau prägten also das Grab eines fränkischen Königs".*

Etwas mutiger als Wieczorek in der Deutung der Herkunft dieser Bräuche waren die Archäologen, die selbst die Nachgrabung in Tournai durchgeführt hatten. Sie glaubten, gewisse Parallelen zum Childerich-Grab in angeblich germanischen Gräbern in Siebenbürgen (Rumänien, in Apahida) und in K a u k a - s i e n an der Ostküste des Schwarzen Meeres gefunden zu haben [101]. Dort hat es aber nie Germanen gegeben, wohl aber Alanen, ein bekanntlich von Sarmaten abstammendes Reiter-hirtenvolk !

Childerichs Grab ist keineswegs das einzige "Pferdegrab" im westlichen Belgien und Nordfrankreich. Bis hin zur französischen Nordseeküste haben Archäologen eine ganze Anzahl derartiger Gräber gefunden. A. Wieczorek hat sich auch darüber Gedanken gemacht: Dort seien wohl Gefolgsleute des Königs beigesetzt worden. *"Sie ahmten damit die besondere Bestattungsform des*

---

[100] Alfried Wieczorek, *Identität und Integration – Zur Bevölkerungspolitik der Merowinger nach archäologischen Quellen,* in: Frankenkatalog (s. Anm. 98), S. 346
[101] Perrin/Kazanski a.a.O.

Königs nach" [102]. Doch es war der normale Beisetzungsbrauch für hohe sarmatische Adlige.

Genau solche Gräber wie in Tournai sind von russischen Wissenschaftlern längst zu hunderten in Innerasien gefunden worden, unter den Kurganen (Grabhügeln) der nordiranischen S k y - t h e n, der Verwandten und Vorgänger der Sarmaten [103]

Nur deutsche Archäologen haben wenigstens bis vor Kurzem an der Überzeugung festgehalten, dass der „Pferdeopfer-Brauch" in Childerichs Grab von den „Franken" kam, und diese waren ja nach ihrer festen Überzeugung Germanen. So konnte der Archäologe Wilhelm Gebers zwar die Ähnlichkeit der Pferdegräber in Tournai mit anderen Gräbern in Niedersachsen und Thüringen feststellen, aber nach seiner Überzeugung dienten sie dem damit Geehrten „zum Ritt nach Walhall" [104].

---

[102] A. Wieczorek, a.a.O., S. 346
[103] I. Ionitsa, in Reallexikon d. german. Altertumskunde, Bd. 23: Sarmaten – Archäologie)
[104] Wilhelm Gebers, *Auf dem Weg nach Walhall – Die Pferde der Altsachsen, Begleiter in Leben und Tod.* Lohne(Niedersachsen) 2004

191

17. Chlodwig, ein junger Mann mit großem Ehrgeiz

König Chlodwig ist die Schlüsselperson in der Geschichte der Dynastie der Merowinger. Er beendete die Reihe der „sagenhaften" Vorfahren, über die aus den „normalen" Geschichtsquellen fast nichts zu erfahren ist. Die im Teil I dieses Buches beschriebenen anderen Quellen wurden ja von den Historikern, die sich mit dieser Zeit beschäftigt haben, nie benutzt.

Chlodwig war es auf der anderen Seite, der in zwei Feldzügen, mehr als zwei Jahrzehnte auseinander, den größten Teil des alten Gallien eroberte und der die Nebenlinien seines Hauses ohne jede verwandtschaftliche Rücksichtnahme auslöschte und so allein s e i n e n Erben ein riesiges „Königreich der Franken" hinterließ, das dann für Jahrhunderte die Geschichte des Abendlandes bestimmen sollte.

Chlodwig war es aber auch, der im Bündnis mit den katholischen Bischöfen seiner Zeit mit Geschick und Entschlossenheit dafür sorgte, dass alles Wissen über die V e r g a n g e n h e i t seiner eigenen Familie verfälscht oder unterdrückt wurde – fast jedenfalls, denn sonst wäre dieses Buch nicht möglich geworden.

Wieder geht es hier nicht darum, eine genaue „Geschichte Frankreichs im Mittelalter" vorzulegen, sondern nur, eben diese verfälschte und unterdrückte Vergangenheit der Merowinger-Familie ans Licht zu bringen. Daher werden aus Chlodwigs Leben nur einige wenige Vorgänge näher behandelt, die mit diesem Thema besonders zu tun haben.

Beim Tod seines Vaters Childerich zählte der Thronfolger erst 16 Jahre. Dennoch war er nach dem Brauch bei Adligen im Frühmittelalter, gleich welchen Volkes, schon „zu seinen Jahren gekommen", das heißt volljährig und daher in seiner Königsherrschaft nicht beschränkt. Sicher war er es auch gewesen, der die Anlage eines Grabmals für seinen Vater befohlen hatte, wie es der Brauch für s a r m a t i s c h e Fürsten erforderte. Denn ein „Kurgan", ein Hügel aus Steinen und Erde über dem in die Erde versenkten Sarg, und ein Pferdeopfer waren für einen Fürsten seines Volkes seit mehr als tausend Jahren üblich, noch in der alten Heimat im südlichen Sibirien, als noch die Vorfahren der Sarmaten, die Skythen, dort lebten. Germanen kannten diesen Brauch nicht.

Die Größe des Hügels und die Zahl der dem toten Childerich geopferten Pferde allerdings waren wohl sehr außergewöhnlich und entsprangen dem Wunsch des Sohnes, nicht nur seinem Vater, sondern auch sich selbst, dem neuen jungen König, ein unüberbietbares Denkmal für die Zukunft zu setzen.

Kurze Zeit scheint Chlodwig noch an dem Bündnis mit seinem südlichen Nachbarn Syagrius festgehalten zu haben, das die Väter Childerich und Ägidius einst begründet hatten. Was dann – wohl im Jahr 485 – geschah, schildert Gregor von Tours in naiver Kürze: Chlodwig griff in einer Schlacht die Truppen des Syagrius an und besiegte sie. Dem „letzten Römer" aus Soisssons gelang es, zu flüchten. In seiner Not wandte er sich nach Süden ins Reich der Westgoten. Doch deren König wog offenbar den Grad der Feindschaft zu seinen beiden Nachbarn im Norden ab, und er entschied sich, den Syagrius dem mächtig gewordenen König Chlodwig auszuliefern.

Was hinter diesem Seitenwechsel Chlodwigs steckte und welches Schicksal den Syagrius erwartete, hielt der Historiker und Bischof Gregor von Tours nicht für nötig zu berichten. Doch auch das Unausgesprochene wirft ein bezeichnendes Licht auf den Charakter des jungen Königs der Sicambrier.

Nach der e i n e n Schlacht, die offenbar für den Sieg über Syagrius genügt hatte, war das „Reich" des Königs Chlodwig plötzlich um das Fünffache größer geworden, noch größer wahrscheinlich die Zahl der Untertanen. Vor allem waren das nun nicht mehr vorrangig arme Bauern und kleine Handwerker, sondern dazu gehörten jetzt auch zahlreiche „Römer", wohlhabend und einflussreich in den verschiedenen Städten, sowie eine große Anzahl christlich-katholischer Bischöfe und Geistlicher und eine Bevölkerung, die ganz überwiegend diesem Glauben anhing. Denn das „Reich" des Ägidius und später seines Sohnes Syagrius umfasste ja die ganze verbliebene „Romanitas" im Norden Frankreichs, die Städte Tours, Orleans, Soissons, Reims, Paris und viele andere.

Neben den „Römern" werden allerdings noch zahlreiche andere „Nationalitäten" in Chlodwigs neuem, größeren Reich gelebt haben. Das waren germanische Söldner unterschiedlicher Herkunft mit ihren Familien, die schon seit Generationen ihre Äcker bebauten und nebenbei die alten römischen „Burgi" bewachten. Aber auch Alanen und möglicherweise versprengte kleine Gruppen von Hunnen und anderen Volksgruppen lebten im nördlichen Gallien. Nicht wenige Alanen waren 407 nach einem Streit um die Thronfolge in Gallien zurückgeblieben und hatten sich der römischen Seite als Hilfstruppen angeboten

Bald nach der Eroberung des „Reichs des Syagrius" dürfte Chlodwig aus dem äußersten Norden seines Einflussbereichs, aus Tournai, nach Soissons übergesiedelt sein, in den Statthalterpalast, den Ägidius und Syagrius vorher als Regierungssitz benutzt hatten.

Auch wenn Gregor von Tours darüber kein Wort verliert, ergibt simples Nachdenken, dass Chlodwig die Form seiner Regierung gründlich verändern musste. Wie auch die germanischen Könige der Westgoten und der Burgunder in ihren Reichen weiter südlich musste er weitgehend auf die Gepflogenheiten zurückgreifen, die die Jahrhunderte alte Herrschaft der Römer hinterlassen hatte, im Wirtschaftssystem und auch in der Verwaltung der unteren Ebenen, der zahlreichen kleinen Städte und ihrer Umgebungen. Für die Menschen dort sollte sich möglichst nicht viel ändern, außer natürlich, dass ihre Steuern nun dem neuen König Chlodwig zugute kommen sollten.

Chlodwig benötigte nunmehr einen, wenn auch kleinen, Hofstaat, eine Kanzlei mit schreib- und lesekundigen höheren Bediensteten. Im größeren Reich genügten nicht mehr mündliche Befehle an einige sarmatische Adlige. Vielleicht hat schon Chlodwig dort die Ämterteilung eingeführt, die später die Regierungsform der merowingischen Könige so bezeichnend von germanischen Königshöfen unterschied, nämlich die Aufteilung nach bestimmten Ressorts. Da gab es wohl schon früh einen „Verwalter des Schatzes", einen „Mundschenk", der für die Verpflegung des Königs und seiner Hofgenossen verantwortlich war, einen „Kanzler" – sicher ein Römer – für das Schreibwesen und einen „Comes stabuli" (Stallmeister, Mareskalk/Marschall) als Befehlshaber der berittenen Garde des Königs.

Diese Ämterteilung war vielleicht ein Erbstück aus dem sigambrischen Blutanteil in Chlodwigs Genen von seinem Urgroßvater Chlodio her. In den Wäldern zwischen Ruhr und Sieg hatte es wohl schon eine ähnliche „Ressorteinteilung" für die hervorgehobenen Helfer eines „heiligen Fürsten" der Sigambrer gegeben (siehe Kap. II.6). Dieser Brauch scheint dann mit den „Cugernern" an den Niederrhein gewandert zu sein und wurde von den sarmatischen Erben von deren Fürstenfamilie übernommen.

Nur einen eigenen „Major domus" (Hausmeier), gewissermaßen als „Ministerpräsidenten" der „königlichen Regierung", hat König Chlodwig sicher noch nicht ernannt; diese Aufgabe hat er bestimmt nicht aus der Hand gegeben, auch wenn er mit großer Wahrscheinlichkeit zeit seines Lebens Analphabet geblieben ist. Die hervorgehobene Rolle eines „Major domus" entstand erst unter den Merowinger-Königen der nächsten Generationen.

In diesen Jahren, sehr bald nach der Eroberung des „Römerreichs" mitten in Gallien, dürfte Chlodwig sich entschieden haben, den Titel „König der Franken" anzunehmen. Wieder fehlt jeder Hinweis darauf in den Schriften aus dem Frühmittelalter. Gregor von Tours rätselte ja bereits hundert Jahre später herum, seit wann und wo es diesen Titel bei den „Franken" zuerst gegeben habe. Das ist ein deutliches Zeichen für den Erfolg Chlodwigs bei der Verschleierung der Motive und näheren Umstände der Annahme dieses Titels.

Es ist nützlich, sich klarzumachen, welch tiefgreifenden psychologischen Eindruck der Sieg Chlodwigs über Syagrius bei den Einwohnern Nordfrankreichs machen musste.

In Merowechs winzigem „Reich" gab es 30 Jahre zuvor, als d e r den Königstitel annahm, keine „Römer" mehr. Denn als solche können sich in der Spätantike und vor allem in Gallien nur die reichen (und daher einflussreichen) Bürger gefühlt haben, nicht die über 95 Prozent der „kleinen Leute", meist „Einheimische" oder Abkömmlinge von Sklaven, die nicht lesen und schreiben konnten und praktisch kein Geld hatten.

Im Zuständigkeitsbereich des Syagrius südlich der Somme war das anders. Er hatte bis zu dessen Niederlage und Flucht immer noch ein Oberhaupt gehabt, das bewusst als Vertreter der „Romanitas" auftrat, es gab dort auch viel mehr Einwohner, die sich noch bewusst als „Römer" fühlten.

Plötzlich sahen nun diese Menschen einen Herrn über sich, den sie wie alle Römer für einen „Franken" hielten (siehe dazu Kap. II.5, S. 108 f.). Er war in ihren Augen nur einer der vielen heimlich verachteten Fremden, die da im Lauf des letzten Jahrhunderts so zahlreich über den Rhein gekommen waren und angeblich als Helfer das Reich der Römer verteidigen sollten. Doch der hatte nun plötzlich die Macht über die „richtigen Römer". Seine vielen gut bewaffneten und berittenen Soldaten waren überall bereit, wenn notwendig Aufstände gegen den neuen Herrn mit brutaler Gewalt zu unterbinden. Die heimliche Verachtung des „Franken" Chlodwig war nun plötzlich in Furcht vor dem neuen Herrn umgeschlagen.

Dem jungen König Chlodwig war mit der Annahme des Titels „König der Franken" ein ganz entscheidender psychologischer Schachzug gelungen. Er konnte das erst dann tun, als er die Macht über viele hunderttausend „Römer" gewonnen hatte, die nun in Furcht vor dem neuen „barbarischen" Herrn erzitterten.

Und zugleich hatte er sich vom bisher unbedeutenden Befehlshaber eines sarmatischen Reiterregiments zum Oberkommandierenden einer Armee von zehntausend oder mehr „fränkischen Söldnern" in seinem Reich gemacht. Denn die vielen „Franken" im Lande konnten sich nun im Bewusstsein emporgehoben fühlen, plötzlich zur Herrenschicht des neuen Königreichs zu gehören, genau wie die Westgoten und Burgunder in Gallien und neuerdings die Ostgoten in Italien oder die Vandalen in Afrika. Sie werden dem neuen König Chlodwig gerne, ja mit Begeisterung ihren Gefolgschaftseid geschworen haben.

Es ist merkwürdig, von den modernen Historikern, die sich mit Chlodwig und dem Frankenreich beschäftigt haben, hat offenbar kein einziger diese eben beschriebenen Überlegungen angestellt - es gibt ja keine antiken Quellen dazu. Dabei wären sie selbst dann zutreffend gewesen, wenn Chlodwig tatsächlich Germane und „Franke" gewesen wäre.

Jetzt galt es nur noch, die Untertanen vergessen zu lassen, dass ihr neuer König diesen Titel erst seit allerjüngster Zeit trug. Denn altehrwürdige Herkunft war in diesem Jahrhundert für alle Könige „barbarischer" Völker innerhalb des Römischen Reiches Voraussetzung für ihr Ansehen bei den eigenen Leuten und bei den beherrschten Untertanen [105]. Sie war damit auch Grundlage für

---

[105]   Hierfür sprechen die verschiedenen Versuche im Frühmittelalter, Abstammungslegenden, sogenannte „origines gentis", zu schaffen: für die Goten (Jordanis), die Langobarden (Paulus Diaconus). Eine Abstammung einer königlichen Familie von einem (germanischen) Gott war dafür ein

das von den Göttern verliehene „Heil", ohne das kein antiker oder mittelalterlicher Herrscher Erfolg haben konnte.

Chlodwig war ganz gewiss stolz darauf, von zwei Göttern oder gottgleichen Menschen abzustammen und deren Zauberkraft in sich vereinen zu können: dem germanischen Gott Frô und dem jüdischen Messias Jesus, den die Christen sogar als Gott verehrten. Doch gerade dieses „Heil" und diese Abkunft erwies sich im Laufe der Regierungszeit des Königs immer mehr als „Stein des Anstoßes" und hinderlich, gerade jetzt, wo er von zahlreichen christlichen Bischöfen bedrängt wurde, sich doch endlich taufen zu lassen.

Die Hintergründe dieses Konflikts, die Motive der Beteiligten und die schließliche Lösung wird das folgende Kapitel versuchen aufzuhellen. Hier sei nur so viel festgestellt, dass es sowohl König Chlodwig wie den Bischöfen sehr darauf ankommen musste, im Bewusstsein der Untertanen die Überzeugung zu festigen, schon Chlodwigs Vorfahren seien seit vielen Generationen „Könige der Franken" gewesen. Dafür aber musste die Tatsache möglichst in Vergessenheit geraten, dass sie bis vor wenigen Jahren in Wahrheit nur erbliche Anführer eines sarmatischen Reiterregiments von 500 Kriegern gewesen waren.

Doch einen gewissen Erfolg scheint Chlodwig tatsächlich erzielt zu haben, was die Verschleierung der s a r m a t i s c h e n Abstammung anging. Im Kapitel I.8, S. 41 f. ist beschrieben worden, dass offenbar aus diesem Anlass die uralte Lederhaut mit dem Stammbaum der Adelsfamilie in Latein neu geschrieben und dabei mindestens ein „Spitzenahn" namens „Francus" ergänzt wurde. Der Schriftsteller Joannes Lydos berichtete im fernen Byzanz in Griechisch davon, dass *„die Sycambrer (!!) von den Leuten an Rhein und Rhone heute nach einem Hegemon* (Herr-

---

wichtiger Bestandteil. Siehe dazu Alheydis Plassmann, Origo gentis, Berlin 2006, Anm. 9 .

scher) *F r a n k e n genannt werden*"[106].- Die Nachricht stammt zwar erst aus einem Schriftwerk um das Jahr 560, also 80 Jahre später, doch bei der Seltenheit antiker Schriften aus diesem Zeitalter, die sich mit den Zuständen im einstigen römischen Reich in Europa beschäftigen, ist selbst dies ein willkommener Brosamen.

Noch schwieriger zu verschleiern war es, dass Chlodwig seine „Zauberkraft" auf seine angebliche Eigenschaft als Bluterbe Jesu zurückführte. Hier war eine lange Auseinandersetzung mit den Spitzen der christlichen Kirche nötig, über die im nächsten Kapitel zu berichten ist.

Zum Abschluss d i e s e s Kapitels bleibt noch der Versuch, zusammenfassend den Charakter des Königs Chlodwig zu beschreiben. Verschiedene „Geschichten der Franken", verfasst von modernen Historikern, haben sich in einer Ausdeutung von Chlodwigs Charakter versucht [107]. Kurz gefasst: er war, wie die meisten seiner Zeitgenossen auf einem Königsthron, ein rücksichtsloser, nur auf den eigenen Vorteil bedachter Herrscher, der auch plötzliche politische Kehrtwendungen nicht scheute. Moralische Skrupel kannte er wohl nicht, auf keinen Fall gegenüber Gleichrangigen, wenn er sie als Konkurrenten auffasste. Und ehrgeizig muss er schon als junger Mann gewesen sein. Bei allem Zauberglauben, der auch ihn wie alle seine Zeitgenossen beherrscht haben wird, war er wohl kein tief religiöser Mensch, der über schwierige theologische Fragen hätte nachdenken können. Das ist festzuhalten, wenn es nun um die Fragen geht, die in Bezug auf die berühmte katholische Taufe des Königs Chlodwig zu stellen - - und möglichst auch zu beantworten sind.

---

[106]   Joannis Lydos, *De magistratibus,* II 56, zitiert von E: Ewig, *Troja und die Franken, S. 3*

[107]   U.a. von D. Geuenich, Chlodwigs Alemannenschlachten und Taufe , S. 423-437, in: D. Geuenich (Hrsg.), Die Franken und die Alemannen bis zur „Schlacht bei Zülpich" (496/97), Erg. Bd. 19 zum Reallexikon d. german. Altertumskunde, Berlin/New York 1999

18. Die Bekehrungs-Legende und der Ort der Schlacht bei Tulbiacum

Der Franken-Historiker und Bischof Gregor von Tours fasst die „Bekehrung" Chlodwigs zum Christen in einer höchst naiven Legende zusammen, die dennoch ungewollt ein wenig von den wahren Beweggründen des Königs verrät.

In einer „Schlacht bei Tulbiacum" gegen die Alemannen habe es um das fränkische Heer so schlecht gestanden, schreibt Gregor, dass König Chlodwig in seiner Verzweiflung den Christengott um Hilfe angefleht habe. Wenn der ihm beistünde, würde er sich als Christ taufen lassen. Gott half, und nun musste das Versprechen eingelöst werden.

Diese Legende ist von der Geschichtswissenschaft fast bis heute wörtlich geglaubt und damit zu „realer Geschichte" gemacht worden. Auch der Ort der Schlacht – angeblich Zülpich bei Köln – spielt eine höchst bemerkenswerte Rolle für die Ansicht der meisten deutschen und französischen Historiker über geschichtliche Vorgänge im Frühmittelalter in Mitteleuropa.

Es ist zweckmäßig, zunächst diese Jahrhunderte alten „Glaubenssätze" der europäischen Geschichtswissenschaft näher zu untersuchen - dabei wird sich herausstellen, dass sie nicht zutreffen -, ehe im nächsten Kapitel auf die vermutlich wahren Hintergründe der Taufe Chlodwigs als katholischer Christ eingegangen werden kann.

Die Schlacht bei „Tulbiacum" gegen die Alemannen muss es wirklich gegeben haben, aber offenbar viel s p ä t e r als von der Geschichtswissenschaft bisher angenommen: nicht im Jahr 496, sondern erst 506. Auch der O r t der Schlacht ist falsch, und vom Kern der L e g e n d e - der Selbstverpflichtung Chlodwigs zur christlichen Taufe im Fall seines Sieges – bleibt auch nichts übrig.

200

Die Aufklärung dieser hartnäckigen Irrtümer ist zugleich ein Lehrbeispiel, wie sehr kritikloses Festhalten am Wortlaut alter angeblicher Quellentexte und das ebenso kritiklose Sich-Verlassen auf Urteile früherer Fachkollegen „gelernte" Historiker bis heute zu Fehlurteilen verführt.

Noch im Jahr 1996 wurde in Frankreich feierlich das 1500-Jahr-Jubiläum der T a u f e Chlodwigs im Reims begangen, mit einem Staatsakt und einer feierlichen Messe, gehalten vom damaligen Papst Johannes Paul II. Im gleichen Jahr organisierte die deutsche Kleinstadt Zülpich im Rheinland ein großes internationales Historiker-Symposium und eine Ausstellung zur 1500. Wiederkehr der S c h l a c h t bei „Tolbiacum".

Eine Veröffentlichung des britischen Historikers Wallace-Hadrill [108] hat jedoch überzeugend nachgewiesen, dass beide Ereignisse, die Schlacht und die Taufe, erst zehn Jahre später stattfanden, nämlich im Jahr 506. Die Begründungen hierfür im Einzelnen müssen hier nicht dargestellt werden, sie sind jedenfalls sehr plausibel und passen in die übrige, inzwischen festgestellte „reale" Geschichte der Zeit. Damit sind aber viele Spekulationen über die Hinwendung Chlodwigs zum Christentum hinfällig, die von Historikern der Neuzeit angestellt wurden.

Der O r t der Alemannenschlacht ist aus dem Text Gregors von Tours zu entnehmen, allerdings nur auf Umwegen. In seiner „Legende" erwähnt er den Ort überhaupt nicht, nur sehr indirekt ist er zu erschließen. Nur ganz nebenbei, in einem Bericht über eine andere Schlacht, die Chlodwigs gegen die Westgoten in Vouillé in Südfrankreich im Jahr 507, erwähnt Gregor, dass der Merowinger Chloderich aus Köln an der Seite seines Vetters Chlodwig daran teilnahm, *„der Sohn des Sigibert nämlich mit*

---

[108] J. M. Wallace-Hadrill, *The long-haired Kings,* Toronto 1982, S. 63 f. .

dem Beinamen ‚der Lahme', der an der Schlacht gegen die Alemannen bei **Tulbiacum** *teilgenommen hatte. "*

Diese „Schlacht bei Tulbiacum" wäre nur eine weitere Legende im Kranz der um die Taufe Chlodwigs herum erfundenen, wenn nicht der Schlacht o r t Anlass zu den wildesten Spekulationen deutscher und französischer Historiker geboten hätte. Denn aus dem bei Gregor erwähnten „Tulbiacensim oppidum" lasen stolze Lokalpatrioten aus dem Rheinland „Tolbiacum". Die kleine Stadt Zülpich, 35 Kilometer südwestlich von Köln, hieß nämlich zur Römerzeit so, als sie noch ein Marktort und eine Pferdewechsel-station an der Kreuzung zweier wichtiger Römerstraßen war.

Wieso sich allerdings Franken und Alemannen ausgerechnet dort eine Schlacht liefern sollten, 300 Kilometer nordöstlich von Chlodwigs Residenz Soissons und völlig außerhalb seines Machtbereichs, das zu erklären, hat sich kein Historiker die Mühe gemacht. Stattdessen wurden Spekulationen über ein angeblich „mächtiges Reich der Rheinfranken" (im Unterschied zu den „Salfranken") zu Geschichts-„wissen" gemacht – es lohnt sich nicht, hier näher darauf einzugehen [109].

Doch vielleicht sollte auch einem Geschichtsprofessor einmal auffallen, dass die französische Stadt T o u l in Lothringen an der oberen Mosel

- in einem Manuskript der *Vitae Columbani* des Jonas von Bobbio (ca. 600 – 660) auf Lateinisch **Tulbiacum** (und nicht Tullum) heißt [110],

- Heimat eines christlichen Priesters namens „Vaast" (Vastatius) war, der nach einer Ortslegende dem König Chlodwig den ers-

---

[109] ausführlicher dazu Reinhard Schmoeckel, *Um den Ort der Schlacht „apud Tulbiacensim oppidum"*, in: Thidrekssaga-Forum (Hrsg.), *Forschungen zur Thidrekssaga Bd.1*, Bonn 2002, S. 173 ff.

[110] in *Quellen zur Geschichte des 7. und 8. Jhs., Bd. IV a, S. 488 f.*, hrsgg. von der Wissenschaftlichen Buchgemeinschaft Darmstadt 1982

ten Unterricht in der christlichen Lehre gab; möglicherweise hat er ihn sogar getauft, denn in der *Vita Sancti Remigii* des Venantius Fortunatus (530 – 609) wird erstaunlicherweise Chlodwigs Taufe gar nicht erwähnt [111] ;

- ein Gehöft 6 Kilometer nördlich der Stadt Toul seit uralter Zeit den Namen „Champs des Allemands" führt (hier sicherlich nicht „Deutsche", sondern „Alemannen" gemeint): der mögliche Schlachtort ?

- und dass die Reste der alten römischen Stadtmauer bis nach dem zweiten Weltkrieg sichtbar waren, die Mauern, von der der thüringische König Erminafried gestürzt wurde [112], als er (zu Friedensverhandlungen ?) nach „Tulbiacum" gekommen war [113].

Kein einziges solcher Indizien kann die Kleinstadt Zülpich im Rheinland als Beleg für die Alemannenschlacht für sich anführen.

Die völlige Unglaubwürdigkeit der angeblichen Rede Chlodwigs mit dem T a u f g e l ü b d e während der Schlacht springt ins Auge, wenn man den recht ausführlichen Text Gregors einmal im Wortlaut liest [114].

Erst einige Informationen über die historische Situation der A l e m a n n e n , zusammengestellt aus zahlreichen Erkenntnissen der Archäologie der letzten Jahrzehnte, können auch erklären, warum es überhaupt zu einer Schlacht mit den Franken kam, und zwar in Lothringen (Toul !).

Wie der Begriff „Franken" war die Bezeichnung „Alemannen" ein verallgemeinernder Name für verschiedene germanische

---

[111]   im angeführten Band *Quellen...*
[112]   laut Gregor von Tours, III. Buch, Kap. 8
[113]   Mitteilung von Dr. Hachet, Direktor des Museums der Stadt Toul
[114]   F. Muller, *Que sait-on exactement de Clovis ?*, in: Ètudes Touloises 2014, S. 13

Kleinstämme am Oberrhein im Mund der R ö m e r. Im 5. Jahrhundert lebten sie beiderseits des Flusses im heutigen Elsass und in Baden, mit einer Tendenz, sich nach W e s t e n , also nach Lothringen, auszudehnen. Während der unklaren Herrschaftsverhältnisse zwischen dem „Römerreich" des Ägidius/ Syagrius und dem Reich Childerichs und des frühen Chlodwig scheinen Alemannen sich dort bewusst angesiedelt zu haben, wie archäologische Funde und sogar Überreste in der dortigen Mundart belegen.

Das konnte der erstarkte König Chlodwig nicht auf die Dauer dulden. Die Schlacht bei Toul war offenbar der Beginn einer fränkischen Offensive gegen die Alemannen, die dabei anschließend aus allen Gebieten nördlich einer Linie etwa von Straßburg bis Heilbronn verdrängt wurden und südlich davon wenigstens eine fränkische Oberhoheit anerkennen mussten. Diese historischen Ereignisse gehören allerdings im Einzelnen nicht in dieses Buch. Sie haben aber die Geschichte und die Besiedlungsverhältnisse Westdeutschlands bis heute geprägt.

19. Zwei Seiten, e i n Wunsch, aber ein schweres Hindernis

War es wirklich so, dass König Chlodwig jahrelang von seiner zweiten – katholischen ! – Frau beredet werden musste, sich endlich als Katholik taufen zu lassen ? Gregor von Tours berichtet das. Diese „Lesefrucht" rät dazu, erst einmal die beiden Ehen Chlodwigs näher zu betrachten, ehe ganz allgemein die Einstellung dieses Herrschers zum Christentum behandelt wird.

Die alten Quellen, also Gregor, Fredegar und das „Liber historiae Francorum", verlieren kein Wort über die erste Ehe Chlodwigs. Sein ältester Sohn Theuderich muss dieser Ehe entstammen. Die Namenswahl könnte Historiker zu der Annahme verführen, Namensgeber sei der berühmte König Theoderich der Große der Ostgoten gewesen. Doch das kann nicht stimmen. Im Jahr 484, dem vermutlichen Geburtsjahr des Chlodwig-Sohnes, war dieser Theoderich zwar schon König seines Stammes der Ostgoten, aber er lebte noch immer irgendwo in Pannonien und bemühte sich um ein Bündnis mit dem oströmischen Kaiser in Byzanz. Im fernen Gallien wird man seinen Namen damals noch nie gehört haben.

Viel eher wahrscheinlich – aber natürlich auch nur eine Vermutung – ist eine Ehe des jungen Chlodwig mit einer entfernten Kusine aus der Familie der Fürsten der germanischen Sigambrer in der Nachbarschaft von Xanten. Denn diese Würde dürfte in einem Seitenzweig der Nachkommen des sarmatischen Fürsten Faramund weiter vererbt worden sein. Der Name – oder richtiger der „Titel" – „Theoderich" / „Dietrich" (germanisch: „Volksherrscher") war möglicherweise bei den Sigambrern ein „Leitname" ihrer Fürsten. Zu den Namensformen der „fränkischen Königsliste" passt er gar nicht (siehe Kap. I.11, S. 64).

Die Heirat mit einer Prinzessin der Fürstenfamilie der Sigambrer war kein gesellschaftlicher Abstieg. Denn vermutlich genoss diese Familie noch zu Chlodwigs Lebenszeit einen mindestens so guten Ruf wie die z.T. nur angeblich alten Königsfamilien der Westgoten oder der Burgunder (siehe dazu Kap. II.6, S. 114 f.). Der aus alter indoeuropäischer Sprachwurzel stammende Name „Theoderich" war möglicherweise so etwas wie eine Art Titel „heiliger Fürsten" bei Kelten und anderen Bewohnern Mitteleuropas schon in den Jahrhunderten v o r der Zeitenwende [115] .

Nach dem Tod dieser Frau musste sich Chlodwig nach einer anderen „ebenbürtigen" Gemahlin umsehen. Hier stand aber wieder die Feindschaft mit den benachbarten Königshäusern der Westgoten und der Burgunder entgegen, wie bei seinem Vater Childerich.

Der Historiker Fredegar berichtet jedoch eine hübsche Story hierzu. Chlodwig erfuhr, dass eine Nichte oder jedenfalls Verwandte des burgundischen Königs in Lyon, dessen Hauptstadt, in einer Art Gefangenschaft gehalten wurde. Ihr Vater war der Unterkönig der Burgunder gewesen, den sein Verwandter, der Oberkönig Gundobad, umgebracht hatte, um allein die Herrschaft auszuüben. Er hielt nichts mehr von dem archaischen Brauch, dass zwei Könige aus verwandten Linien gleichzeitig über das Volk herrschten. Außerdem war Gundobad Arianer, während der König aus der anderen Linie Katholik geworden war. Durch einen Vertrauten, einen gewissen Aurelianus, ließ Chlodwig diese Prinzessin Chrodechilde heimlich aus Lyon entführen – für diese war es mehr eine Befreiungsaktion. So weit der Bericht Fredegars.

---

[115]   Hierzu sind in der Zeitschrift DER BERNER des „Dietrich-von-Bern-Forums e.v." (seit dem Jahr 2000) mehrere Untersuchungen veröffentlicht worden.

Kein Wunder, dass Chrodechilde gerne ihren Befreier heiratete. So kam der „Heide" und zugleich „Fischerkönig" und „Nachkomme Jesu" zu einer katholischen Frau. Und es lässt sich durchaus vorstellen, dass ihr Einfluss zum Entschluss des Königs beigetragen hat, sich als Katholik taufen zu lassen. Chlodwig selbst war sicher überzeugt, mit dieser Ehe „einen Fuß in die Tür" zu eventuellen Erbschaftsansprüchen an das burgundische Königshaus gesetzt zu haben, abgesehen davon, dass er nun wieder eine eindeutig ebenbürtige Gemahlin gewonnen hatte. Auch wenn die Darstellung bei Fredegar von der Geschichtswissenschaft als „Sage" bezeichnet und deshalb für unbeachtlich gehalten wird, passt diese „Story" doch ausgezeichnet zu dem zu vermutenden Geschichtsbild. Chrodechilde wurde die Mutter von vier Söhnen Chlodwigs, von denen der erste allerdings schon kurz nach der Geburt starb.

Andere Motive als das gute Zureden seiner Frau waren aber wahrscheinlich für Chlodwig viel stärker, sich dem Christentum in seiner katholischen Form zu nähern. Von einer großen tief gefühlten Verehrung der „einzig wahren Religion" und einem inbrünstigen Glauben an Gott-Vater, Gott-Sohn und Gott-Heiliger Geist wird man wohl kaum ausgehen können. Theologische Beweggründe kann man bei Chlodwig sicher ausschließen. Selbst die „Legende" des Gregor von Tours vom „Taufgelübde" während einer Schlacht verrät ja allein die Hoffnung auf einen Sieg bei diesem „Deal" als Motiv des Königs.

Bis zu seinem Sieg über Syagrius waren keine Umstände eingetreten, die ein offizielles Bekenntnis Chlodwigs zur christlichen „Staatsreligion" nahe gelegt hätten. Er fühlt sich zwar nicht als „Römer", aber er hatte auch nichts g e g e n „Rom", und das war zu seinen Lebzeiten nahezu identisch mit der katholischen Kirche. In seinem kleinen „Reich" nördlich der Somme gab schon lange keine christlichen Priester und Bischöfe mehr, wie oben erklärt (s. S. 163), also auch keinen Druck seitens der Kirche, auch keine Notwendigkeit mehr, seine Eigenschaft als

„Bluterbe Jesu" und die dadurch erworbene besondere Heiligkeit zu verschweigen.

Doch mit der Eroberung des letzten „Römerreiches" des Syagrius im Jahr 485 hatte sich das grundlegend geändert (siehe dazu Kap. II.17, S. 193 f.). Nun war Chlodwig Herr über hunderttausende von „Römern" und Katholiken, und zahlreiche einflussreiche katholische Priester und vor allem Bischöfe gehörten zu seinen Untertanen.

Vor allem aber war Chlodwig auch nach dieser Eroberung noch keineswegs am Ende seiner Herrschaftswünsche. Die Eroberung der beiden germanischen Königreiche der Westgoten und der Burgunder südlich der Seine war immer noch sein Herzenswunsch. Dafür bot eine Parteinahme für den katholischen Teil des Christentums große Vorteile. Beide germanischen Königshäuser waren zu Chlodwigs Zeiten noch immer Arianer, auch ihre kleine Minderheit germanischer Krieger. Doch die meisten Untertanen dieser Könige waren Katholiken, und deren einflussreiche Bischöfe waren natürliche Gegner ihrer arianischen Herren und gegebene Verbündete eines katholischen Eroberers.

Ein offizieller Übertritt zur k a t h o l i s c h e n Kirche (in Form einer entsprechenden Taufe) war daher mindestens ab 485 für Chlodwig ein eigentlich ganz selbstverständlicher politischer Schachzug.

Auf der anderen Seite muss man sich die Lage der k a t h o l i -
s c h e n Kirche (mit lateinischer Liturgiesprache) in dieser Zeit vergegenwärtigen. Von der Kirche im Ostteil des Römischen Reiches (mit g r i e c h i s c h e r Umgangs- und Kirchensprache) begann sie damals schon viel zu trennen, obwohl das endgültige „Schisma" („Trennung") noch einige hundert Jahre auf sich warten ließ.

Völlig unüberwindlich waren aber die Hürden zur a r i a n i -
s c h e n Variante des Christentums (mit vermutlich g e r m a -

n i s c h e r (!!!) Liturgiesprache) aus theologischer Sicht. Doch gerade Herrscher mit d i e s e r Konfession waren am Ende des 5. Jahrhunderts Herren in Italien, Nordafrika, Spanien und Gallien: die germanischen Könige der Ostgoten, der Vandalen, der Westgoten und der Burgunder. Fast alle damaligen Katholiken hatten also arianische Oberherren. Selbst wenn sie dort nicht ausgesprochen unterdrückt wurden, standen diese Katholiken und ihre Bischöfe in den germanischen Königreichen doch in stiller, aber fühlbarer Opposition zu ihren arianischen Herrschern.

Dieses Verhältnis galt seit dem Jahr 493, als der Ostgotenkönig Theoderich Italien eroberte, auch für den Papst in Rom, den dortigen Bischof, der zwar schon diesen Titel trug, aber noch keineswegs als Oberhaupt aller Katholiken anerkannt war.

Für den katholischen Teil der Christenheit war es um das Jahr 500 eine Überlebensfrage, einen Verbündeten ihrer eigenen Glaubensrichtung zu finden, der es mit den arianischen „Ketzer-Königen" aufnehmen konnte. Dieser mächtige Verbündete konnte der neue „König der Franken" werden, gerade weil er bisher noch „Heide" war. Die Kirche musste alles tun, um ihn für sich zu gewinnen.

Chlodwig und die offiziellen Vertreter der katholischen Variante des Christentums hatten also, zwar aus sehr verschiedenen Motiven, das gleiche Ziel: Die Taufe Chlodwigs als katholischer Christ.

Doch dem stand ein Hindernis entgegen, das der katholischen Kirche zunächst völlig unüberwindbar erschien. Das war die Behauptung Chlodwigs, Bluterbe Jesu zu sein und dadurch eine besondere Heiligkeit zu genießen, die sich durch Zauber äußerte, der gewisse Krankheiten heilen konnte und der seinen Sitz in den langen Haaren des Königs hatte.

Das war etwas, was vor allem die k a t h o l i s c h e Kirche niemals akzeptieren konnte. Einmal alle theologischen Begründungen außer acht gelassen, war es so, dass seit dem Wirken des Apostels Paulus für die meisten Christen feststand, dass Jesus Christus nicht nur „Gottes Sohn" war – so hatte er sich ja selbst gelegentlich bezeichnet -, sondern auch eine „göttliche Gestalt" war. Als solche konnte er unmöglich verheiratet gewesen sein und Kinder gezeugt haben.

Denn gerade die letzte Behauptung hätte den Bischöfen als legitimen Nachfolgern der Apostel jede Daseinsberechtigung entzogen (siehe Kap. II.11, S. 151). Jede öffentliche Andeutung, dass es möglicherweise eine Alternative zur Herrschaft der Bischöfe über die Kirche bestehe oder bestanden habe, musste peinlichst vermieden werden.

Natürlich war den Bischöfen bekannt, dass es noch um das Jahr 500 „nach der Geburt des Herrn" Menschen gab, die überzeugt waren, „Desposyni" und deren Anhänger zu sein (siehe Kap. II.14). Aber im richtigen Gefühl, dass konsequentes Verschweigen am ehesten zum endgültigen Vergessen solcher „unerhörten Behauptungen" führen könne, hüteten sich die Kleriker sorgfältig, solche Worte auch nur in den Mund zu nehmen. Der Brief des Bischofs Avitus an König Chlodwig, der im nächsten Kapitel näher behandelt wird, ist ein „beredtes" Beispiel für das „Herumeiern" um die „anstößigen Worte".

Und nun kam ein mächtiger König, den die katholischen Bischöfe in Gallien so gerne als Verbündeten gewonnen hätten und der das selbst auch wollte – aber er bestand darauf, selbst ein Bluterbe Jesu zu sein ! Das war ein offenbar unlösbares Dilemma.

210

20. Das Vorspiel zur Taufe

Wenn man die recht ausführlichen Berichte Gregors von Tours über die „Zeit der Bekehrung" Chlodwigs liest, bekommt man den Eindruck, es habe Jahre der Überredung durch seine Frau (und vielleicht auch durch die Bischöfe seines Reiches) bedurft, bis er sich endlich zur Annahme der Taufe entschloss.

Doch in Wahrheit könnte es sich gerade umgekehrt verhalten haben. Nach den im vorigen Kapitel dargestellten historischen Fakten und psychologischen Befindlichkeiten Chlodwigs könnte er bereits kurz nach seinem Sieg über Syagrius (485) und seiner Übersiedlung nach Soissons angeboten haben, sich als Katholik taufen zu lassen. Diesem Vorhaben mussten die Bischöfe allerdings entsetzt widersprechen – die Gründe dafür wurden am Schluss des vorigen Kapitels geschildert.

Immer wieder werden der König und die wichtigsten Bischöfe seines Reiches in den 20 (!!) Jahren bis zur tatsächlichen Taufe im Jahr 506 zusammen gesessen haben, um eine Lösung des Dilemmas zu finden. Doch das durfte nie nach außen dringen. Auch der Historiker Gregor, der ja erst etwa 70 Jahre später sein Werk niederschrieb, hatte vermutlich von den Gründen dieser Verzögerung kein sicheres Wissen.

Ob die gewonnene Schlacht gegen die Alemannen bei Tulbiacum, vermutlich im Sommer 506, einen Einfluss auf den schließlich gefundenen Kompromiss hatte, wird sich heute wohl nicht mehr herausfinden lassen. Doch einen Kompromiss musste es geben, damit das von beiden Seiten so gewünschte Ergebnis, die Taufe, möglich wurde. Es musste eine Übereinkunft werden, bei der b e i d e Seiten erhebliche Zugeständnisse machen mussten.

So etwa könnte die Einigungsformel ausgesehen haben. Auch sie musste natürlich auf Ewigkeit streng geheim bleiben, und man wird sie daher nie irgendwo aufgeschrieben finden, sondern kann sie nur aus den historischen und psychologischen Gegebenheiten rekonstruieren.

- König Chlodwig willigte ein, sich in Zukunft **nicht mehr als „Bluterbe Jesu"** zu bezeichnen oder verehren zu lassen. Vermutlich hat er von diesem „Vorfahren" auch kaum mehr als den Namen gekannt und gewusst, dass dieser Mann als „Gott-Sohn" bei der katholischen Kirche die zentrale Rolle spielte.

- Die katholische Kirche gestand ihm zu, dass er und seine Nachkommen **„heilig"** seien und dass ihre langen Haare Sitz der Zauberkraft des Königs (und seiner Nachkommen) waren. Entsprechende Andeutungen – aber auch nicht mehr – finden sich in den frühmittelalterlichen Quellen. Zauberkräfte oder Wunder von Heiligen waren für die katholische Kirche (bis heute) nie etwas Ungewöhnliches.

- König Chlodwig verlangte von der Kirche, ihm dabei zu helfen, seine **sarmatische Herkunft vergessen zu machen** und stattdessen ihn als „Abkömmling der **Franken"** seit unendlich vielen Generationen in der Öffentlichkeit hinzustellen. Das war der Kern der „Geschichtsfälschung", deren Ausführung im Kapitel II.22 etwas ausführlicher beschrieben wird.

Zum „Vorspiel" der Taufe Chlodwigs gehört auch der so genannte „Avitus-Brief", das einzige bis heute erhaltene schriftliche Dokument, das die Umstände der Taufe Chlodwigs betrifft. Allerdings ist dieser Brief nicht leicht zu verstehen. Ihm muss aber einige Aufmerksamkeit gewidmet werden.

Avitus war zur Lebenszeit des fränkischen Königs Chlodwig ein sehr bedeutender Bischof im b u r g u n d i s c h e n Teil Galliens (Vienne am Unterlauf der Rhone). Er hat zur Taufe

Chlodwigs einen Brief geschrieben, der sich erhalten hat, zusammen mit anderen Schriftdokumenten dieses Bischofs [116]. Der Brief ist in schwülstigem, hochstilisierten Latein gebildeter Schichten der Spätantike geschrieben und schwer verständlich, dennoch wohl die einzige Quelle, die realistisch zu den Fragen um Chlodwigs Taufe herangezogen werden kann, im Gegensatz zu Gregors von Tours legendenhaft verklärter Schilderung. Es lohnt sich daher, diesen Schrifttext genauer zu betrachten.

König Chlodwig scheint zu seiner (katholischen) Taufe nicht nur das Dutzend katholischer Bischöfe in seinem eigenen Machtbereich schriftlich eingeladen zu haben, sondern auch – einige oder alle ? – Kirchenfürsten im gotischen und burgundischen Teil Galliens. Er konnte nicht damit rechnen, dass die Bischöfe aus den „feindlichen" Landesteilen der Burgunder und der Westgoten tatsächlich kamen; auch Avitus kam nicht. Aber allein die Einladung sollte offenbar die Taufe zu einer ausgesprochen politischen Demonstration machen, zu einer versteckten Kampfansage an die dortigen arianischen Könige und zu einem Bündnisangebot des nunmehr katholischen Königs der Franken an alle Bischöfe seiner Kirche in g a n z Gallien. Auch wenn der Text dieses Einladungsschreibens nicht erhalten ist, lässt sich diese Absicht aus den vorsichtigen Wendungen des Avitus in seinem Dankbrief für die Einladung klar herauslesen

Die in diesem Buch bereits gefolgerten p o l i t i s c h e n Motive Chlodwigs bei seiner Bereitschaft zur Taufe sind also durchaus historisch nachzuweisen. Aber wie steht es mit der Behauptung, Chlodwig habe sich davor als leiblicher Erbe Jesu gesehen ?

---

[116] Wolfram von den Steinen, *Chlodwigs Übergang zum Christentum*, in: Mitteilungen des Instituts für österreichische Geschichtsforschung (MIÖG) 1932, Erg.Bd. 12. Der Autor hat sorgfältig alle Quellen gesichtet und u.a. die bisher brauchbarste Übersetzung des lateinischen Textes dieses Avitus-Briefes geliefert. V. d. Steinen bestätigt die versteckte Tendenz des vorausgegangenen Einladungsschreibens

Avitus als katholischer Bischof hätte sich allerdings sicher lieber die Hand abhacken lassen, als auch nur ein Wort zu schreiben, was als Bestätigung der Existenz solcher leiblichen Erben ausgelegt werden könnte.

Daher muss man versuchen, hinter den Sinn seiner verklausulierten Sätze in seinem Brief zu kommen: *„Eurem scharfen Geist haben die Anhänger von allerlei Sekten mit ihren verschieden gerichteten, vielfältigen, aller Wahrheit baren Lehrmeinungen als dunkle Christen zu benebeln gesucht."* So übersetzte W. v. d. Steinen vor 80 Jahren den ersten Satz des Avitus-Schreibens, der auf Lateinisch sehr schwer zu verstehen ist. Es ist also von verschiedenen Sekten und Lehrmeinungen und von „dunklen Christen" die Rede. Eine andere Übersetzungsmöglichkeit könnte sein: *„Die Ketzer werfen einen Schatten auf den Namen Christi".*

Natürlich haben in der Neuzeit zahlreiche Historiker und Kirchenhistoriker sich den Kopf zerbrochen, um wen es sich dabei handeln konnte. Und natürlich dachte man da an die Arianer als die wichtigste Sekte, denn sonst kannte man aus der damaligen Zeit in Gallien keine anderen bedeutsamen christlichen Abspaltungen. Doch waren vielleicht die Worte *„Christiani nominis obumbratione velare"* in Wirklichkeit eine versteckte Anspielung auf die „Erben Jesu", die ja ihre Existenz auf den Stifter der christlichen Religion zurückführten, ohne deswegen „Christen" zu sein ? Man muss sich klarmachen, dass ein katholischer Bischof im 5. Jahrhundert niemals auch nur eine Andeutung von sich geben durfte, dass es solche Erben gegeben hatte.

Wenige Zeilen später geht Avitus direkt auf die Vorfahren Chlodwigs ein: *„Sie,* (die Ketzer oder jedenfalls nicht „richtigen" Christen – Avitus vermeidet aus verständlichen Gründen jedes abschätzige Wort über diese Vorfahren), *indem sie ihren Eltern in Bewahrung des Unglaubens unnütze Verehrung erweisen,*

214

bekennen sie, dass sie eigentlich gar nicht wissen,, worum die Wahl geht." Moderne Forscher haben hierbei auf die „Mode" germanischer Könige jener Zeit verwiesen, ihre Abstammung von (germanischen) Göttern abzuleiten. Aber würde der Satz nicht noch viel mehr auf die Verehrung eines Vorfahren Jesus als M e n s c h (und nicht als „Sohn Gottes") passen ?

Danach wendet sich der Bischof direkt an den König Chlodwig: *„Ihr, dem von dem ganzen uralten Stammbaum der bloße Adel genug ist, Ihr habt gewollt, dass alles, was den Gipfel der Hoheit irgendwie zu zieren vermag, für Eure Nachkommenschaft bei E u c h den Ausgang nehme" („Vos de toto priscas origines stemmate sola nobilitate contentus...").* „Stemma" war im spätantiken Latein ein Fremdwort aus dem Griechischen, das „Stammtafel oder (schriftliche) Genealogie" bedeutete (siehe in diesem Buch Kap. I.8, S. 42 f.).

Ob Bischof Avitus, der den fränkischen König kaum persönlich gekannt haben kann, von der Existenz einer schriftlichen Stammtafel seiner sarmatischen Vorfahren (auf einer Kuhhaut ?) gewusst hat, ist fraglich. Aber sicher war für gut informierte Zeitgenossen selbst im südlichen Gallien wohl bekannt, dass der „Frankenkönig" sich nicht nur rühmte, durch Heirat einer seiner Vorfahren ein „Erbe Jesu" zu sein, sondern auch eine lange ruhmreiche Ahnenreihe s a r m a t i s c h e r Fürsten aufweisen konnte. Und Avitus muss auch gewusst haben, dass im Vorfeld dieser Taufe eben diese Vorfahrenschaft des Täuflings eine ganz wichtige Rolle gespielt haben muss. Von seinen Amtskollegen im „Fränkischen Reich" wird Avitus gewiss darüber informiert worden sein.

„Sola nobilitate contentus" - - sollte man hier das Wort *„nobilitas"* nicht besser mit „Heil" (im Sinne frühmittelalterlichen Glaubens) übersetzen ? (siehe dazu Kap. II. 17, S. 198) Auch dieser Passus des Avitus-Briefes passt haargenau, wenn man wie in diesem Buch von der Annahme ausgeht, Chlodwig habe als

„Erbe Jesu" gegolten. Wohl gemerkt: eine d i r e k t e Erwäh-nung dieses Umstandes konnte man im Brief eines katholischen Bischofs auf keinen Fall erwarten. Wenn man den Brief des Bischofs Avitus unter den oben dargelegten Gesichtspunkten betrachtet, dann lässt sich wenigstens nichts finden, was g e g e n die Annahme spricht, König Chlodwig habe mit der Taufe seinen Anspruch aufgeben müssen, von einem leiblichen Vorfahren namens J e s u s abzustammen.

Deutlich spricht die ungeheure Erleichterung aller katholischen Kirchenoberen in ganz Europa über das Bekenntnis des mäch-tigen Königs Chlodwig zu i h r e r Glaubensrichtung, von dem sie endlich eine Befreiung von der Übermacht der germanischen Könige arianischen Bekenntnisses erhofften, aus dem letzten Satz seines Briefes: „*Indem Ihr* (Chlodwig) *für Euch wählt* (nämlich die k a t h o l i s c h e Taufe)*, gebt Ihr das Urteil für alle: So ist Euer Glaube u n s e r S i e g !*"

21. Die Taufe und die geheimnisvolle Taufformel

Endlich war es dann doch so weit, dass die Taufe des „Königs der Franken" vor sich gehen konnte. Mehrere wichtige Fakten dazu sind heute, im Gegensatz zu den vergangenen Jahrzehnten, ja Jahrhunderten, wieder unklar geworden:

- W a n n genau die Taufe erfolgte, wahrscheinlich eben nicht 496, sondern 506 ?;

- W o   sie statffand: in Durocortorum (Reims) – oder vielleicht in Tulbiacum (Toul) ?

- W e r sie vollzog: Bischof Remigius, wie von Gregor von Tours berichtet, aber es gibt Anlässe, daran zu zweifeln, - oder vielleicht ein anderer Bischof ?

Konkrete Antworten auf diese Fragen sind für Historiker wichtig, vielleicht auch für Protokollbeamte des französischen Staatspräsidenten, wenn in unserem Nachbarland mal wieder ein Jubiläum dieser Taufe gefeiert werden sollte. Für d i e s e s Buch sind sie nicht entscheidend. Nur die Tatsache der Taufe Chlodwigs als k a t h o l i s c h e r   C h r i s t bedeutete eine unwiderrufliche Weichenstellung für die Geschichte Europas in den nächsten Jahrhunderten.

Unabhängig von der Frage, ob Bischof Remigius oder ein anderer die Taufe vollzog, scheint der Wortlaut des Taufspruchs, den Gregor überliefert hat, historisch zu sein. In seiner prägnanten Kürze war er ein Zeugnis für die Fähigkeit des „klassischen Lateins", komplizierte Dinge einfach und doch genau auszudrücken. Trotz der 70 Jahre, die zwischen der Taufe und der Niederschrift in Gregors Buch lagen, macht dieser Spruch den Eindruck, unverfälscht weitergegeben worden zu sein.

"Mitis depone collis, Sicamber, adora quod incendisti, incende quod adorasti – beuge mild deinen Nacken, Sicambrer, verehre, was du verbrannt hast, verbrenne, was du verehrt hast." [117]

Über diesen Spruch haben sich schon unzählige Historiker den Kopf zerbrochen. Der erste Teil der sorgfältig formulierten Dichotomie (Zweiteilung des Ausspruchs) war vielleicht weniger ernst gemeint: Chlodwig hatte schon bisher den christlichen Glauben nicht „verbrannt", den er nun offiziell annehmen sollte, er hatte sich stets tolerant gegenüber den katholischen Christen verhalten. Aber der zweite Teil war eine Zumutung: er sollte das Andenken an einen Vorfahren „verbrennen", der – absurderweise ! – gleichzeitig der „Gottsohn" der christlichen Religion war.

Dieser versteckte Sinn des Spruchs konnte keinem Forscher auffallen, der wie alle Historiker seit 1500 Jahren davon ausgehen musste, dass Chlodwig F r a n k e und somit „Heide" mit vorher g e r m a n i s c h e r Religion gewesen war.

In Wirklichkeit muss dieser Spruch eine stille Warnung oder gar versteckte Drohung für den Täufling gewesen sein, indem er als „Sicambrer" angeredet wurde und nicht als „Franke". Natürlich wusste der taufende Bischof – gleich ob es Remigius oder ein anderer war -, sehr genau, dass noch der Vater Chlodwigs nicht nur bisher behauptet hatte, leiblicher Nachkomme Jesu zu sein, sondern dass er auch eigentlich nichts anderes als der Anführer eines sarmatischen Draco aus Sicambria gewesen war. Diese Herkunftsbezeichnung hatte Chlodwig während seiner Herrschaft sicher peinlich vermieden, damit seine Eigenschaft als „König der Franken" allein in der Öffentlichkeit erschien.

Das Unterlassen der Bezeichnung „Sicambrer" gehörte ziemlich sicher zu dem geheimen Kompromiss, der Voraussetzung für die Taufe war. Wenn der Bischof jetzt, im feierlichen Augenblick der

---

[117]   Gregor von Tours, II. Buch, Kap. 31

Taufe, ihn doch noch einmal benutzte, konnte das eigentlich nur eine Zumutung und stille Drohung für den König sein, etwa in dem Sinn: „Wenn du, Chlodwig, dich nicht an unsere Abmachung hältst, deinen angeblichen Vorfahren Jesus zu verleugnen oder zu verschweigen, kann die Kirche auch ausplaudern, dass du gar kein ‚Franke', sondern nur ein kleiner Anführer des Söldnerregiments aus Sicambria warst !"

Dieser versteckte Sinn konnte allerdings nur dem winzigen Kreis der Eingeweihten auffallen, also den wenigen Bischöfen und dem König und vielleicht noch ganz wenigen Beratern. Insofern war die Benutzung in der großen Öffentlichkeit der Tauffeier ungefährlich. Aber der knappe Wortlaut prägte sich in den Gedächtnissen ein und wurde mündlich weitergegeben, bis ihn Gregor aufgeschrieben hat. Nur die modernern Historiker hat das Wort „Sicambrer" darin total irre gemacht (siehe oben Kap. II.6, S. 111).

Im gleichen Kapitel, das die Taufe beschreibt, erwähnt Gregor von Tours auch, dass *„vom Heer Chlodwigs mehr als dreitausend"* getauft worden seien. Wenn man die Zahl nicht allzu sehr auf die Goldwaage legt, ist die Angabe durchaus glaubwürdig. Nach dem uralten sarmatischen Ehrenkodex waren die Oberhäupter der Adelsfamilien, die einst ihren Treueid auf den König abgelegt hatten, verpflichtet, ihrem Schwurherren in einer so wichtigen Angelegenheit zu folgen. Und die i h n e n wiederum durch Gefolgschaftseid Verpflichteten und ihre Familien hatten den gleichen Schritt zu vollziehen.

So war auf einmal ein ganzes „V o l k" zu katholischen Christen geworden. Von der feierlichen Taufe bis zu einem ernsthaften gläubigen Bekenntnis der Getauften zur Religion des Christentums war allerdings ein riesiger Schritt. Zu Lebzeiten der Täuflinge dürfte er wohl von kaum einem zurückgelegt worden sein. Dafür bedurfte es etlicher Jahrhunderte - - doch das ist nicht mehr Thema d i e s e s Buches.

22. Die Geschichtsfälschung

Seit der Taufe Chlodwigs war es nun das gemeinsame Bestreben der Kirche und des Königs, bestimmte Worte aus dem Gedächtnis, das heißt also aus den Köpfen der Menschen in seinem Volk und in der Welt zu tilgen und dafür andere Worte an deren Stelle zu setzen. Welche das waren, ist auf S. 212 festgehalten.

Das Vorhaben war vor anderthalb Jahrtausenden viel einfacher als heute. Das hatte einmal seinen Grund in der geringen Zahl der Menschen damals, vor allem derer, die so etwas anging. Im damaligen Herrschaftsgebiet Chlodwigs leben heute, grob geschätzt, etwa 20 Millionen Franzosen. Damals waren es vermutlich nicht mehr als 3 – 400 000 Menschen. Dabei war die Region schon eine der ziemlich dicht besiedelten im einstigen Römischen Reich.

Von dieser begrenzten Zahl von Menschen gab es aber nur ganz, ganz wenige, denen die damaligen Anliegen der Bischöfe und des Königs überhaupt auch nur irgendetwas bedeuteten. Fast alle andere hatten Sorge, ob das Getreide in diesem Jahr gut wuchs und ob die Kühe Milch gaben, oder sie sorgten sich, ob sie für das in mühsamer Handarbeit errichtete Haus von ihrem Auftraggeber auch angemessen bezahlt wurden, aber bestimmt nicht, welche Vorfahren der König hatte.

Man muss sich vergegenwärtigen, dass auch in den Gebieten, die noch vor Kurzem zum Römischen Reich gehört hatten, wahrscheinlich 99 Prozent der Einwohner „kleine Leute" waren, Bauern oder einfache Handwerker, die nicht (oder nur ansatzweise) lesen und schreiben konnten und die auch an allem, was über ihren sehr bescheidenen Wissenshorizont hinausging, überhaupt kein Interesse hatten.

Nur eine winzige Minderheit im Syagrius-Reich war „gebildet", das heißt, die Leute sprachen ein relativ gutes Latein, hatten genügend Geld, um sich einen aufwendigen Lebensstil leisten zu können, fühlten sich als „Römer" und konnten sich für Literatur und Geschichte interessieren. Um es in einer recht willkürlich geschätzten Zahl auszudrücken: es waren vermutlich nicht mehr als 4 – 5000 Menschen, fast ausschließlich Männer.

Auf der anderen Seite, der der „Franken", gab es eine noch viel kleinere Anzahl sarmatischer und germanischer Adliger, die als Befehlshaber über eine gewisse Anzahl von Kriegern sich ebenfalls aus der Masse ihrer Volksangehörigen durch einen gewissen Reichtum und Einfluss heraushoben. Lesen und schreiben konnten sie allerdings bestimmt nicht. Auf ihren Höfen hatten sie den Kopf frei, sich alte „Sagen" über ihren König oder ihre eigenen Vorfahren anzuhören und sich wenigstens Teile davon selbst zu merken. Das galt dann auch für ihre engere Familie und ihre Leibwächter. Wenn dieser Personenkreis im Reich Chlodwigs 1000 Personen umfasste, war das vermutlich schon sehr großzügig geschätzt. Aber genau dieser Personenkreis war es, auf den es ankam, um die Erinnerung „umzupolen".

Es kam hinzu, dass die Menschen damals ausschließlich im „oralen Zeitalter" lebten, gleichgültig ob im einstigen Römerreich oder außerhalb davon. Alles war ihnen unbekannt, was heute das „kulturelle Gedächtnis" der Menschen unterstützt: die allgemeine Kenntnis der Kunst des Lesens und Schreibens, die ungeheute Fülle schriftlich festgehaltenen Wissens in Büchern, Zeitschriften, Bibliotheken und Archiven. Man kann nicht erwarten, dass es damals in den kleinen Römer- (und Bischofs-)städten wie Tours, Orleans oder Paris öffentliche Bibliotheken gab, wo wenigstens ein Exemplar der (handgeschriebenen) Geschichtswerke eines Livius oder auch eine Sulpicius Alexander oder eines Renatus Frederigus Profuturus (s. S. 6) aufbewahrt wurden. Höchstens in der Privatbibliothek eines sehr reichen gallo-römischen Senators war vielleicht so etwas zu finden.

Entgegen der vermutlich unauslöschlichen Vorstellung moderner Historiker gab es um das Jahr 500 auch noch keine Klöster der christlichen Kirche, in denen den Mönchen Lesen und Schreiben beigebracht wurde, wenigstens nicht in Gallien. Die Zahl der christlichen Kleriker – Bischöfe und ihre engste Umgebung sowie einfache Priester – muss damals noch winzig klein gewesen sein. Was sie an „literarischen" Kenntnissen hatten, bezog sich vermutlich fast ausschließlich auf die Bibel, und auch hier nur auf einige kleine Auszüge davon, die in einigen handgeschrieben Abschriften verbreitet waren.

Wie konnten Bischöfe und König angesichts solcher Voraussetzungen vorgehen, um ihre Ziele der Geschichtsfälschung zu erreichen? Sie mussten nur die kleine Zahl von „Intellektuellen" erreichen, die soeben näher beschrieben worden ist. In erster Linie waren das die adligen Krieger und ihre Familien.

Man musste dafür einige, vielleicht für diese „Sonderleistung" vom König gut bezahlte, „Dichter-Sänger" ins Land schicken mit dem Auftrag, überall zu verkünden, dass ein Vorfahre des Königs bereits in urgrauer Zeit „Francus" geheißen habe.

Solche „Dichter-Sänger" – in der westgermanischen Sprache vieler „Franken" innerhalb des Chlodwig-Reiches hießen sie „Skops" – waren für die Adligen und ihr Gesinde das, was heute Zeitungen, Bücher und Fernsehen zusammen darstellen: Unterhalter und zugleich Verkünder alter, aber wichtiger Erinnerungen. Sie kamen ohnehin in regelmäßigen Abständen auf die Höfe dieser Adligen und lebten davon, was sie als Entgelt für das Vortragen der „alten Mären" erhielten. In Kapitel II. 17 wurde das bereits erwähnt. Aber auch die Höfe der Bischöfe in den verschiedenen Städten des Reiches waren das Ziel solcher Sänger.

Dieser gezielte Einsatz von Sängern scheint gewirkt zu haben. In „intellektuellen" Kreisen der Bevölkerung des Frankenreiches muss sich bald die nunmehr behauptete Abstammung des Königs von „Francus" herumgesprochen haben (siehe dazu oben Kap. II. 17, S. 198).

Es dürfte auch schon einen ersten Versuch gegeben haben, in s c h r i f t l i c h e r Form das Wissen um die Vergangenheit zu verändern (siehe dazu Kap. I. 8, S. 44). Allerdings musste dieser Versuch praktisch erfolglos bleiben, eben weil ja im Frankenreich kaum jemand lesen konnte, und vor allem weil das so geschaffene Manuskript als „Geheimsache" im Königsschatz verwahrt blieb.

Das Vergessen-Machen der angeblichen leiblichen Abkunft der Königsfamilie vom jüdischen Messias Jesus dauerte sicher seine Zeit, selbst wenn nur konsequent davon geschwiegen wurde. Vielleicht aber hatten auch die katholischen Priester in Chlodwigs Reich die Anweisung erhalten, in ihren Predigten zu erwähnen, der König habe seine Zauberkraft von „Gott, dem heiligen Geist" erhalten.

Das wiederum ließ möglicherweise später Anhängern einer „echten" monotheistischen Religion, den Juden und den Muslimen, Schauder über den Rücken laufen. Denn für sie galt der christliche Lehrsatz von einem „ d r e i geteilten e i n e n Gott" (die „heilige Dreifaltigkeit") ebenso als Blasphemie (Gotteslästerung) wie für die Christen die Behauptung, der Gott-Sohn Jesus habe leibhaftige Nachkommen gehabt.

B e i d e Bemühungen, das kollektive Gedächtnis der kleinen Intelligenzschicht im Frankenreich zu beeinflussen, waren erfolgreich, bis heute, bis ins 21. Jahrhundert.

Selbst das letzte deutsche Buch über Chlodwig [118] äußert nicht die geringsten Zweifel an der Überzeugung, der König stamme

---

[118] Matthias Becher, Chlodwig I. – De Aufstieg der Merowinger und das Ende der antiken Welt. München 2011

aus dem „Volk" der Franken, und die Möglichkeit, dass dieser König sich einmal als Bluterbe Jesu bezeichnet habe, wird nicht einmal erwähnt, trotz der vielen neuen Literatur zu diesem Thema (siehe Kap. II.25).

Die selbst geschaffene „Berufsethik" der modernen Historiker hat unsichtbare Zäune um die eigenen Forschungen errichtet, indem sie alle Quellen daraus ausschließt, die n i c h t aus alten Schriften stammen. Was die Archäologie, die Sprachwissenschaft, die Religionskunde, ja selbst die Humangenetik zum Wissen beisteuern könnten, hat in Forschungen deutscher Historiker offenbar nichts zu suchen.

Dennoch beginnen b e i d e Säulen, auf denen die geheime Übereinkunft vor anderthalb Jahrtausenden beruhte, heute zu bröckeln.

Einige deutsche Historiker haben in den letzten Jahrzehnten Zweifel bekommen, ob der „F r a n k e n - M y t h o s" nicht vielleicht doch eher von den antiken Römern selbst geschaffen worden ist. Aber das klar auszusprechen,, hat sich offenbar noch niemand getraut. Nur „außerhalb der Tagesordnung" in den Kaffeepausen bei einem Historiker-Symposium seien diese Zweifel geäußert worden, das hat jedenfalls einer der Beteiligten ausgeplaudert [119]. In diesem Buch ist an passenden Stellen Einiges dazu gesagt worden (s. Kap. II.5, S. 108 f.). Da es h i e r aber vor allem darum ging, die s a r m a t i s c h e Abstammung der Ahnen der Merowinger überzeugend zu belegen und die „Franken-Legende" nur eine zweitrangige Bedeutung dafür hat, wird hier auf weitere Ausführungen dazu verzichtet.

Doch auch die zweite Säule hat inzwischen Risse bekommen, nämlich nie, nie, nie zu erwähnen, dass J e s u s verheiratet

---

[119] Walter Pohl, Alemannen und Franken (siehe Anm. 49 auf S. 106

gewesen sein könnte und möglicherweise K i n d e r gehabt habe.

Vor einigen Jahrzehnten sind englisch-sprachige Journalisten wahrscheinlich ganz ungewollt auf Spuren gestoßen, die sie bei weiteren Forschungen dazu führten, den Tabu-Bruch zu begehen und die so sehr mit dem Bann belegten Behauptungen in Büchern öffentlich zu machen und mit zahlreichen Indizien zu belegen.

Hierzu wird dem Leser im letzten Kapitel dieses Buches (II.25) Näheres vorgestellt werden.

23. Chlodwigs letzte Lebensjahre

Nach seiner Taufe war Chlodwig noch einige Jahre lang „König der Franken" und „allerchristlichster König". So lautete jedenfalls ein Titel der französischen Könige bis in die frühe Neuzeit; sie alle fühlten sich – bis auf die Karolinger – als Nachfolger und Bluterben der Merowinger.

Aus dieser Zeit sind für das Thema dieses Buches nur drei Vorgänge kurz zu behandeln, damit der Leser, der normalerweise ja kein Experte für die Geschichte des Frühmittelalters in Europa ist, die Zusammenhänge erkennen kann.

Nach mehreren kleineren kriegerischen Auseinandersetzungen gelang es König Chlodwig endlich im Jahr 507, das Heer der W e s t g o t e n in einer Schlacht bei Vouillé (südlich von Tours) zu stellen, dessen König Alarich II. zu töten und sein Reich größtenteils zu erobern. Nur die jenseits der Pyrenäen in Spanien liegenden Teile des Westgotenreiches konnten sich unter einem minderjährigen Verwandten des Alarich unabhängig halten. Sie sollten sich dort noch zwei Jahrhunderte behaupten. Und anders als er gehofft hatte, gelang es Chlodwig nicht, auch die Mittelmeerküste Galliens unter seine Herrschaft zu bringen. Die inzwischen in Italien zur Macht gelangten O s t goten unter ihrem König Theoderich (dem Großen) sicherten sich die „Provincia" (Provence), indem sie den eigentlich w e s t gotischen Landstrich schnell noch besetzten.

Immerhin war Chlodwig damit Herr eines großen Teils des heutigen Frankreich geworden. Nur das Königreich der B u r g u n - d e r im Südosten konnte seinen Eroberungsversuchen noch widerstehen. Erst Chlodwigs Söhnen gelang im Jahr 534 die Vereinnahmung auch Burgunds. Es wurde zwar nun Bestandteil des „Königreichs der Franken", blieb aber von Anfang an eine eigenständige Region, die auch bald zu den drei „regnae" des Frankenreichs aufstieg, die dann die Geschichte der folgenden Merowingerkönige so sehr bestimmen sollten: Neustrien, Austrien (oder Austrasien) und Burgund. Doch dieser Teil der Geschichte Frankreichs gehört nicht mehr in dieses Buch.

Die letzten Jahre seiner Regierungszeit scheint König Chlodwig unter anderem dazu benutzt zu haben, die lästigen Konkurrenten zu beseitigen, die ihm die Länderteilung seines Urgroßvaters Chlodio beschert hatten. Gregor von Tours berichtet davon, ohne jede moralische Entrüstung über dieses Handeln eines „allerchristlichsten" Königs.

Das Schicksal des Vetters Sigiberts, des Kleinkönigs von Köln, war besonders dramatisch. Der hatte noch vor gar nicht langer Zeit mit Kriegern aus Köln seinem Vetter beigestanden, nämlich in der Schlacht gegen die Alemannen bei Tulbiacum (506 ?). Dabei war er wohl am Knie verwundet worden und hinkte daher seitdem. In der Schlacht gegen die Westgoten 507 kam deswegen sein Sohn Chloderich mit einigen Kriegern dem berühmten Vetter zu Hilfe, wohl in Erfüllung des uralten Schwurs, dass sich die Abkömmlinge Chlodios bei Bedrohung von außen gegenseitig beizustehen hätten. Chlodwig brachte es offenbar noch während dieses Feldzuges fertig, Chloderich zum Mord an seinem eigenen Vater Sigibert anzustiften, um ihn dann hinterher als Vatermörder töten zu lassen. Auf diese Weise konnte sich Chlodwig dann selbst zum König der Franken auch in Köln ausrufen lassen.

Dem ersten „König der Franken" blieb es aber nicht erspart, auch sein Reich teilen zu müssen, damit nicht seine vier Söhne es in einem blutigen Bürgerkrieg nach seinem Tod auseinander rissen. Möglicherweise waren ähnliche Spannungen zwischen den Söhnen Chlodwigs aufgetreten wie einst zwischen den Söhnen Chlodios.

Theuderich, der älteste Sohn aus der ersten Ehe, war sicher ein Nachfolger nach dem Geschmack Chlodwigs. Aber er hatte den Makel, als „Heide" geboren worden zu sein, während die drei anderen Söhne von Chlodechilde – Chlodomer, Chlodebert und Chlothar – von vornherein Christen waren. Außerdem waren die drei jüngeren Söhne noch sehr jung und kaum regierungsfähig, als Chlodwig wohl sein Ende nahen fühlte und er daher die Erbteilung anordnete. Sie scheint nach sorgfältiger Beratung durch hohe fränkische – und das hieß hier wohl immer noch: sarmatische – Adlige vorgenommen worden zu sein.

König Chlodwig starb im Jahr 511, mit 45 Jahren. In jenen Jahrhunderten war das schon ein hohes Alter. Als frommer Katholik erhielt er ein würdiges Begräbnis in der Pariser Kirche St. Denis, keinen Kurgan mit Pferdeopfern an seinem Grab, wie noch sein Vater Childerich.

Die weiteren Schicksale seiner Söhne und Enkel aus der Familie der Merowinger-Könige stehen einigermaßen im Licht der Geschichtsschreibung und haben auch nichts mehr direkt mit der Abstammung des Geschlechts zu tun. Deshalb kann hier auch die Erzählung über die merkwürdigen Schicksale eines Draco sarmatischer Panzerreiter aus dem fernen Pannonien beendet werden, die im Lauf von nicht einmal zwei Jahrhunderten zu den Herren Europas werden sollten.

228

24. Die Erfindung der „Troja-Mär"

Die besondere Aufgabe dieses Buches bringt es allerdings mit sich, dass zum Abschluss dieses Teils II noch einmal ein Nachkomme Chlodwigs erwähnt werden muss, unter Überspringung eines ganzen Jahrhunderts und zweier Generationen der Könige aus diesem Geschlecht.

Denn noch muss die Entstehung der sogenannten „Troja-Mär" erklärt werden, jener durch das ganze Mittelalter transportierten Behauptung, die Vorfahren der Frankenkönige seien ursprünglich Flüchtlinge aus dem von Griechen eroberten Troja gewesen.

Eine solche „Ansippung" berühmter angeblicher Vorfahren war im Altertum keineswegs einmalig. Im Frankenreich um das Jahr 600 gab es vielleicht noch ein paar Bischöfe mit guter römischer Erziehung und Bildung, die etwas von dem berühmten Epos des römischen Dichters Vergil wussten, der sechs Jahrhunderte früher ein Epos zur Verherrlichung seines Kaisers Augustus gedichtet hatte, die „Änäis". Darin schilderte er die angebliche Flucht eines trojanischen Prinzen Änäas aus der von den Griechen eroberten Stadt Troja, die ihn schließlich nach Italien führte, und er ließ diesen Änäas zum Gründer der Stadt Rom und zum Vorfahren der Familie seines Kaisers werden.

Dies scheint eine Art Vorbild und ein Anknüpfungspunkt der „Troja-Mär" für die Frankenkönige gewesen zu sein. Aber wie kam es zur bewussten Erfindung dieser Geschichtsfälschung, und wann fand sie statt ?

Gregor von Tours, der sein Werk „Zehn Bücher Geschichte" etwa mit dem Jahr 590 abschloss, wusste von dieser Vorfahrenschaft seiner Könige noch nichts. Aber der Autor Fredegar (wer auch immer das war) erwähnt sie in seinem Werk, das wohl in der Mitte des 7. Jahrhunderts geschrieben wurde. Auch der Autor des

„Liber historiae Francorum" (erstes Viertel des 8. Jahrhunderts) kannte sie und sah sie als selbstverständlich an. Er schilderte sogar einige Einzelheiten.

Ein Jahrhundert nach König Chlodwigs Tod muss es vor allem die katholische Kirche, aber auch die fränkische Königsfamilie selbst für notwendig gehalten haben, die immer noch von vielen Menschen erinnerte Herkunft der Königsdynastie aus „heiligen Familien" durch eine andere sehr vornehme Herkunft zu überlagern und sie dadurch aus den Köpfen zu treiben.

Ansatzpunkte dafür gab es einige. Vielleicht haben sich zwei oder drei vornehme Geistliche und „Intelligenzler" aus den Reihen der höchsten, einst sarmatischen Adelsfamilien des Reichs zusammensetzen müssen, um Ingredienzien für die schöne Geschichte zu sammeln.

Da war einmal die vermutlich recht vage Erinnerung an das Epos von Vergil. Daneben konnte die „fränkische Königsliste" (s. Kap. I.7, S. 64) jedoch tatsächlich mit einigen Namen aufwarten, die auf irgendwelche Verbindungen mit dem alten Troja hinzudeuten schienen, wie Priamus und Antenor (siehe dazu auch Kap. II.1, S. 79). Auch der Name Alexander geisterte irgendwie in der Erinnerung alter sarmatisch-fränkischer Adliger unter ihren Vorfahren herum, nicht der Name des makedonischen Königs, sondern seines Namensvetters, der in der Ilias auftritt (sonst als Paris bekannt) und möglicherweise in der historischen Realität der alten Stadt Ilium in Kleinasien dort einmal Fürst gewesen sein dürfte (siehe dazu Kap. II.1, S. 79).

Und war schließlich nicht das Häuflein der Sicambrier einst auch selbst in „Troja" ansässig gewesen, als es am Niederrhein für einige Jahre das römische Imperium verteidigt hatte ? (Siehe Kap. II. 8, S. 124). Das war nun schon zweihundert Jahre her, für mündliche Geschichtsüberlieferung eine „unendlich lange Zeit".

Aus diesen Erinnerungsbruchstücken entstand mit großer Wahrscheinlichkeit k e i n großes Gedicht wie das des Vergil, möglicherweise nicht einmal ein schriftlicher Text, der der späteren „Mär" zugrunde lag. Dennoch hat die hier unterstellte Gemeinschaftsarbeit ein paar Gebildeter unter den fränkischen Geistlichen und Adligen eine starke Wirkung in der Beeinflussung der Gehirne der Zeitgenossen und vieler, vieler späterer Generationen erzielt.

Erstaunlicherweise lässt sich ein sehr konkreter Zeitpunkt für diese vermutete „Propagandaarbeit" finden. Im Jahr 613 hatte der neustrische Frankenkönig Chlothar II., ein Urenkel Chlodwigs, einen unblutigen Sieg über seinen Neffen, den Kinderkönig Sigibert II. im fränkischen Teilreich Burgund, errungen. Dessen Urgroßmutter Brunhilde, Erzfeindin Chlothars II. und seiner Mutter Fredegunde, war in seine Hände geraten und grausam hingerichtet worden. Chlothar hatte damit die drei fränkischen Teilreiche Neustrien, Austrien und Burgund, die schon lange unter eigenen Königen getrennte Wege gegangen waren, noch einmal für 15 Jahre vereinigt.

Doch bereits ein Jahr später berief dieser König Chlothar auf Druck seiner hohen Adligen und Bischöfe eine Art Verfassungsversammlung nach Paris ein, seiner neuen Hauptstadt. In einem „Edictum Chlothari" vom Jahr 614 musste er den Bischöfen und hohen Adligen seiner drei Reiche weitgehende Mit-Regierungsrechte zugestehen. Denn wenn es nun auch noch einmal nur e i n e n König der Franken gab, fühlten sich die Großen in jedem der drei „regna" als verschieden von den Adligen der beiden anderen Reichsteile und beharrten auf ihren „Rechten als Einheimische".

Diese festliche Versammlung muss man sich in ihrem Ablauf wie eine Art Konzil vorstellen, nur dass sich hier nicht nur die Bischöfe versammelten, sondern a l l e Oberhäupter der fränkischen Adelsfamilien. Sicher dauerte sie einige Wochen und dürfte die einzigartige Gelegenheit geboten haben, allen wichtigen Leuten im Frankenreich die angebliche Herkunft der merowingischen Ahnen von den „hochberühmten Flüchtlingen aus Troja" ins Gedächtnis zu prägen. Ein dafür bestimmt gut bezahlter Dichter-Sänger wird die Geschichte dort während der abendlichen Gelage bei Bier und Braten vorgetragen haben. Und schon war diese Version überall in den drei Frankenreichen verbreitet !

Sie bot noch dazu den Vorteil, den – im Augenblick einzigen – König als den Abkömmling so hochberühmter Ahnen herauszustreichen; bei Licht betrachtet war das eine ideale Methode, dem Verhandlungs-„gegner" der Adligen während der Versammlung eine bessere Ausgangsposition zu verschaffen.

Eine andere und besser geeignete Gelegenheit der Meinungsbeeinflussung gab es für viele Jahrzehnte wohl nicht mehr. Im Kapitel II.22 wurde ja erklärt, worauf es für die Verbreitung einer bestimmten „Nachricht" im „oralen Zeitalter" ankam.

Wie erwähnt, hatte es wohl kein der Änäis vergleichbares gedichtetes Epos zu diesem Thema gegeben oder ein anderes längeres Schriftstück. Jedenfalls hat der gelehrte Abt Trithemius, der knapp 900 Jahre später andere Schriftquellen zu den Vorfahren der Merowingerkönige auffand, nichts dergleichen finden können, auch wenn er behauptete, es hätten „sechs Bücher" über die „Flüchtlinge aus Troja" existiert (siehe Kap. I.5). Doch diese hatte er offensichtlich nie zu sehen bekommen, weil es sie nicht gegeben hat.

25. Der Tabu-Bruch

Die Behauptung, Jesus sei verheiratet gewesen und habe Kinder und weitere Erben hinterlassen, war am Ende des 20. Jahrhunderts durchaus ein Bruch mit einem uralten religiösen „Tabu". Einige hundert Jahre früher wäre der Urheber wohl im Ketzerfeuer gestorben. Vielleicht mussten ein paar wagemutige Autoren der jüngsten Zeit den Anfang machen, um einen Damm zu zerbrechen, der bisher entsprechende Forschungen in den stillen Kämmerlein einiger weniger Historiker und Theologen zurückgehalten hatte.

Im Jahr 1982 erschien in einem englischen Verlag ein Werk mit dem Titel *„The Holy Blood and the Holy Grail"*. Drei Wissenschaftsjournalisten und Dokumentarfilmer aus England, Neuseeland und USA, Henry Lincoln, Michael Baigent und Richard Leigh, hatten es gemeinsam verfasst. Das Buch wurde auch bald ins Deutsche übersetzt und erschien 1984 im Verlag Gustav Lübbe, Bergisch Gladbach, unter dem Titel *„Der Heilige Gral und seine Erben – Ursprung und Gegenwart eines geheimen Ordens. Sein Wissen und seine Macht"* [120].

Darin schildern die drei Autoren ihre jahrelangen Recherchen in Frankreich, erst nach angeblichen geheimnisvollen Schätzen in einer kleinen Kirche in Südfrankreich, in Rennes-le-Chateau, dann nach Männern, die einer ebenso geheimnisvollen Vereinigung namens Prieuré de Sion vorstanden. Die Aufgabe dieser Vereinigung sei der Schutz des „Blutes Jesu", das in Form von Nachkommen des Religionsgründers bis heute existieren soll und im Mittelalter Anlass zur Legende vom „Heiligen Gral" gab.

---

[120]   In französischer Sprache unter dem Titel *L'Enigme sacrée* 1983 erschienen

Die Königsfamilie der Merowinger sei dabei im Übergang vom Altertum zum Mittelalter gewissermaßen der Vermittler gewesen, da ein Vorfahre dieser Dynastie eine Tochter aus dem Haus der jüdischen Nachkommen des Messias Jesus geheiratet und so das „heilige Blut" später in zahlreiche mittelalterliche Adelsfamilien gebracht habe. In einem Teil des Buches wird auch auf der Grundlage moderner bibelkundlicher Forschungen das Leben Jesu untersucht und der Frage nachgegangen, ob er tatsächlich verheiratet gewesen sein könnte und Kinder gehabt habe.

Das Buch fand großes Interesse; vor allem in Großbritannien löste es lebhafte Debatten aus. In Deutschland und auch in Frankreich scheint das Echo erheblich geringer gewesen zu sein. Zahlreiche weitere Informationen im Zusammenhang mit dem Thema erreichten die Verfasser, die sich im Jahr 1996 veranlasst sahen, eine zweite Auflage zu veröffentlichen, mit dem gleichen Text von 1982, aber erweitert um eine ausführliche neue Einleitung, ein „Postskriptum" von ca. 20 Seiten und zahlreichen Illustrationen [121].

Bemerkenswert ist daraus die Information, dass ein anglikanischer Bischof den Verfassern „79 Fehler" vorwarf. Bei genauer Prüfung stellte sich heraus, dass dieser Geistliche nur die beiden letzten Kapitel des ursprünglichen Buches gelesen hatte und die Verfasser 4 sachliche Fehler – die aber im Zusammenhang mit dem Thema völlig unbedeutend waren - zugeben mussten. Alle anderen „Fehler" bestanden aus dem Abweichen von bisherigen „Lehrmeinungen" oder „Dogmen" theologischer, kirchenhistorischer oder allgemein-historischer Art. Die katholische Kirche war, wie die Verfasser in ihrer „zweiten Einleitung" schrieben,

---

[121] Im Jahr 1996 erschienen im britischen Verlag The Random House Group Ltd.; deutschsprachige Ausgabe 2005 im Verlag Gustav Lübbe, Bergisch Gladbach.

„klug genug, bedeutsam zu schweigen und uns dadurch einer zusätzlichen Publizität zu berauben".

Angeregt durch das große Echo auf ihr Buch haben die drei Verfasser in den folgenden Jahren mehrere andere Bücher veröffentlicht, die mehr oder weniger um das gleiche Thema kreisen [122].

Zum speziellen Thema d i e s e s Buches, der Verbindung einer jüdischen Adelsfamilie aus dem Kreis der „Desposyni" mit einem Vorfahren der M e r o w i n g e r -Dynastie, können die Verfasser nur wenig beisteuern, aber ihre gesamten Forschungen und somit auch ihr ganzes Buch beruhen auf dieser Annahme. Sie schrieben dazu: *„Das Rätsel um die Merowinger ist noch undurchdringlicher als das um die Katharer oder Tempelritter..."*.

Sie berufen sich hierzu auf Forschungen aus Kreisen der „Prieuré de Sion", also nach ihrer Annahme des französischen Zweiges eines angeblichen „Kreises der Wissenden", von denen sie im Laufe ihrer eigenen Recherchen Kenntnis erhalten hatten. *„Die Autoren der Prieuré-Papiere"* hätten die Spuren des Geschlechts *„bis ins antike Griechenland zurückverfolgt, insbesondere die Gegend von Arkadien"* (auf dem Peloponnes).

Dass zu diesem speziellen Punkt die Forschungen der „Prieuré de Sion" und damit auch der Autoren des Buches „Der heilige Gral und seine Erben" falsch lagen, wird in d i e s e m Buch ausführlich belegt; die Spur führt ja zu den Sarmaten. Aber dieses

---

[122] Henry Lincoln, Michael Baigent, Richard Leigh, *Das Vermächtnis des Messias – Auftrag und geheimes Wirken der Bruderschaft vom Heiligen Gral,* deutsch Bergisch Gladbach 2005 ; Michael Baigent / Richard Leigh, *Der Tempel und die Loge,* Bergisch Gladbach 2009; Michael Baigent, Richard Leigh, *Als die Kirche Gott verriet,* Bergisch Gladbach 2002 ; Michael Baigent, *Die Gottesmacher – Die Wahrheit über Jesus von Nazareth und das geheime Erbe der Kirche,* Bergisch Gladbach 2006 (engl. *The Jesus Papers,* San Francisco 2006).

235

Spezialthema war ja auch für die drei Journalisten in den 70er Jahren des 20. Jahrhunderts keineswegs wichtig. Doch sie vermuteten, dass die römisch-katholische Kirche hier die Hand im Spiel gehabt habe, um die wirklichen Vorgänge absichtlich „zu verfinstern". Damit haben sie unbewusst ins Schwarze getroffen.

Das Buch „Der heilige Gral und seine Erben" war schon 14 Jahre lang in Fachkreisen bekannt und reichlich diskutiert worden, als ein anderes Buch mit einem ganz ähnlichen Titel in einem anderen englischen Verlag erschien: „Bloodline of the Holy Grail" von einem gewissen Laurence Gardner [123].

Auch dieses Buch behandelt unter den gleichen Aspekten das Leben Jesu, seine Nachkommen, die „Desposyni" und die Vereinigung der Merowinger-Familie mit den späteren Nachkommen des Messias. Doch höchst auffallend ist dabei, dass mit keinem Wort auf das früher erschienene Buch eingegangen wird; nur ganz nebenbei werden die Stichworte Rennes-Le-Chateau und Prieuré de Sion erwähnt, die im Buch der drei Journalisten eine so große Rolle spielen.

Hier muss man sich fragen, warum ein wissenschaftlicher Autor (Gardner) von einem nur wenige Jahre vorher erschienenen und viel diskutierten Buch zum gleichen Thema keine Notiz nahm. Ganz offenbar nicht, weil er es nicht kannte oder weil er mit dessen Inhalt oder Thesen nicht einverstanden war. Vielmehr hat er diese indirekt bestätigt. Das muss einen tieferen Grund gehabt haben.

Der Grund wird klarer, wenn man weiß, wer Gardner war (er ist 2010 gestorben) und was er für Quellen benutzt hat. Im Klappentext des (deutschen) Verlages wird Laurence Gardner als der

---

[123]   Laurence Gardner, „Bloodline of the Holy Grail" , Element Books, Shaftesbury, 1996 (deutsch im Jahr 1999 unter dem Titel „Das Vermächtnis des Heiligen Gral – Die Nachfahren Jesu und die geheime Geschichte Europas", Wilhelm Heyne Verlag München)

„offizielle Geschichtsschreiber des einstigen schottischen Königshauses der Stuarts" bezeichnet. Unter anderen den umfangreichen Privatarchiven dieses Hauses habe er auch die zahlreichen Stammtafeln von Adelshäusern aus drei Jahrtausenden entnommen, die im Buch abgedruckt sind.

Könige aus dem schottischen Haus der Stuarts waren im 17. Jahrhundert auch Könige Englands, bis sie von einem aus dem deutschen Haus Hannover gekommenen König vertrieben wurden. Die Anhänger des seitdem regierenden britischen Königshauses, seit 1917 „Windsor" genannt, betrachten heutige Nachkommen der Stuart-Dynastie als illegitim; nationalistische Schotten sehen das allerdings ganz anders. Die Angehörigen dieses Adelshauses schreiben sich jetzt übrigens wieder wie im Mittelalter als „Steward".

In einem Geleitwort zu Gardners Buch schrieb der heutige „Chef" dieses Hauses, „Seine königliche Hoheit, Prinz Michael von Albany" („Albanier" war ein frühmittelalterlicher Name der Schotten, das Wort stammt aus der keltischen Sprache) zur Absicht dieses Werkes: der Autor habe *die weitgehend verschwiegene Geschichte einer königlichen Dynastie* (nämlich die der Stuarts) *wieder ans Licht gebracht, die die Kirche zu ihrem eigenen Vorteil lange unterdrückt hat und immer noch verheimlicht.*"

Die schottische Königsfamilie hat stets behauptet, durch verschiedene Heiraten ihrer frühmittelalterlichen Vorfahren mit Angehörigen der Merowinger-Dynastie deren Blut in den Adern zu haben – und damit auch das Blut Jesu, und sie war bis zum letzten b r i t i s c h e n König Jakob II. aus diesem schottischen Haus (abgesetzt 1688) stolz auf diese Tatsache !

Damit wird die Motivation des „nachgeschobenen" Buches von Gardner etwas klarer. Offenbar hatten die drei Journalisten mit ihrem Buch von 1982 ein Tabu gebrochen und eine Sensation an den Tag gebracht, deren Bedeutung ihnen vielleicht zunächst gar nicht ganz klar war. Aber nun war „die Katze aus dem Sack". Für das schottische „Königshaus" und dessen Historiker Gardner kam es jetzt darauf an, die in der Familie seit unzähligen Generationen bewahrte Überlieferung zu bestätigen und zugleich deutlich zu machen, dass die Dynastie der einstigen s c h o t t i s c h e n Könige ebenfalls zum Kreis der „Erben Jesu" und somit zu den „heiligen Königen" gehörte. Aber mit den Enthüllungen der drei Journalisten (darunter war kein Schotte) wollten sie auch nicht direkt in Verbindung gebracht werden.

Wie weit das Buch Gardners im englischsprachigen Raum größere Debatten ausgelöst hat, konnte nicht in Erfahrung gebracht werden; die deutsche Ausgabe scheint es jedenfalls nicht getan zu haben. Dem gegenüber hat das frühere Buch von Lincoln, Baigent und Leigh immerhin einige Versuche ausgelöst, es als „unseriös" zu bezeichnen, nach dem üblichen Verfahren, einige vielleicht falsche Beurteilungen in nebensächlichen Fragen aufzubauschen und damit das g a n z e Buch als „falsch" zu erklären.

Weltweite Aufmerksamkeit erlangte das Thema erst, als der amerikanische Autor Dan Brown es in einem geschickt komponierten Roman verwertete: „The Da-Vinci-Code", erschienen 2003. In einem spannenden Kriminalfall im Paris unserer Tage ging es im Kern um eben die Behauptung, die Merowinger-Dynastie habe Jesu Blut weiter vererbt, und eine geheime Organisation schütze bis heute deren Erben und deren Geheimnis.

Browns Buch wurde zu einem Welt-Bestseller (weltweit über 50 Millionen verkaufte Bücher). Zum Erfolg trug auch noch ein Film bei, der bald nach der Vorlage des Buches gedreht wurde.

Browns „Sakrileg" (so der deutsche Titel) wurde übrigens zum Gegenstand eines Prozesses, da die Verfasser des Buches „Der Heilige Gral und seine Erben" (Lincoln, Baigent und Leigh) Brown auf Schadensersatz verklagten, weil er ihre Erkenntnisse unberechtigt vermarktet habe. Diesen Prozess gewann Brown, weil er geltend machte, er habe bei seinen Recherchen ihr Buch wie aber auch viele andere ausgewertet. Sicher ist jedoch auch, dass nicht Brown, der Romanautor, es war, der das Thema von den Erben Jesu „erfunden" hatte, wie die Gegner dieser These gerne behaupten. Es war völlig unabhängig von ihm bereits seit Jahren in der Welt.

Das lässt sich auch an einer ganzen Fülle von Büchern – immer zuerst in englischer Sprache ! – ablesen, die seit etwa 1990 erschienen sind und um das Thema kreisen. Dabei wurden erstmals in der Neuzeit auch das Leben und die Bedeutung der Maria Magdalena aus der Bibel sowie die Brüder Jesu und dessen Familie näher untersucht, zum Teil in Auswertung der berühmten Papyrus-Funde von Qumran.

Zur historischen Glaubwürdigkeit dieser vielen Neuerscheinungen kann der Autor d i e s e s Buches nur wenige Aussagen machen:

- Die meisten Detail-Themen in diesen Untersuchungen haben mit dem Thema der sarmatischen Abstammung der Merowinger-Könige keine Berührung, etwa die Fragen nach dem „Heiligen Gral", den Tempelrittern oder anderen, moderneren Fortsetzern einer angeblichen Organisation zur Bewahrung des Geheimnisses, auch etwa die Rolle des Malers Leonardo Da Vinci, die Geheimnisse von Rennes-Le-Chateau oder der Prieuré de Sion.

- Nur der umfangmäßig recht kleine Bereich über die angebliche Ehe einer Nachfahrin Jesu mit einem Vorfahren der Merowinger-Könige ist hier von Belang; er ist auch das einzige Thema, dem sich der Autor d i e s e s Buches mit eigenen Forschungen genähert hat. Leider sind hierzu die Belege der beiden Werke, die überhaupt näher darauf eingehen (Lincoln/Baigent/Leigh und Gardner) nicht eindeutig

- Auf keinen Fall sollte aber nach dem in der Wissenschaft so beliebten Prinzip des „Entweder-Oder" verfahren werden: „Eine Quelle gilt bei der herrschenden Meinung als zuverlässig, also muss man sie nicht näher überprüfen" - - o d e r eine Koryphäe hat Fehler darin entdeckt, also muss sie infolgedessen ungeprüft als G a n z e s negiert werden." Jedenfalls wäre es falsch, die so umfangreich gewordene „Tabu-Bruch-Literatur" insgesamt als „unhistorisch" zu betrachten, weil zahlreiche angebliche „Experten" dies behaupten.

- Das „Totschweigen"des Themas der „Jesus-Erben" bei den Merowinger-Königen, wie es die sogenannte „seriöse" Geschichtsforschung seit dem Erscheinen dieser „Tabu-Bruch-Bücher" praktiziert – so noch jüngst durch den Bonner Geschichtsprofessor Matthias Becher [124] – wird auf die Dauer ebenso wenig Erfolg haben wie das „Totschweigen" vor 1500 Jahren.

- Auch zusammen genommen werden die hier erwähnten Forschungen nicht den unwiderleglichen B e w e i s liefern können, dass Jesus tatsächlich leibliche Erben hinterlassen hat, entgegen den Vorstellungen, die Paulus in die junge Religion des Christentums hineingebracht hat.

- Aber die von den „Tabu-Bruch-Büchern" zusammengetragene Vielzahl von Indizien deutet überzeugend darauf hin, dass mindestens im Frühmittelalter und auch später viele Menschen an die Existenz solcher Erben g l a u b t e n. **Darauf allein kam es in diesem Buch an.**

---

[124] siehe Fußnote 119 auf S. 223